Claudia Solzbacher, Annette Heinbokel (Hg.)

Hochbegabte in der Schule – Identifikation und Förderung

Hochbegabte:

Individuum – Schule – Gesellschaft

Band 5

LIT

Claudia Solzbacher, Annette Heinbokel (Hg.)

Hochbegabte in der Schule – Identifikation und Förderung

LIT

Bibliografische Information Der Deutschen Bibliothek
Die Deutsche Bibliothek verzeichnet diese Publikation in der Deutschen Nationalbibliografie; detaillierte bibliografische Daten sind im Internet über http://dnb.ddb.de abrufbar.

Grevener Str./Fresnostr. 2 48159 Münster
Tel. 0251–23 50 91 Fax 0251–23 19 72
e-Mail: lit@lit-verlag.de http://www.lit-verlag.de

Inhalt

Vorwort

Das Thema Hochbegabung ist in den letzten Jahren aus verschiedenen Gründen vermehrt in der Diskussion. Als unstrittig gilt mittlerweile die Forderung, das Recht auf Chancengleichheit für alle Schülerinnen und Schüler maximal umzusetzen – unabhängig davon, ob sie eher Defizite aufweisen oder überdurchschnittlich begabt sind. In immer mehr Bundesländern wird von den Schulen gefordert, sich dieses Themas anzunehmen. Frühe Einschulung von Kindern, die schon im Vorschulalter Interesse an Buchstaben und Zahlen bekunden und leichteres Überspringen von Klassen – individuell und in Gruppen – sind erste Ansätze, mehr und mehr Lehrer und Lehrerinnen und pädagogisch Verantwortliche für Informationen zu interessieren. Es fehlt jedoch oft noch an fachlichem Wissen, wie eine zugleich begabungs- und gemeinschaftsfördernde Praxis entwickelt und besonders begabte Kinder identifiziert und unterstützt werden können. Hochbegabungsförderung ist notwendiger Teil pädagogischer Innovation der gesamten Schullandschaft. Besondere Bedeutung kommt daher auch der Vernetzung entsprechender Angebote für die betreffenden Kinder und Jugendlichen, Eltern und Lehrpersonen auf lokaler und regionaler Ebene zu. Nicht zuletzt aus diesem Grund waren wir sehr dankbar, dass der Landkreis Osnabrück, die Stiftung der Sparkassen und die Deutsche Gesellschaft für das hochbegabte Kind als Förderer die Zusammenarbeit mit dem Zentrum für Lehrerbildung der Universität in diesem Bereich gesucht haben und sowohl eine wissenschaftliche Tagung, als auch eine Ringvorlesung mit externen Experten ermöglicht haben. Für den vorliegenden Band haben wir Beiträge von beiden Veranstaltungen ausgewählt, von denen wir glauben, dass sie für die Praxis interessant und dienlich sein könnten. Im Vordergrund stand für uns dabei die Ausgewogenheit von theoretischer Fundierung der Phänomens Hochbegabung und der Darstellung praxisrelevanter Beispiele.

Im Laufe unserer Arbeit, aber auch aufgrund der interessanten Beiträge, wurde uns einmal mehr deutlich, dass die Beschäftigung mit Hochbegabung Schulentwicklung insgesamt vorantreiben kann, getreu dem Motto: „Die steigende Flut hebt alle Schiffe“. Besonders die Beispiele aus der Praxis haben gezeigt, dass sowohl hochbegabte Kinder, aber auch alle anderen Kinder von den dargestellten Konzepten profitiert haben und profitieren.

Unser besonderer Dank gilt Nadine Köttker für die akribische Arbeit am Manuskript.

Prof. Dr. Claudia Solzbacher | Dr. Annette Heinbokel

I. Diagnose: hochbegabt. Grundlagen der Identifikation und Förderung hochbegabter Schülerinnen und Schüler

Claudia Solzbacher

Keine Angst vor klugen Kindern. Geschichte und Hintergründe der Diskussion um Hochbegabung in Deutschland

Das Thema „Hochbegabung" ist lange wie das Stiefkind deutscher Bildungspolitik, aber auch als Stiefkind der Wissenschaft behandelt worden. Nicht zuletzt aufgrund der Vernachlässigung durch Politik und Wissenschaft griffen Eltern und andere Betroffene zur Selbsthilfe. Dabei wurde u. a. das Internet zur hilfreichen Plattform. Suchmaschinen weisen bei dem Stichwort „Hochbegabung" mehrere tausend Treffer auf. Dies weist aber auch darauf hin, wie schwierig es für Eltern, aber auch für Lehrer hochbegabter Kinder ist, sich im Dickicht der Informationen und Einzelinitiativen zurecht zu finden.

Um so erfreulicher ist, dass jüngst die Bund-Länder-Kommission für Bildungsplanung und Forschungsförderung darum bemüht war, die vielfältigen Informationen zusammenzutragen, zu sichten und aufzuarbeiten. Aus allen Bundesländern wurden Daten gesammelt und in einem Kompendium zusammengestellt. Die Kommission informiert auf 270 Seiten über Hochbegabung. Wissenschaftliche Beschreibungen und politische Analysen bilden den einordnenden Rahmen des Kompendiums. In der Tat bieten die Daten und Fakten aus den Ländern eine äußerst umfassende Informationsplattform für betroffene Kinder und deren Eltern. Verfügbare Förderangebote der Länder werden aufgelistet und verglichen, Adressen genannt. Ein Jahr zuvor veröffentlichte das Bundesministerium für Bildung und Forschung eine Reihe Broschüren zum Thema.

Die Zeit, das Thema Hochbegabung zu diskutieren, scheint so günstig wie nie. Bildungspolitische Ideologien sind weitestgehend einem „kooperativen Föderalismus" gewichen. Die Probleme drängen allenthalben und führen zu einem merkwürdigen Schulterschluss zwischen den Bildungspolitikern. Stritt man sich ehedem noch über den Elitebegriff, so scheinen heute hochbegabte Kinder oder begabte Kinder in unserem differenzierten und begabungsgerechten Bildungswesen ebenfalls dazu zugehören. Fast entschuldigend liest man aber immer im gleichen Atemzug, dass das Fördern sowohl der Kinder mit Hochbegabungen, als auch der Kinder mit verschiedenen Arten von Behinderungen und Benachteiligungen gleichermaßen gefördert werden müsste. Und fast ebenso häufig liest man in abgewandelter Form eine Formulierung des BLK-Berichtes:

> „Hervorzuheben ist das Verantwortungsbewusstsein der besonders Begabten für sich selbst und gegenüber der Gesellschaft. Besonders begabte Schülerinnen und Schüler sollen die Bereitschaft entwickeln, ihre kreativen Kräfte und ihr intelligentes Potential in den

> Dienst der Gesellschaft zu stellen. Hieraus ergibt sich eine erzieherisch-ethische Aufgabe für die Lehrkräfte“ (BLK Heft 91 Begabtenförderung, S. 3).

Von hochbegabten Kindern wird häufig schon in der Grundschule erwartet, dass sie Hilfestellung geben, Geduld haben und die anderen verstehen. Aber genau das erfahren sie selbst eher selten. Klingt hier möglicherweise das Vorurteil an, dass besonders Begabte sich schon selbst entwickeln und eigentlich nicht der Hilfe der Gesellschaft bedürfen? Wenn die Gesellschaft aber dennoch unterstützend wirkt, muss man das besondere Verantwortungsbewusstsein dieser Hochbegabten noch einmal deutlich hervorheben? Die sozialistischen Länder haben diesen Gedanken der Leistung für die Gesellschaft besonders betont und auf dieser Basis intensive Hochbegabtenförderung betrieben.

Zur Historie der Hochbegabtenförderung

Der Bericht der BLK ist die aktuellste Veröffentlichung. Ich möchte aber zunächst in der gebotenen Kürze versuchen, einen „Parforce-Ritt“ durch die Jahrhunderte zu unternehmen, wobei mein Hauptaugenmerk auf dem 20. Jahrhundert liegen wird, das als das „Jahrhundert des Kindes“ apostrophiert wurde. Vorausschicken möchte ich, dass ich mich besonders auf drei Bücher stütze:

1. auf das hochinteressante Buch von Barbara Feger „Hochbegabung. Chancen und Probleme“ von 1988,
2. auf die überaus lesenswerte Veröffentlichung von Annette Heinbokel „Hochbegabung im Spiegel der Printmedien seit 1950“ aus dem Jahre 2001,
3. auf den Band von Rolf Ulrich Kunze zur Geschichte der Hochbegabtenförderung in Deutschland „Die Studienstiftung des deutschen Volkes seit 1925“.
4. Und schließlich habe ich mich in meiner eigenen Dissertation am Rande mit dem Thema beschäftigt unter dem Blickwinkel der „Schulkritik in der Literatur des frühen 20. Jahrhunderts“.

Mein Interesse an dem historischen Thema Hochbegabung liegt darin, systematische Diskussionsstränge, die auch noch heute relevant sein können, darzustellen.

Dass wir bei einer langjährigen Geschichte nicht von einer Definition von Hochbegabung ausgehen können, liegt auf der Hand. Heute wird der Begriff in der Regel verwendet für eine außergewöhnlich hohe allgemeine intellektuell-kreative Begabung, die eine spezifische Art der Welterfassung bedeutet. Sie ist in der Regel u. a. gekennzeichnet durch eine sehr schnelle Auffassungsgabe, hohe Lern- und Differenzierungsfähigkeit, kreative und eigenständige Verarbeitung auch komplexer Phänomene auf verschiedenen Ebenen, frühen Spracherwerb auf hohem Niveau, ausgeprägte Vorrangigkeit divergenten Denkens, rasches Durchschauen von Zusammenhängen, Finden und Erfinden ungewöhnlicher Gedankengänge und eine urtümliche Freude, sich geistig zu tummeln (vgl. Schlichte-Hirsemenzel, S. 8.)

Der griechische Philosoph *Plato* konnte es sich weitaus einfacher machen, indem er die Menschheit einteilte in die Sinnesmenschen, die für die erwerbstätigen Berufe geeignet sind, die Mutigen, die Krieger werden sollten und die wenigen Hochbegabten, die für das Herrschen ausersehen seien (vgl. Feger, S. 30). Erst mit dem 50. Lebensjahr, so Platos Überzeugung, seien die, die sich überall als die Besten erwiesen hätten, reif für das höchste Herrscheramt.

Luther machte sich 1524 dafür stark, dass die Tüchtigsten unter den Kindern die Schule länger besuchen sollten, damit sie anschließend Lehrer, Prediger usw. werden konnten. 1530 schließlich forderte Luther einen Schulzwang für die Begabten. Die Bedeutung einer solchen Forderung kann man erst ermessen, wenn man sich vor Augen hält, dass die allgemeine Schulpflicht auch 400 Jahre nach dieser Forderung in Deutschland noch nicht überall verwirklicht worden war.

Welche Begabten meint denn z. B. *Fichte*, wenn er in den „Reden an die deutsche Nation“ 1807 verlangt, dass zu den Gelehrtenstudien nur die Begabten zugelassen werden, diese allerdings ohne Ansehen von Stand und Geburt, was durchaus revolutionär für die Zeit war.

Immer wieder forderten in den folgenden Jahrhunderten einzelne Philosophen und Politiker, aber auch Lehrervereine, eine Differenzierung nach Begabungen. Im Rahmen des bisher Geschilderten kann man durchaus davon ausgehen, dass die Autoren den Begriff Begabung im Sinne einer allgemeinen intellektuell-kreativen Begabung verwendet sehen wollten.

Systematisch gefördert wurden hochbegabte Kinder bis zum 19. Jahrhundert allenfalls von einigen Landesherren, wie z. B. seit Mitte des 16. Jahrhunderts von *Moritz von Sachsen*. Er gründete drei Schulen, um sich den Nachwuchs zu sichern, den er für die geistlichen und politischen Ämter in seinem Land brauchte. *Schulpforta* existiert bis heute und war auch in der DDR eine Schule für Hochbegabte, *St. Afra* ist 2001 wieder neu eröffnet worden. Ähnliche Bestrebungen finden wir im Herzogtum Württemberg.

Dass es parallel dazu immer auch die Diskussion um sog. Wunderkinder oder Genies gab, die eben nur auf einzelnen Gebieten besonders hohe Begabungen aufwiesen, ist bekannt, denken wir z. B. nur an die Biographie Mozarts. In diesem Zusammenhang entwickelte sich interessanterweise auch schon etwas, das wir heute als Anlage-Umweltstreit bezeichnen würden.

Diesen Streit griff auch *Nietzsche* auf, als er die Demokratisierung des Geniebegriffs forderte. Genie stecke in jedem und könne nur entwickelt werden, wenn wir jede Form des Dilletantismus zunächst einmal als förderungswürdig ansähen. In jedem Individuum stecke ein potentielles Genie, unabhängig von Herkunft und Ansehen. Dies ist zugegebenermaßen nur ein Teil der Philosophie

Nietzsches, der den Begriff der Hochbegabung ja später in eine Art „Herrenmenschentum" ummünzte und als großes Vorbild den sicher hochbegabten Wagner propagierte. Die Demokratisierung des Geniebegriffs hatte einen erheblichen Einfluss auf die Pädagogik der Jahrhundertwende (vgl. Solzbacher, S. 265ff). Bevor ich darauf eingehe, möchte ich quasi einstimmend deutlich machen, wie diese Kulturkritik sich in der schöngeistigen Literatur zu Beginn des 20. Jahrhunderts niedergeschlagen hat. Nachgewiesenermaßen haben die Pädagogen in den ersten 20 Jahren des Jahrhunderts durch die zeitgenössischen Romane ganz besondere Anregungen erfahren für ihre Überlegungen zum Thema Individualität und Differenzierung. Es liegt auf der Hand, dass Schriftsteller wie Thomas Mann, Heinrich Mann oder Hermann Hesse die Schule ihrer Zeit und ihre eigene Schulzeit aus der Perspektive hochbegabter Kinder wahrgenommen haben. Das Ergebnis war pure Abscheu gegenüber dem, was später als „Seelenmorden in der Schule" zusammengefasst wurde. Da ich hier die hochbegabten Kinder nicht zu Wort kommen lassen kann, möchte ich Ihnen beispielhaft Auszüge aus schulkritischen Romanen vorstellen.

Hochbegabte Schüler in der schöngeistigen Literatur

Der Schüler Hanno Buddenbrook aus *Thomas Manns* „Die Buddenbrooks" (Thomas Mann, Buddenbrooks (1901)) ist 15 Jahre alt, aber alles andere als der Typ eines unbeschwerten Jugendlichen. In der Tat handelt es sich bei den Schülern in den vorliegenden Werken um meist hochbegabte, zerbrechliche, nicht belastbare Geschöpfe, die ihrer Umwelt kaum mehr als Verletzlichkeit entgegenzusetzen haben. Lausbuben nach dem literarischen Vorbild eines Ludwig Thoma scheinen Figuren einer längst vergangenen Zeit in einem weit entfernten Land zu sein. Hanno und seine literarischen Brüder kompensieren die feindliche Umwelt in ihren Tagträumen, vergessen ihre körperlichen Leiden in der Kunst, meistens in der Musik und schöpfen Stärke und Hoffnung von einem starken, normal begabten Freund und finden in der Regel Erlösung schließlich erst im selbstgewählten Tod. Gemeinsam ist allen, dass sie der „bürgerlichen Unmoral" einen Wunsch nach Wahrheit, Gerechtigkeit und Schönheit entgegensetzen. Sie sind zweifellos von Nietzsches Forderung nach „geistiger Aristokratie" beeinflusst.

Ein weiteres Beispiel ist der intellektuelle, verstandesbetonte Törleß, den *Robert Musil* (Robert Musil, Die Verwirrungen des Zöglings Törleß (1906)) beschreibt oder der hochbegabte, aber psychisch stärkere Lohmann aus der Klasse des Prof. Unrat, den *Heinrich Mann* (Heinrich Mann, Professor Unrat (1905)) zu seiner Hauptfigur erkoren hat. Die meisten werden als starke künstlerische Begabungen beschrieben. Eine Begabung, der die Schule kaum Rechnung trägt. Häufig wird die Ausübung dieser Begabung sogar am Ende als Strafe für mangelnde schulische Leistungen den Kindern verboten. Musik z. B. ist eine romantische und intellektuelle Kunst. Beidem scheint die Schule nicht gewachsen zu sein. In einem dieser Bücher wird die Problematik von Hochbegabten wie folgt beschrieben:

> „Was soll das überhaupt, den Heiner auf diese fürchterliche Gymnasialfolter zu spannen! Habt ihr nicht genug in Stadt und Land, die sich den Beruf ausknobeln oder mit Hälmchen ziehen lassen, aus denen ihr machen könnt, was ihr wollt, ohne Widerstand, einen Schuster oder einen Bierbrauer oder einen Ministerialrat, je nachdem ihr Geld daran zu wenden habt! Wenn einmal ein Kind kommt, dem sein Beruf aus allen Poren dringt, weil ihm Gott selbst ihn ganz unmittelbar mit seinem Blute gab, dann laßt in Dreiteufelsnamen die Finger davon und bedenkt, daß dieses Kind der Natur und den ewigen Gesetzen, kurz, dem Herrgott näher steht, als ihr! Daß ihr es aus der Flugbahn, in die Gott es warf, nicht herausdrängen könnt, ja nicht einmal aufhalten könnt, ohne daß es zugrunde geht." (Strauß, E., S. 267.)

Für Thomas Mann war die Förderung der Individualität des Künstlers mehr als bloßes Eingehen auf eine einzelne individuelle Begabung. Die Künstler seien Meldeinstrument, Seismographen, die infolge ihrer Empfindlichkeit Essentielles über Phänomene der Zeit mitteilen könnten. Damit erhob er das Thema der künstlerischen Hochbegabung in einen herausragenden gesellschaftlichen Rang. In diesem Zusammenhang ist *Thomas Mann* auch immer hin und hergerissen zwischen zwei Funktionen von Bildung: Als bürgerlich-formale Konventionalität, in der jedes Genie untergeht, wird sie von ihm ironisch relativiert. Gleichzeitig bleibt sie aber doch auch unabdingbar für Persönlichkeitsentwicklung, auch für die Entwicklung und die Leistungsfähigkeit der Künstler. Das preußische Bildungssystem ist für Thomas Mann untrennbar mit den Leitbegriffen Autorität, Pflicht, Macht, Dienst und Karriere verbunden. Die Lehrer werden von Thomas Mann als machtbesessene, unintellektuelle, hässliche Feiglinge beschrieben, die nach oben buckeln und nach unten treten.

Auch *Hermann Hesse* (Hermann Hesse, Unterm Rad (1904/1905)) beschreibt dies in dem Roman „Unterm Rad" ähnlich, wenn er fast autobiographisch das Leben des hochbegabten Hans Griebenrad schildert. Aus einfachen Verhältnissen stammend, prädestiniert ihn seine Hochbegabung für das Studium der Theologie, offensichtlich der einzige Verwendungszweck für „arme" Hochbegabte in dieser Zeit. Zwar entwickelt Hans sich zunächst zu einem sehr guten Schüler, doch bald folgt auf die geistige Höchstleistung ein unaufhaltsamer seelischer, körperlicher und schließlich ein geistiger Zusammenbruch, weil an seinen Interessen komplett vorbei erzogen wird. Auch Hesses Schulkritik heißt: Dem Individuum droht Gefahr durch die Schule. Hesse klagt an:

> „Und so wiederholt sich von Schule zu Schule das Schauspiel des Kampfes zwischen Gesetz und Geist und immer wieder sehen wir Staat und Schule atemlos bemüht, die alljährlich auftauchenden paar tieferen und wertvolleren Geister an der Wurzel zu knicken.

> Und immer wieder sind es vor allem die von den Schulmeistern Gehassten, die oft Bestraften, Entlaufenen, Davongejagten, die nachher den Schatz unseres Volkes bereichern. Manche aber, wer weiß wie viele, verzehren sich in stillem Trotz und gehen unter."(Hesse, H., S. 485f.).

Den Lehrern wird in der Literatur der ersten Jahre des 20. Jahrhunderts nicht nur Unfähigkeit zu differenzieren und zu fördern vorgeworfen, sondern hinter ihrem Tun vermuten die Schriftsteller böse Motive, besonders das Neidmotiv. Mangelndes gesellschaftliches Ansehen ist z. B. das Hauptmotiv für das Verhalten Prof. Unrats von *Heinrich Mann*. Die begabten Schüler sollten auf keinen Fall Besseres werden als er: Sicher ist die hier gehörte Kritik zu relativieren im Hinblick auf die tatsächlichen Verhältnisse in den Schulen um die Jahrhundertwende. Möglicherweise sind die Literaten sensibler als das Gros der Kinder und weitaus deutlicher geprägt von der fin de siecle Stimmung der Jahrhundertwende. Dennoch sind diese literarischen Dokumente von unmittelbarer Bedeutung für die Entwicklungen, die sich Anfang des letzten Jahrhunderts vollzogen haben (vgl. Solzbacher, S. 140f).

Strömungen in der Hochbegabtenforschung

Um die Wende zum 20. Jahrhundert begann die moderne Hochbegabungsforschung, die ganz offensichtlich gespeist wurde aus einer Vielzahl z. T. völlig entgegengesetzter Impulse aus den unterschiedlichen Wissenschaften, aber auch aus der pädagogischen Praxis und, wie wir eben gehört haben, aus der schöngeistigen Literatur. Zudem war die Bewegung von Anfang an eine internationale Bewegung, quasi ein Pendant zur Reformpädagogik insgesamt:

- Zwischen 1880 und 1905 wurden die ersten systematischen Intelligenzprüfungen entwickelt.
- Anregungen der experimentellen Psychologie und der Reformpädagogik führten zur Begründung der experimentellen Pädagogik.
- Wiederbelebt wurde aber auch der uralte Topos des „verrückten Genies" (Genie und Irrsinn). 1881 erschienen gleich zwei Werke mit diesem Tenor (vgl. Feger S. 31f).

Damit werden bereits zwei Linien deutlich, die bis heute aufzufinden sind:

1. Die Strömung, die sich durch wissenschaftliches Vorgehen auszeichnet, nach objektiven Kriterien für die Auswahl von Hochbegabten sucht und um statistische Verarbeitung der Daten bemüht ist.
2. Die Vertreter der Strömung, die eher impressionistisch und anekdotenhaft vorgehen und ihre Überzeugungen immer wieder an Hand von einzelnen ausgewählten Fällen zu unterstützen suchen.

Insgesamt war die Wende zum 20. Jahrhundert gekennzeichnet von zahlreichen Wellenbewegungen zwischen dem Mythos Kind und der harten Realität des pädagogischen Alltags. Wir würden heute sagen, Kindheit um die Jahrhundertwende wurde „konstruiert", besonders mit dem Ziel, der „Natur" des Kindes näher zu kommen. Aus diesem Rekurrieren auf die undefinierbare Natur des Kindes, gepaart mit der Kulturkritik Nietzsches, erwuchs die fast allen pädagogischen Bestrebungen zugrunde liegende Suche nach dem Kind als Individuum. Damit geraten zwangsläufig auch Angehörige einzelner, bisher vernachlässigter Gruppen in den Blickwinkel der Pädagogik. Auch wenn wir Kindheit heute weitaus differenzierter, sozusagen als sozio-kulturelles Konstrukt beschreiben, so hat diese in Teilen sehr irrationale Bewegung die Diskussion um Hochbegabung deutlich belebt. Nur an Individuen kann man festmachen, wie die kritisierte alte Buchschule mit Zwang, Drill und Einheitsmethoden auf das Kind und seine je individuellen Begabungen wirken kann und muss. Verdeutlichen wir dies noch mal an einem anderen, früheren Beispiel aus der schöngeistigen Literatur: Wie geklont wirken nämlich dagegen die Hauptfiguren in den Bildungsromanen der Jahrhunderte zuvor. Als Prototyp gilt ja immer *Goethes Wilhelm Meister* (vgl. Dilthey, S. 327) : Wie er in glücklicher Dämmerung in das Leben eintritt, nach verwandten Seelen sucht, der Freundschaft begegnet, der Liebe, wie er dann nach den glücklichen Knabenjahren mit den harten Realitäten in Kampf gerät und so unter mannigfachen Lebenserfahrungen heranreift, sich selbst findet und sich seiner Aufgabe in der Welt gewiss wird. Dies hat sich um die Jahrhundertwende jäh geändert, wie wir gesehen haben (vgl. Solzbacher, S. 77f).

Erforschung der Intelligenz

Auch die führenden Vertreter der experimentellen Pädagogik formulieren nun die unbedingt erforderliche Erforschung der Individualitäten und der individuellen Begabung der Schüler. Ganz im Vordergrund stand dabei die Erforschung der Intelligenz. Eine herausragende Rolle spielte der Franzose *Binet*, der an der Entwicklung der systematischen Intelligenzprüfungen maßgeblich mitgewirkt hat. Weiterentwickelt wurde dieser Test von dem Amerikaner *Terman*, der 1916 die Stanford-Revision der Binet-Simon Intelligenzskala veröffentlichte. Die Idee dazu, statt des Entwicklungsalters einen Intelligenzquotienten zu entwickeln, hatte allerdings 1912 der Deutsche *William Stern*, der deshalb immer wieder als Vater des Intelligenzquotienten bezeichnet wird. Er ist darüber hinaus der Begründer der differentiellen Psychologie. Zu diesem Forschungsbereich brachte er 1911 ein Buch heraus, dass bereits über 100 Literaturangaben zu verschiedenen Aspekten der Hochbegabung auflistete. Die Stichwörter waren u. a.: Genie, Talent, Begabung, Intelligenz, mathematische Begabung, übernormale Kinder usw.

Um die Wende zum 20. Jahrhundert begann also eine Hochzeit der Auseinandersetzung um besonders begabte Kinder. Nahezu im Konzert vereinigten sich Psychologen, Lehrerverbände (z. B. der Leipziger Lehrerverein), Literaten und berühmte Vertreter der malenden Zunft, um sich des Themas anzunehmen. Städte wie Hamburg z. B. mit William Stern und Berlin mit der Forschergruppe *Müde, Piokowsky und Wolf*, machten etwas, was wir heute als Modellversuch bezeichnen würden. Im Mittelpunkt des Interesses standen dabei besonders begabte Kinder, die die Volksschule durchliefen und eigentlich nach dem regulären Abschluss keine Möglichkeit hatten, das Gymnasium zu besuchen. Die Berliner Forschergruppe z. B. suchte in diesen Volksschulen besonders begabte Kinder aus, um sie auf Hochbegabtenschulen zu schicken, die jeweils mit der Untertertia begannen. Hier gibt es durchaus interessante Erfahrungsberichte. Derweil entwickelte Terman in Kalifornien seine Forschungen zur Hochbegabung weiter. Er fand mehr als 1000 hochbegabte Kinder, wobei ihm als Kriterium der Hochbegabung ein IQ von 140 oder höher im Stanford-Binet-Intelligenztest galt. Diese Forschungen wurden über Jahrzehnte hinweg vertieft und dauern bis heute an, da die noch lebenden Probanden von Terman (sie nennen sich „Termites") immer noch befragt und untersucht werden.

Barbara Feger betont nach ausführlichen Recherchen, dass derartige Forschungen oder wichtige Jahrbücher, wie sie in Amerika erschienen sind, in Deutschland fehlten. Sie kann in den 30er Jahren nur zwei Bücher ausfindig machen, die bezeichnenderweise unter dem Titel „Genie, Irrsinn und Ruhm" und „Geniale Menschen" eher die irrationale Seite der Auseinandersetzung mit Hochbegabung deutlich machen.

Förderung von Hochbegabten in der Diskussion

Wichtig für die Geschichte der Hochbegabung in Deutschland war die Gründung der *Studienstiftung des deutschen Volkes* 1925. Sie bezieht sich allerdings auf die Förderung von Studenten, nicht von Kindern. Während des Nationalsozialismus wurde die Stiftung in eine Reichsgründung überführt, was ihr vorläufiges Ende bedeutete. Der Nationalsozialismus insgesamt bedeutete auch das jähe Ende der Hochbegabungsforschung in Deutschland. Die „Begabtenförderung" des Nationalsozialismus, wenn man überhaupt davon sprechen darf, orientierte sich an den Maßstäben der Rasse und den hinreichend bekannten totalitären Ideologien.

1946 gab *Adolf Grimme* einen wichtigen Anstoß, die Hochbegabtenförderung erneut zu organisieren, allerdings mit ganz anderen Akzenten als 1925. Grimme ordnete die Bemühungen der neuen Studienstiftungen direkt in die überall im Nachkriegseuropa zu beobachtenden Bemühungen um Rechristianisierung und Humanität auf der Grundlage eines „abendländischen" Selbstverständnisses ein. Er interpretierte die Studienstiftung als eine notwendige Konsequenz aus den

Erfahrungen von Nationalsozialismus und Krieg. Grimme, inzwischen Kultusminister im Land Niedersachsen geworden, lieferte die Programmatik einer neuen demokratischen Erziehung und Begabtenförderung und gab den entscheidenden Anstoß, die Hochbegabtenförderung wieder zu organisieren mit einer starken sozialen, staatsbürgerlichen und demokratischen Ausrichtung. Eine nicht ganz leichte Aufgabe, wie man sich vorstellen kann. Er betonte, dass Entnazifizierung ohne gleichzeitige demokratische Begabtenförderung eine nicht geringere politische Gefahr für die zukünftige Demokratie darstelle, als die dauerhafte wirtschaftliche Unterversorgung der Bevölkerung in den Westzonen.

1948 erfolgte die Neugründung der Studienstiftung. Auch wenn man in den Jahren 1950 bis ungefähr Mitte der 70er Jahre eine Reihe von Veröffentlichungen zum Thema finden kann, so findet es in der Öffentlichkeit wenig Aufmerksamkeit. Ludwig Reiser spricht 1958 von einem deutlichen Reformstau.

Ein interessantes und neu hinzukommendes Thema lässt sich 1963 mit der aufkommenden Diskussion um Chancengleichheit ausmachen. Heinz Herten sprach als erfahrener Schulmann, wenn er betonte, dass die Chancengleichheit für Hochbegabte unter einer leistungsfernen Bewertung in der Schule leide.

> „Die Tendenz, die Schule leicht zu machen, entspricht dem verbreiteten Wunsch, möglichst viele Kinder um jeden Preis zum Abitur zu bringen. Wenn aber allzu viele mäßig Begabte an unserer höheren Schule sind, verkehrt sich beispielsweise eine von der Behörde gut gemeinte Anordnung, wie die folgende, in ihr Gegenteil: Mancherorts darf eine Klassenarbeit, bei der ein Drittel der Klasse keine ausreichende Note erzielt, nicht gewertet werden. Dass soll die Schüler vor Überforderung schützen, hindert aber den Lehrer daran, das zu fordern und zu erreichen, was Schüler leisten können. Die Leidtragenden sind die Begabten und sind wir alle, die wir von der späteren Leistung der Begabten abhängig sind“ (Kunze, S. 309).

Hier wird erstmals und deutlich das Thema Leistungsdifferenzierung als Voraussetzung der Begabtenauslese in der Schule angesprochen. Man wollte sich damals dabei an Konzepte der Highschools in den USA anlehnen, die sich durch Kursangebote auf unterschiedlichem Niveau bei gleichzeitigem Festhalten an der aus integrativen Gründen wünschenswerten Einheitsschule längst durchgesetzt hatten. Die USA hatten diese Maßnahmen als Konsequenz aus dem sog. Sputnik-Schock über die unterschätzten hochtechnologischen Kapazitäten des weltpolitischen Gegners UdSSR gezogen, Konsequenzen, die für die USA unweigerlich die Förderung Hochbegabter mit beinhaltete. Als Folge davon gab es nicht nur die differenzierten Kursangebote, sondern auch eine deutlich profundere Diagnostik als bisher: Über die Teilnahme an Advanced Courses entschied bereits ein Counselor auf der Grundlage standardisierter Tests und Gesprächen mit den Eltern, Schülern und Lehrern. Der Counselor beriet auch beim Übergang auf das College. Diese Reformen waren in Deutschland zwar bekannt, fanden aber keine Nachahmer. Man misstraute der Pluralität der amerikanischen College-Landschaft, die unterschiedlichen Begabungen unterschiedliche Bildungsangebote machten. Hiermit tat und tut man sich in Deutschland bis heute schwer. Die Befürworter der Begabtenförderung wiesen, und das hat das Zitat von Herten eben auch gezeigt, immer wieder auf die ökonomische Notwendigkeit der Förderung Hochbegabter hin, die für Deutschland eine der wichtigsten Ressourcen für die Zukunft darstellen würde. Der Sputnik-Schock belebte auch in Deutschland die Diskussion um Hochbegabung, besonders im Hinblick auf die notwendige Mobilisierung von Begabungsreserven. Damit war nicht nur und ausschließlich die Entdeckung und Förderung von Spitzenbegabungen gemeint, aber immerhin beinhaltete sie diese. Wie man sich vorstellen kann, geriet diese sehr an wirtschaftliche Semantik angelehnte Beschreibung schnell in die Kritik. Ist es mit den Persönlichkeitsrechten des Individuums zu vereinbaren, Kinder einem Intelligenztest zu unterziehen und sie auf dieser Grundlage besonders zu fördern? Das war die immer wieder gehörte Frage. Dieter Sauberzweig konterte demgegenüber:

> „Der Wert der Persönlichkeit ist, wie man hierzulande oft meint, nicht bedroht, wenn sich jemand einem anonymen Test unterstellen muss“ (vgl. Kunze, S. 310 f.).

Dies sah offensichtlich auch die Deutsche Studienstiftung so und richtete nicht zuletzt, um die Forschung zur Hochbegabung voranzutreiben, ein Institut für Test- und Begabtenforschung ein. Die verzweifelten Versuche, Bildungsreserven zu mobilisieren, zeitigten mitunter merkwürdige Früchte. Versuche zum Frühleselernen bei wenige Monate alten Babys und Kleinkindern erreichten auch die Bundesrepublik, und vielfältigste Aktivitäten zur Frühförderung wurden bekannt. Es galt insgesamt, die generelle Lernfreude und die Auffassungsgabe sehr junger Kinder zu nutzen, in der Hoffnung, aus ihnen im Vergleich zu denjenigen, die erst später mit gezieltem Lernen anfingen, „klügere“ und damit auch erfolgreichere Erwachsene zu machen. In diesem Zusammenhang las man im „Spiegel“ 1967 bereits von Forderungen nach früher Einschulung. Bald machten sich jedoch Resignationserscheinungen breit, als man die Versuche auswertete. Und so entwickelte sich schnell eine Gegenbewegung gegen zu frühe Einschulung und Verschulung. Es gab in den Zeitungsartikeln Schlagzeilen, wie diese: „Rabiate Vertreibung aus dem Kindheitsparadies“. Die andere Seite konterte, man wolle „wissbegierige Frühreife“ am Lernen hindern (vgl. Heinbokel, 2001).

Obwohl sich im Umkreis des *Sputnik-Schocks* und der von *Georg Picht* ausgerufenen Bildungskatastrophe eine große Reformfreudigkeit im Schulwesen zu entwickeln schien, kam Hochbegabung in den Überlegungen der Schulreformer kaum vor.

Die unterschiedlichen Stränge der bisher aufgeführten Diskussion kulminierte 1968 im Umkreis der Revolte der Studenten und der dazu gehörigen Ideen und Philosophien. Die *Studentenrevolte* entließ durchaus reformfreudige Lehramtskandidaten in die Schulen, die ganz eindeutige Positionen im immer ja schon schwelenden Anlage-Umweltstreit einnahmen. These: Kinder sind nicht begabt, sie werden begabt sowohl durch das Elternhaus, als auch durch die Schule. Logische Konsequenz aus dieser Sichtweise: Wenn ein Kind nicht lernt, dann haben das Elternhaus, die Schule, die Lehrmethoden versagt. Weiß es zu viel und ist es schon zu weit, dann liegt es nicht an „angeborener Begabung", nicht daran, dass das Kind sehr schnell begreift, sondern daran, dass die Eltern überehrgeizig sind und ihm Wissen zu früh vermittelt haben und/ oder daran, dass die Kinder eben weitaus bessere soziale Verhältnisse vorfinden, in denen per se besser gefördert wird. Jeder, der dies negierte, wurde als elitär tituliert. Die Anlage-Umweltdiskussion wurde in politische Theorien übertragen. Lehrer und Lehrerinnen fühlten sich mehrheitlich nicht dazu aufgerufen, sich um besonders begabte Kinder zu kümmern, da diese ja aus einem privilegierten, bürgerlichen und ehrgeizigen Elternhaus stammten und keiner weiteren Förderung durch die Schule bedürften.

Kleiner Exkurs in die Jetzt-Zeit: Auch diesen Streit sehen wir heute gelassener: 1999 schreibt die FAZ:

> „Der endlose Streit über die relativen Anteile von Erbe und Umwelt an der Entwicklung von Intelligenz, Begabung und Talent ist inzwischen dort angelangt, wo er vor 2.500 Jahren, als sich die griechische Sophistik mit ihm beschäftigte, seinen Ausgang genommen hatte: Bei der plausiblen Vermutung, dass es auf beides ankommt. Beide Deutungen seien möglich, fasste *Franz Weinert* den Stand der Wissenschaft zusammen. Und gerade das mache das Thema so ideologieanfällig, „denn die Tatsache, dass ungefähr die Hälfte der Varianz intellektueller Leistungen genetischen Differenzen zwischen den Individuen zuzuschreiben ist, bedeutet trivialerweise auch, dass ungefähr die Hälfte der Varianz in ihrem Ursprung nicht genetisch determiniert ist"." (FAZ, 17.6.1999)

Aber bleiben wir bei den 70er Jahren: Bisher wurde ganz deutlich, dass, wie so oft in der Pädagogik, die Beschäftigung mit Hochbegabungsfragen eine Art von Wellenbewegungen unterliegt. Man muss allerdings darauf hinweisen, dass es sehr flache Wellen sind, verglichen mit anderen Themen in der Pädagogik. In den angelsächsischen Ländern waren die Wellen (um im Bilde zu bleiben) deutlich höher. In Großbritannien war 1967 die *National Association for Gifted Children* gegründet worden, was natürlich auch einigen deutschen Journalisten nicht verborgen blieb. Es gibt einen Zeitungsartikel, der für die Behandlung des Themas Hochbegabung Ende der 70er Jahre aufschlussreich ist: Der Aufhänger war ein Einzelbeispiel eines hochbegabten Kindes mit Problemen. Der Auslöser für die Gründung der englischen Organisation waren Erfahrungen mit erheblich gestörten Hochbegabten. Das dramatischste Beispiel war ein Junge mit epileptischen Anfällen, der, nachdem er optimal gefördert wurde, keine Anfälle mehr hatte. In diesem Zusammenhang wurden immer wieder Symptome benannt, die bei Hochbegabten mit Störungen auftreten können (Bettnässen, Schlaflosigkeit,

Magengeschwüre, Appetitlosigkeit, Neurosen, Psychosen wurden aufgelistet) (vgl. Heinbokel, 2001, S. 14). Es wurde darauf hingewiesen, dass Aufklärung Not täte und Lehrer an diesen Kindern kaum interessiert wären. Dieser Bericht, und deshalb erwähne ich ihn überhaupt, enthielt auch die erste der später immer wieder verbreiteten populärwissenschaftlichen „Checklisten": Hochbegabte Kinder sind im Allgemeinen als Babys schon sehr aufgeweckt:

- Viele von ihnen scheinen wenig Schlaf zu brauchen.
- Andere laufen oder sprechen früh.
- Manche lernen gleichsam durch Osmose lesen – vom Cornflakes-Paket, von Straßenschildern, von Comic-Strips.
- Sie sind versessen darauf, vernünftig zu diskutieren, langweilen sich bei den üblichen Unterhaltungsspielen, bei denen die Gewinnchancen vom Zufall und nicht vom Kombinationsvermögen abhängen.
- Viele sind von Zahlen fasziniert, logisches Denken scheint ihnen angeboren zu sein, sie philosophieren gern und höchst anschaulich" (so Horst Unger in seinem Artikel „Wohin mit einem Wunderkind" in: Die Zeit vom 12. Nov. 1971).

Von Psychologen werden diese Checklisten als viel zu ungenau abgelehnt. Dennoch: Bis Mitte der 80er Jahre wurde die Bildungspolitik von der Frage beherrscht, ob sich eine exklusive Förderung hochbegabter Kinder und Jugendlicher mit dem demokratischen Gleichheitsideal in Einklang bringen lässt oder nur einer Elitebildung Vorschub leistet. Erneut geraten die Intelligenztests in die Diskussion. Diesmal unter dem Gesichtspunkt, dass eine Förderung allein aufgrund von Intelligenzmessverfahren faktisch eine Benachteiligung von Kindern und Jugendlichen mit einem niedrigeren sozioökonomischen Status darstelle. Es ist wichtig zu betonen, dass sich in den pädagogischen Nachschlagewerken bis 1975 gar nicht und auch nachher nur selten das Stichwort „Hochbegabung" finden lässt. Der Begriff fehlt ebenso in fast allen Wörterbüchern der Psychologie.

Hochbegabung wird „Thema"

Seit Mitte der 70er Jahre zeichnete sich, was die internationale Debatte anbetraf, ein Wandel ab. In *London* fand zum ersten Mal ein *Weltkongress zum Thema Hochbegabung* statt. Weitere Konferenzen folgten bis heute im Abstand von jeweils zwei Jahren. Auf dem *6. Weltkongress in Hamburg* wurde 1985 ganz deutlich, dass die Thematik der Hochbegabung in der ganzen Welt eine immer wichtigere Rolle spielt. Besonders deutlich wurde dies an der Beschäftigung mit dem Thema in den sozialistischen Ländern, interessanterweise aber auch in den Entwicklungsländern.

Die Auseinandersetzungen mit intellektueller Hochbegabung erreichten in der Bundesrepublik einen neuen Schub durch die Gründung der *„Gesellschaft zur Förderung hochbegabter Kinder“*, die auf Initiative der Osnabrücker Lehrerin *Annette Heinbokel* und des Psychologieprofessors *Wilhelm Wieczerkowski* in erster Linie als Hilfestellung für Eltern hochbegabter Kinder gedacht war. Dennoch vergingen einige Jahre, bis sich tatsächlich auch deutsche Fachwissenschaftler erneut des Themas Begabungsforschung und Begabtenförderung annahmen (so z. B. 1985 in Hamburg). Folgender neuer Diskussionsstand kristallisiert sich seitdem heraus:

- Es gibt keinen strengen Bedingungszusammenhang zwischen Begabung und Leistung.
- Hochbegabung setzt sich durchaus nicht immer von selber durch.
- Hochbegabte Schulversager sind gar nicht so selten.

Diese Diskussion war u. a. der Auslöser für die Gründung der *Christophorus-Schule (CJD)* in Braunschweig, die sich den Bedürfnissen hochbegabter Schülerinnen und Schüler annehmen wollte. Mittlerweile gibt es drei CJD Schulen mit Hochbegabtenzweigen. Träger ist das *Christliche Jugenddorfwerk Deutschland.* Zunächst wurde in Braunschweig ab Klasse 11, parallel zu den normalen Gymnasialklassen, eine Sonderklasse für Hochbegabte eingerichtet. Nach dem bisher Gesagten verwundert es nicht, dass sich die Vertreter dieser Schule im Wesentlichen auf Forschungsergebnisse aus den USA beriefen. Beide Initiativen, die jetzt so genannte *Deutsche Gesellschaft für das hochbegabte Kind* und die Christophorus-Schule, machen deutlich, dass es einen immensen Bedarf für eine derartige Förderung gibt. Dennoch keimte die grundsätzliche Kritik an der Förderung hochbegabter Kinder erneut auf: So hieß es in einem Artikel aus der Zeitschrift Spielen und Lernen:

> „Aber ich bin auch ganz und gar der Meinung, dass wir keine Schulen für Wunderkinder, keine Zuchtstätten für Spezialbegabungen brauchen. Unser Problem sind nicht die Ghettos für diejenigen, die positiv oder negativ auffallen, sondern unsere gesellschaftliche Aufgabe, ja unsere Verpflichtung ist es, für die Gesamtheit der nachwachsenden Generation eine Schule zu sichern, die hinreichend differenziert ist, um denjenigen Angebote zu machen, die zusätzliche Lernhilfen brauchen und denjenigen, die zusätzliche intellektuelle Herausforderungen brauchen“. (vgl. Heinbokel, 2001, S. 13)

Was sich in der Bundesrepublik – wenn denn der Wille zur Förderung vorhanden war – als zentrales Problem herauskristallisierte, war die Ausbildung der Lehrer und Lehrerinnen, die sich entweder mit dem Thema gar nicht auskannten oder aber die gängigen Vorurteile verinnerlicht hatten. Dennoch – das Interesse am Thema stieg. *Baden-Württemberg* richtete 1984 als erstes Bundesland an allgemeinbildenden Schulen *Arbeitsgemeinschaften* ein, die für die besonders

Begabten gedacht waren. Diese Projekte bezogen sich allesamt auf die weiterführenden Schulen. Die Grundschule, in der ja eine frühe Förderung möglich und nötig wäre, blieb weiterhin außerhalb des Fokus der bildungspolitisch und wissenschaftlich Interessierten.

Der eben bereits angesprochene 6. Weltkongress für das hochbegabte und talentierte Kind in Hamburg 1985 wird von vielen als Durchbruch bezeichnet. Als Finanzier trat das *Ministerium für Bildung und Wissenschaft* auf. In Hamburg wurde eine erste Beratungsstelle eingerichtet, die wissenschaftlich begleitet wurde. Die Beratungsstelle verzeichnete eine große Anzahl von Eltern, die sich aufgrund von Problemen mit hochbegabten Kindern alleine gelassen fühlten. Diese Beratungsstelle wurde nach einer Modellphase wieder geschlossen, weil sie keine neuen Träger fand, die die Nachhaltigkeit gesichert hätten. 10 Jahre später allerdings, unter anderen politischen Vorzeichen, gab es dann wieder Neueröffnungen. Hervorzuheben ist, dass sich im Herbst 1985 ein in Hannover wichtiges Modellprojekt ins Interesse der Öffentlichkeit schob, das sich mit der Betreuung hochbegabter Kinder im Vorschulalter beschäftigte – auch wieder auf Initiative der *Deutschen Gesellschaft für das hochbegabte Kind.* Das Interesse von Seiten möglicher Sponsoren an diesem und anderen Projekten war ebenfalls gering.

Dies liegt u. a. daran, dass besonders die Elitediskussion z. T. mit zunehmender Härte weitergeführt wurde. Beispielhaft sei hier nur die Eröffnungsrede zum 85er Kongress des Schulsenators der Stadt Hamburg Jost Grolle zitiert, die in der „Zeit" vom 12. Aug. 1985 in Teilen veröffentlicht wurde:

> „Tatsache ist, dass es in Deutschland seit jeher nicht an Förderung von Leistungseliten gefehlt hat. Im Gegenteil, dieses Land hat seit dem vorigen Jahrhundert geradezu ein Übermaß an leistungsorientierter Tüchtigkeit hervorgebracht. Wir hatten die besten Ingenieure, wir hatten das beste Industriemanagement, wir hatten nicht zuletzt die besten Generalstabsoffiziere. Unsere Führungsprobleme waren nicht intellektueller Art. Unsere Führungsprobleme waren politischer und moralischer Art. Wir hatten der Hybris von Macht und Tüchtigkeit zu wenig an Gemeinsinn, Humanität und Zivilcourage entgegenzusetzen".

Und weiter fragt er:„In welchem Umfang hat eine Gesellschaft das Recht, ihre Erfolgsbedürfnisse bereits ihren Kindern aufzudrücken?" Und wieder entzündet sich die Diskussion an den Intelligenztests:

> „Wer gibt uns das Recht, den facettenreichen Prozess kindlicher Begabung und kindlichen Begabens frühzeitig in das enge Bett kognitiver Begabungstests sowie daran anschließender Trainingsprogramme zu zwingen?"

Dieses Zitat spricht für sich, und man teilt A. Heinbokels Vermutung, dass diese unfreundliche Begrüßung bei den Teilnehmern der Weltkonferenz, die extra aus dem In- und Ausland angereist waren, zu großen Irritationen geführt hat. Dennoch konterte ein amerikanischer Gast, der Psychologieprofessor Stanley, sehr gelassen:

> „Es gibt Kinder, die einen schier unstillbaren Hunger nach Wissen haben. Es wäre unverantwortlich, diesen Hunger nicht zu stillen“ (vgl. Heinbokel, 2001, S. 34f).

Erste Versuche zur spezifischen Förderung

Im Jahr 1988 fand die erste *Ferienakademie* für besonders Begabte statt, eine Initiative mit Nachhaltigkeit. Sie ist heute bekannt unter dem Namen *Deutsche Schülerakademie.* Die ersten Teilnehmer waren Preisträger der *Bundeswettbewerbe Mathematik und Fremdsprachen.* Inzwischen dürfen alle Schulen, die zum Abitur führen, eine Schülerin oder einen Schüler vorschlagen. Ungefähr die Hälfte der vorgeschlagenen Kinder hat eine Chance zur Teilnahme. 1993 gab der Deutsche Bundestag seine Zustimmung zur Etablierung der Deutschen Schülerakademie als dauerhafte Maßnahme im Haushalt des Bundesministeriums für Bildung und Forschung.

Ende der 80er Jahre wurden schließlich in *Rheinland-Pfalz* die ersten *D-Zugklassen* eingeführt und Anfang der 90er Jahre in *Baden-Württemberg.* Dies geschah zunächst auf der Ebene von Schulversuchen. Die Idee, die uns hier ja auch heute z. T. wieder zusammengeführt hat, ist nicht neu. Immer wieder wurde mit D-Zugklassen experimentiert. Und das Kind hatte immer wieder einen anderen Namen. Bekannt geworden sind in Baden-Württemberg die *G8-Gymnasien,* d. h. Abitur nach acht Gymnasialjahren. Ebenso gab es immer wieder Gegner dieser Überlegungen.

Dabei wurde ein weiterer kritischer Punkt in der Kette der Argumentationen deutlich: Die Tatsache, dass besonders begabte Schüler gefördert werden sollten, war durchaus nicht mehr umstritten. Umstritten war jetzt zunehmend die Tatsache, dass dies in speziellen Klassen an Gymnasien geschehen sollte (anders sozialistische Länder). Die Frage nach eigener Schulform oder Integration beherrscht immer noch die Debatte. Kritik kam besonders von Seiten der gymnasialen Lehrerverbände. Der „Spiegel“ vermutete 1990, hier einen sog. „Neideffekt“ wahrnehmen zu können, der sich darauf bezog, dass die Gymnasien mit Sonderklassen mit einer Luxusausstattung an Personal und Lehrmitteln zu Lasten aller übrigen Schulen versehen würden. Die Eltern waren durchaus zögerlich, weil irritiert von den auch in der Presse heftig ausgetragenen negativen Urteilen gegenüber dem 8-jährigen Gymnasium. Dies, obwohl die Erfahrungsberichte über diese Sonderklassen enorm positiv waren. Wie wir wissen, haben die 8-jährigen Gymnasien den Status von Schulversuchen verlassen und sind zu einer Dauereinrichtung geworden.

Dass das Thema aktuell durchaus im Blickwinkel der Bildungspolitiker steht, beweist der siebte Band der *Materialien des Forum Bildung, „Finden und Fördern von Begabungen"*. Es handelt sich um eine Dokumentation einer Fachtagung des Forum Bildung im März 2001. Edelgard Bulmahn weist darin darauf hin, dass wahrscheinlich der Anteil der Menschen mit besonderer Begabung sehr viel höher ist, als wir bisher annehmen. Wir seien, so fährt sie fort,

> „vielleicht noch nicht offen, noch nicht vorurteilslos oder noch nicht phantasiebegabt genug, all diese Begabungen zu entdecken. Oder wir – Eltern, Erzieher und Lehrer – nehmen uns für diese Entdeckungen nicht genug Zeit oder haben tatsächlich nicht genügend Zeit" (Bulmahn, Edelgard, Eliteförderung ist Begabtenförderung. In: Finden und Fördern von Begabungen, S. 10).

Und wieder werden auch in dieser Rede die alten Vorurteile genannt, jetzt aber als mögliche Missverständnisse vorgestellt: Das Vorurteil, es gehe um den Schutz von materiellen Privilegien (teure Internate und exklusive Zirkel der Wissenschaft), das Vorurteil des Wettbewerbsvorteils für solche Kinder, das die alten Standesprivilegien ablöst. Und wieder führt man fast entschuldigend an, dass man Begabungen fördern müsse, weil sie ein wichtiger wirtschaftlicher Faktor seien:

> „Vor allem in geburtenschwachen Jahrgängen wird es immer wichtiger, alle Begabungen zu entdecken und zu fördern, weil es künftig noch mehr auf jeden Einzelnen ankommt" (ebd. S. 11).

Und wieder die uns altbekannte Doppelung:

> „Die Förderung besonderer Begabungen muss neben der Breiten- und der Benachteiligtenförderung ein zentrales Ziel unserer Bildungspolitik sein" (ebd. S. 11).

Die gesamte Diskussion im Forum Bildung macht deutlich, wie sehr nach wie vor die Diskussion über „Begabung" an der Schnittstelle von Wissenschaft, Politik und Wirtschaft platziert ist. In der Diskussion um Begabung, auch das wird immer wieder deutlich, kulminieren offensichtlich die anthropologische Diskussion über die „Natur" des Menschen, die pädagogische Frage nach dem Zusammenhang von Erziehung, Bildsamkeit und Lernen des Kindes, die gesellschaftlichen Bemühungen um die besonderen „Talente" bei den Heranwachsenden, die diagnostische Arbeit der gerade sich formierenden empirisch-pädagogischen Disziplinen, die für die Schule und die Öffentlichkeit zeigen wollen, wie und dass die Fähigkeit der Heranwachsenden sicher gefunden und optimal gefördert werden können (Tenorth, Heinz-Elmar, Begabung – eine Kontroverse zwischen Wissenschaft und Politik. In: Finden und Fördern von Begabungen, S. 16).

Wichtig ist, dass das Forum Bildung darauf hinweist, dass das Erkennen und Fördern von Begabungen im Vorschul- und Grundschulalter beginnt. Es werden Fragen der Beratung und Betreuung von Schülern und Eltern thematisiert, ebenso wie eine angemessene Didaktik der Begabtenförderung und die Aus- und Fortbildung von Lehrkräften gefordert.

Literatur

Bund-Länder-Kommission für Bildungsplanung und Forschungsförderung, Begabtenförderung – ein Beitrag zur Förderung von Chancengleichheit in Schulen, Heft 91, Bonn 2001.

Dilthey, W.: Das Erlebnis und Dichtung, Leipzig 1906.

Feger, B: Hochbegabung: Chancen und Probleme, Bern, Huber 1998.

Forum Bildung: Finden und Fördern von Begabungen Fachtagung des Forum Bildung am 6. und 7. März 2001 in Berlin, Forum Bildung 2001.

Heinbokel, A.: Hochbegabung im Spiegel der Printmedien seit 1950, hrsg. vom BMBF, Bonn 2001.

Heinbokel, A.: Hochbegabte: Erkennen, Probleme, Lösungswege, Baden-Baden, Nomos Verl.-Ges., 1988.

Hesse, H.: Unterm Rad (1904/1905), In: Gesammelte Schriften, Frankfurt/ M. 1957, Bd. 1

Holling, H.: Forschung und Förderung von Kindern und Jugendlichen im Bereich der Hochbegabung, Münster, hrsg. vom BMBF, Bonn 1998.

Kunze, R.-U.: Die Studienstiftung des Deutschen Volkes 1925 - heute. Zur Geschichte der Hochbegabten – Förderung in Deutschland. Akademie-Verlag, Berlin 2001.

Mann, H.: Professor Unrat (1905), Reinbek 1951.

Mann, Th.: Buddenbrooks (1901), Frankfurt/ M. 1957.

Musil, R.: Die Verwirrungen des Zöglings Törleß (1906). In: Gesammelte Werke, Reinbek 1978, Bd. 7.

Schlichte-Hiersemenzel, B.: Zu Entwicklungsschwierigkeiten hochbegabter Kinder und Jugendlicher in Wechselwirkung mit ihrer Umwelt, hrsg. vom BMBF, Bonn 2001.

Solzbacher, C.: Literarische Schulkritik des frühen 20. Jahrhunderts, Peter Lang, Frankfurt am Main 1993.

Strauß, E.: Freund Hein, Eine Lebensgeschichte, München 1936.

Christian Fischer

Hochbegabung als schulische Herausforderung: Definition, Identifikation und Förderung von besonderen Begabungen

1. Einleitung

Hochbegabung ist eine Thematik, mit der die Gesellschaft und vor allem die Schule in der letzten Zeit zunehmend konfrontiert werden. Dabei geht es nicht nur um Realisierung von Hochleistungen, sondern auch um die Prävention von Lernschwierigkeiten bei besonders begabten Kindern. Damit sind neue Anforderungen und Aufgaben insbesondere für Lehrerinnen und Lehrer verbunden, denen sie ohne diesbezügliche Kenntnissen nur unzureichend entsprechen können. Im Folgenden werden daher in einem Überblick zunächst Definitionsansätze von Hochbegabung (vgl. 2) diskutiert, um dann neben Möglichkeiten der Identifikation besonderer Begabungen (vgl. 3) auch Maßnahmen der Förderung von hoch begabten Kindern (vgl. 4) im außerschulischen und vor allem im schulischen Bereich zu erläutern.

2. Zur Definition von Hochbegabung

2.1 Zur Terminologie von Hochbegabung

Nach Heller und Hany (1996, 477) „lässt sich Hochbegabung (allgemein) als individuelles Fähigkeitspotential für herausragende Leistungen, oft (nur) in einem bestimmten Bereich“ definieren. Andere Forscher bezeichnen das Fähigkeitspotential in einem spezifischen Gebiet auch als ‚Spezialbegabung‘ bzw. ‚Talent‘, während diese ‚Hochbegabung‘ auf die Gesamtheit der Leistungsdispositionen beziehen. Weitere Autoren betrachten ‚Hochbegabung‘ gleichsam als Entwicklungsvorsprung, d. h. „ein Kind (ist) in bestimmten Bereichen seiner geistigen, künstlerischen, motorischen oder sozialen Entwicklung den Gleichaltrigen deutlich überlegen“ (BMBF, 2001, S. 13). Feger und Prado (1998, S. 29) berichten insgesamt über mehr als hundert Hochbegabungsdefinitionen und verdeutlichen damit die unterschiedlichen Auffassungen über die inhaltliche Bedeutung des Begriffs, so dass eine allgemein anerkannte und wissenschaftlich präzise Definition (bisher) nicht existiert. Den traditionellen Theorieansätzen, die seit Anfang des 20. Jahrhunderts die Begabungsforschung beherrschten und heute noch erkennbar sind, liegt die Auffassung von Hochbegabung als einer hohen allgemeinen Intelligenz zugrunde. Stern (1928, S. 344) definiert dabei Intelligenz als „personale Fähigkeit, sich unter zweckmäßiger Verfügung über Denkmittel auf neue Forderungen einzustellen". Dabei gibt es verschiedene Intelligenzmodelle, wie beispielsweise das „Zweifaktorenmodell" von Spearman, das einen General- bzw. g-Faktor bei allen Intelligenzleistungen annimmt (Heller, 1987). In diesem Zusammenhang ist der von Stern (1916) geprägte ‚Intelligenzquotient' (IQ) als Maß zur Feststellung der intellektuellen Begabung bis heute relevant, der mit Hilfe entsprechend standardisierter Intelligenztests ermittelt wird (Heller, 1992). Wissenschaftler setzen dabei häufig eine hohe (bzw. überdurchschnittliche) Intelligenztestleistung mit einem Intelligenzquotienten (IQ) $\geq$ 130 (bzw. 115) gleich, die einem Prozentrang (PR) $\geq$ 97,5 (bzw. 85) entspricht (Webb und Meckstroth und Tolan, 1985). Hierbei müssen jedoch die teilweise großen Unterschiede zwischen den verschiedenen Intelligenztests und die oft fließenden Übergänge zwischen Hochbegabung und normaler Begabung beachtet werden (Feger, 1980). Einige Forscher kritisieren allerdings, dass bei diesen eindimensionalen Begabungskonzepten ausschließlich intellektuelle Fähigkeiten erfasst werden. In mehrdimensionalen Begabungskonzepten bestimmen diese Forscher ‚Hochbegabung' als hohe allgemeine Intelligenz (d. h. konvergentes Denken), plus Zusatzfaktoren, und beziehen dabei vor allem Kreativität (d. h. divergentes Denken) mit ein (Klauer, 1994). So wird beispielsweise im „Marland Report" (1972) Hochbegabung als hervorragendes Fähigkeitspotential verstanden, um herausragende Leistungen im intellektuellen, kreativen, sozialen, künstlerischen sowie psychomotorischen Bereich zu erbringen.

Gleichzeitig wird damit auf die Unterscheidung von Begabung und Leistung verwiesen, die bereits Stern betont: „Begabungen sind immer Möglichkeiten zur Leistung, unumgängliche Vorbedingungen, sie bedeuten jedoch nicht Leistung selbst." (1916, S. 110). Dieses Zitat von William Stern aus dem Jahre 1916 hat heute noch Gültigkeit, wenn das Verhältnis von Hochbegabung und Hochleistung beschrieben werden soll. Damit ist die Gleichsetzung von Hochbegabung (d. h. Kompetenz) und Hochleistung (d. h. Performanz), wie sie vielfach praktiziert wird, nicht gerechtfertigt. Wichtig erscheinen dann die Faktoren zur Transformation von Begabung in Leistung, wobei Stern (1916) selbst hierbei vor allem die Motivation und Willenskraft als relevante Faktoren benennt. Mit diesen Faktoren werden aber nicht nur Voraussetzungen von Hochleistungen dargestellt, sondern auch Ursachen von Lernschwierigkeiten erklärt. Bei einer bestimmten Begabungsschwelle etwa im intellektuellen oder kreativen Bereich gilt dies vor allem für den Einfluss der Motivation, die, je nach Ausprägung, Hochleistungen aber auch Minderleistungen bedingen kann (Schneider, 1992). Weitere Faktoren werden insbesondere in den Modellen der Hochbegabung, die eine Differenzierung zwischen Begabung und Leistung vornehmen, näher beschrieben. Im ‚Münchener Hochbegabungsmodell' von Heller (2000, S. 24) werden diese als Moderatoren definiert, während diese im „Differenzierten Begabungs- und Talentmodell" von Gagné (2000, S. 69) als Katalysatoren bezeichnet werden. Diese Moderatoren bzw. Katalysatoren gelten in den beiden Hochbegabungsmodellen für die verschiedenen Begabungsbereiche (z. B. Intelligenz, Kreativität) und deren Umsetzung in die entsprechenden Leistungsbereiche. Auch wird dabei in beiden Modellen zwischen den im Kind liegenden internalen Faktoren und von der Umwelt ausgehenden externalen Faktoren unterschieden, die im folgenden für die genannten Hochbegabungsmodelle exemplarisch näher erläutert werden sollen:

2.2 Zu den Modellen von Hochbegabung

Im *‚Münchener Hochbegabungsmodell'* (Heller, 2000, S. 24) wird bei den Moderatoren (vgl. Abb.1) zwischen nicht-kognitiven Persönlichkeitsmerkmalen und Umweltmerkmalen unterschieden. Nach diesem Modell haben die Moderatoren nicht nur Einfluss auf die Leistungsbereiche (Kriterien), sondern stehen auch in Wechselwirkung mit den Begabungsbereichen (Prädiktoren). Zu den nicht-kognitiven Persönlichkeitsmerkmalen gehören u. a. die Leistungsmotivation sowie Arbeits-/Lernstrategien. Die Relevanz der Leistungsmotivation ergibt sich beispielsweise aus dem ‚Schwierigkeitsgesetz der Motivation'. Demnach zeigen Kinder die höchste Anstrengungsbereitschaft bei Anforderungen mit einem ‚mittleren' Schwierigkeitsgrad, gemäß ihres jeweiligen Begabungspotentials (Meyer, 1984). Daher kann die Leistungsmotivation nicht nur durch Überforderung, sondern vor allem bei hoch begabten Kindern auch durch Unterforderung gehemmt werden. Die Bedeutung von Arbeits-/Lernstrategien ergibt sich gerade aus dem Begabungsselbstkonzept vieler hoch begabter Kinder mit der Erwartung, gleichermaßen sämtliche Begabungen ohne Anstrengungen entfalten zu können. In Folge können bei einer mangelnden Vermittlung entsprechender Arbeits-/Lernstrategien für hoch begabte Kinder Leistungsschwierigkeiten besonders in den lernintensiven Sprachen spätestens ab der Mittelstufe entstehen (Feger, 2000). Mit diesen Persönlichkeitsmerkmalen ist gleichzeitig eine enge Verbindung zu den Umweltmerkmalen gegeben, besonders mit der Instruktionsqualität innerhalb der schulischen Lernumwelt. Dabei zeigt sich die Notwendigkeit, die unterrichtlichen Anforderungen um herausfordernde Angebote und die Vermittlung effektiver Lernstrategien für hoch begabte Kinder zu erweitern. Nach Sternberg (1990) verfügen Schüler und Lehrer jeweils über Lernstil- und Lehrstilpräferenzen, d. h. bevorzugte Arten des Lernens und Lehrens. Leistungsschwierigkeiten entstehen insbesondere, wenn eine mangelnde Passung zwischen dem Lernstil des Kindes und dem Lehrstil des Lehrers gegeben ist. Daher wird die Instruktionsqualität des Lehrers gegenüber hoch begabten Kindern vor allem dadurch bestimmt, inwieweit deren spezielle Denkstrukturen und Lernprozesse berücksichtigt werden.

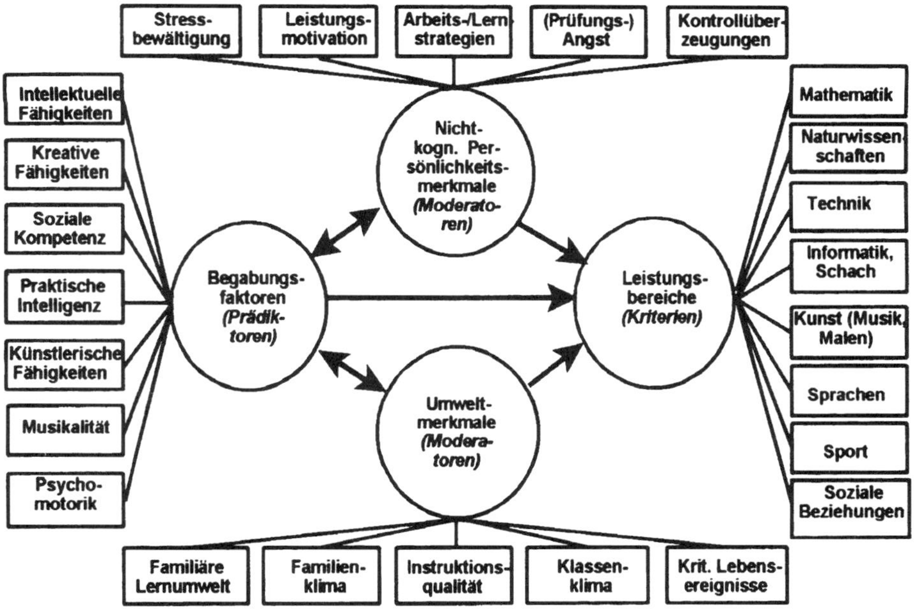

Abb. 1: Das Münchener Hochbegabungsmodell (Heller, 2000, S. 24)

In dem ‚*Differenzierten Begabungs- und Talentmodell*' unterscheidet Gagné (2000, S. 69) intrapersonale Katalysatoren von Umweltkatalysatoren (vgl. Abb. 2). Diese Katalysatoren können die Transformation von natürlichen Fähigkeiten (Begabung) in systematisch entwickelte Fertigkeiten (Talent) positiv oder negativ beeinflussen. Die Transformation beschreibt Gagné (2000, S. 69) dabei als Entwicklungsprozess, der durch Lernen und Üben in formeller oder informeller Form realisiert wird. Die Relevanz der Lernprozesse unterstützt auch Weinert (2000, S. 9):

> „Lernen ist der entscheidende Mechanismus bei der Transformation hoher Begabung in exzellente Leistung. (...) Die Förderung von Hochbegabten besteht in der Anregung, Unterstützung und Ermöglichung herausfordernder Lernprozesse sowie in der Hilfe bei der Wahl und Realisierung anspruchsvoller Bildungsziele".

Gagné betont bei den Umweltkatalysatoren die Relevanz von Personen (z. B. Lehrer, Mentoren) und Maßnahmen (z. B. Programme, Aktivitäten) bei der Realisierung entsprechender Lernprozesse. Für die Umsetzung von Begabung in Leistung hebt Gagné bei den intrapersonalen Katalysatoren die Bedeutung von Motivation (z. B. Interesse), Willenskraft (z. B. Beharrlichkeit), Selbstmanagement (z. B. Arbeitsgewohnheit) und Persönlichkeit (z. B. Selbstvertrauen) hervor. Derartige Faktoren werden auch in den ‚neueren' Expertiseansätzen unterstrichen, bei denen im Gegensatz zur ‚traditionellen' Begabungsforschung Voraussetzung exzellenter Leistungen untersucht werden. Durch den Vergleich von Experten und Novizen lassen sich für diesen Expertiseerwerb neben relevanten Umweltfaktoren auch intrapersonale Lernbedingungen identifizieren (Gruber und Mandl, 1992). Dafür sind sowohl kognitive Faktoren in Form quantitativ beschleunigter und qualitativ verbesserter Lernprozesse (Weinert, 1992), als auch nicht-kognitive Faktoren wie beispielsweise Interesse, Wille, Ausdauer und Fleiß bedeutsam.

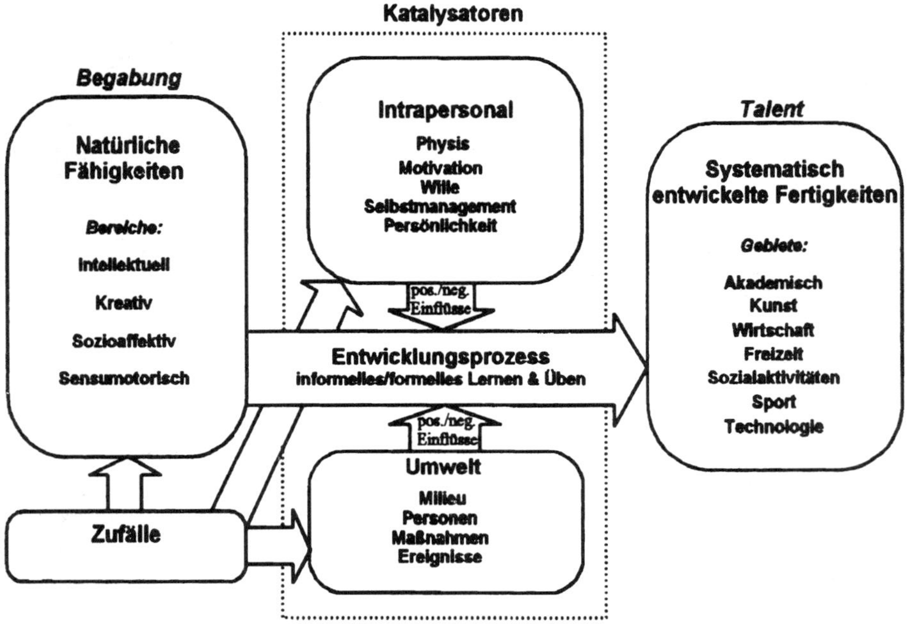

Abb. 2: Gagné's Differenziertes Begabungs- und Talentmodell (Gagné, 2000, S. 69)

3. Zur Identifikation von Hochbegabung

Wie oben erwähnt, gibt es keine allgemeingültige Definition von Hochbegabung, aus der einheitliche Verfahren zur Identifikation hoch begabter Kinder abgeleitet werden können. Somit müssen bei der Diagnose von besonderen Begabungen verschiedene Verfahren mit teilweise deutlich unterschiedlichen Schwerpunkten eingesetzt werden. Um Fehlentscheidungen (z. B. Alpha-Fehler, Beta-Fehler) auf ein Minimum zu reduzieren, sollte die Identifikation ein mehrschichtiger Prozess sein und zumindest zwischen einer Vor- bzw. Grobauswahl und einer endgültigen Auswahl unterschieden werden. Für die Grobauswahl werden dabei eher subjektive Verfahren eingesetzt (z. B. Checklisten), während für die Endauswahl eher objektive Verfahren (z. B. Intelligenztests) durchgeführt werden (vgl. Abb. 3).

Subjektive Identifikationsverfahren	*Objektive Identifikationsverfahren*
Schulnoten Lehrerurteile Elternnomination Checklisten (...)	Leistungstests Lerntests Kreativitätstests Intelligenztests (...)

Abb. 3: Übersicht über Diagnoseverfahren (nach: Feger und Prado, 1998)

3.1 Subjektive Identifikationsverfahren

Häufig werden gute Zensuren als entscheidendes Kriterium für hohe intellektuelle Leistungsfähigkeiten angesehen. Dabei wird allerdings übersehen, dass Schulleistungen nur zum Teil auf intellektuelle Fähigkeiten zurückzuführen sind. Sichtbar wird dies vor allem bei besonders begabten Underachievern, die trotz überdurchschnittlicher kognitiver Fähigkeiten nur durchschnittliche oder sogar unterdurchschnittliche Schulleistungen zeigen. Somit würden viele hoch begabte Kinder übersehen, wenn man ausschließlich die schulischen Noten als Beurteilungskriterium für intellektuelle Begabungen heranzieht (Feger und Prado, 1998). Daneben stellt die Lehrermeinung ein ebenso subjektives Verfahren dar. Obwohl dem Lehrerurteil im Vergleich zur Notengebung eine breitere Beurteilungsbasis zugrunde liegt, kann auch hierbei die Gefahr einer Fehleinschätzung vorliegen (Wild, 1991). So sind die Informationen von Lehrerinnen und Lehrern zumeist auf die Schule beschränkt und unterliegen oftmals Vorurteilen, etwa in Form einer Gleichsetzung von Hochbegabung und Hochleistung. Allerdings konnten Untersuchungen bestätigen, dass die Zuverlässigkeit der Lehrerbeobachtung nach entsprechender Schulung zu Merkmalen hoch begabter Kinder deutlich zunahm (Hany, 1987). Des Weiteren stellt die Elternnomination eine wichtige Möglichkeit der subjektiven Identifikation von hoch begabten Kindern im außerschulischen Bereich dar. So können Eltern aufgrund vielseitiger Erfahrungen im Umgang mit ihren Kindern deren Fähigkeitsentwicklung relativ genau einschätzen. Im Gegensatz zu Lehrern im schulischen Kontext haben Eltern nur eingeschränkte Vergleichsmöglichkeiten mit anderen Kindern, so dass die Gefahr einer recht einseitigen Einschätzung in Form einer Überschätzung aber auch Unterschätzung besteht. Auch das Urteilsvermögen der Eltern kann durch entsprechende Beobachtungshilfen, nicht zuletzt mittels spezieller Checklisten für hoch begabte Kinder, stark verbessert werden (Feger, 1988). Diese Checklisten bieten Beschreibungen von Verhaltens- bzw. Persönlichkeitsmerkmalen, die als typisch für hoch begabte Kinder angesehen werden. Allerdings unterliegen diese Beobachtungsbögen oftmals einer gewissen Beliebigkeit bzw. mangelnder Systematik und werden nicht selten aufgrund einmaliger Beobachtungen bzw. Erinnerungsdaten ausgefüllt. Da diese Merkmalskriterien leicht anwendbar sind, werden Checklisten dennoch häufig als erstes ‚Screening' für die Vorauswahl besonders begabter Kinder vor allem für Lehrer und Eltern empfohlen, wie beispielsweise die am meisten verbreitete Checkliste aus der Broschüre des BMBF+T (2001, S. 21f) (vgl. Anl. 1). Insgesamt reichen diese als subjektiv bezeichneten Verfahren aufgrund der beschriebenen Mängel, bezogen auf Zuverlässigkeit, Gültigkeit und Objektivität, zwar für eine erste Sichtung, jedoch nicht für eine endgültige Hochbegabungsdiagnose aus (Feger, 1980).

3.2 Objektive Identifikationsverfahren

Die bisher dargestellten Verfahren sind durch zum Teil deutliche subjektive Einflüsse, beispielsweise in Form von Vorurteilen bzw. Vorlieben der beurteilenden Personen, gekennzeichnet. Objektive Verfahren versuchen dagegen diesen Tendenzen durch standardisierte Vorgaben entgegenzuwirken, welche vor allem mit Testverfahren verwirklicht werden. Nach Lienert und Raatz (1994, S. 1) lässt sich ein Test definieren als

> „wissenschaftliches Routineverfahren, zur Untersuchung eines oder mehrerer empirisch abgrenzbarer Persönlichkeitsmerkmale mit dem Ziel einer möglichst qualitativen Aussage über den relativen Grad der relativen Merkmalsausprägung."

Neben dem Bemühen um eine möglichst objektive Merkmalseinschätzung, versuchen Testverfahren auch eine zuverlässige Merkmalsüberprüfung zu erreichen, so dass etwa bei einer wiederholten Anwendung vergleichbare Resultate erzielt werden. Zudem bemühen sich Testverfahren um eine möglichst gültige Merkmalserhebung, d. h. Tests sollen auch tatsächlich die Merkmale messen, die sie zu messen vorgeben. Im Hinblick auf die Identifikation von Hochbegabung werden neben den bekannten Intelligenztestverfahren zur Messung des konvergenten Denkens häufig auch andere Testverfahren erwähnt: So wurden zur Überprüfung des divergenten Denkens spezielle Kreativitätstests entwickelt; die von vielen Forschern allerdings kritisiert werden, da sich ihrer Meinung nach Kreativität einer Messbarkeit weitestgehend entzieht. Leistungstests, vor allem in Form spezieller Schulleistungstests sind in Deutschland weniger verbreitet, nicht zuletzt aufgrund der ständig erforderlichen Anpassung an die verschiedensten Curricula. Auch Lerntests sind bisher kaum gebräuchlich, obwohl diese durch die Erfassung des Lernpotentials in mehrstufigen prozessorientierten Verfahren (Vortest-Lernphase-Nachtest) vielen Forschern als besonders geeignet erscheinen im Hinblick auf die Begabungsdiagnostik (Waldmann und Weinert, 1990). Der Intelligenztest stellt das verbreitetste und anerkannteste Verfahren für die Identifikation von Hochbegabung dar, zumal intellektuelle Fähigkeiten in eindimensionalen wie auch mehrdimensionalen Hochbegabungskonzepten zentrale Bedeutung besitzen. Zur Diagnostik der verschiedenen kognitiven Fähigkeiten auf breiter Basis bietet sich mit entsprechenden Aufgaben bzw. Untertests der Intelligenztest als fähigkeitsorientiertes Verfahren mit an. Auch im Hinblick auf die operationale Definition von Hochbegabung orientieren sich viele Forscher an den Intelligenztestresultaten als produktorientiertes Verfahren. Diese Produktorientierung im Gegensatz zur Prozessorientierung stellt den Leistungsaspekt zu einem bestimmten Zeitpunkt in den Vordergrund. Forscher werfen gerade den sprachlich orientierten Intelligenztests eine Mittelschichtorientierung vor, weshalb diese Tests als nicht ‚kulturfrei' bezeichnet werden. Auch bei den sprachfreien ‚kulturfairen' Intelligenztests, gibt es teilweise deutliche Unterschiede in deren Konstruktion, so dass Experten bei der Intelligenzdiagnostik oftmals eine Kombination von verschiedenen Tests realisieren. Ein gebräuchliches Verfahren in der Begabungsdiagnostik, welches auf breiter Basis sowohl sprachgebundene als auch sprachfreie Untertests enthält, ist beispielsweise das Adaptive Intelligenz Diagnostikum (AID 2)) (vgl. Anl. 2). Insgesamt gelten Intelligenztests in der Hochbegabungsdiagnostik als notwendige aber nicht hinreichende Verfahren, für die es derzeit jedoch keine echte Alternative gibt, nicht zuletzt aufgrund der hohen Zuverlässigkeit, Gültigkeit und Objektivität (Holling und Kanning, 1999).

4. Zur Förderung von Hochbegabung

Im Hinblick auf die individuellen Leistungsunterschiede aller Kinder scheint zunächst die innere Differenzierung auch bei der Förderung von Kindern an den Rändern des Begabungsspektrums ausreichend zu sein (Heinbokel, 1996). Nach Hellert (1995, S. 102) kann innere Differenzierung jedoch nicht allein das Problem lösen, „wie wir mit einem Unterricht dem intellektuellen Bedarf unterschiedlichster Kinder wenigstens minimal gerecht werden können". Innere Differenzierung kann also nicht als hinreichender Ansatz zur Förderung hoch begabter Schüler angesehen werden, so dass es zusätzlich spezieller Maßnahmen bedarf, um den Förderbedürfnissen besonders begabter Schüler gerecht zu werden (Cropley, 1986). Die meisten Länder, die spezielle Fördermaßnahmen für besonders begabte Kinder realisieren, stimmen darin überein, dass für eine effektive Begabtenförderung das Curriculum und die Didaktik differenziert verändert werden müssen (Passow, 1986). Im folgenden werden die wichtigsten Möglichkeiten der besonderen Förderung hoch begabter Kinder vorgestellt: Akzeleration (beschleunigtes Lernen), Enrichment (vertieftes Lernen) und Mischformen aus Akzeleration und Enrichment (vgl. Abb. 4).

Akzeleration	*Enrichment*	*Mischformen*
Vorzeitige Einschulung Teilung. in höheren Klassen Überspringen v. Klassen D-Zug Klassen (...)	Bilingualer Unterricht Zusätzliche Kurse Arbeitsgemeinschaften Wettbewerbe (...)	Intensivkurse Spezialklassen Spezialschulen Reformschulen (...)

Abb. 4: Übersicht über Fördermodelle (nach: BMB+F, 2001)

4.1 Akzeleration

Nach Heinbokel (1996, S. 1) ist unter schulischer Akzeleration „jede Maßnahme zu verstehen, die es einer Schülerin oder einem Schüler ermöglicht, den vorgesehenen Lehrplan oder Teile davon früher zu beginnen, zu beenden oder schneller zu passieren, als es teils üblich, teils gesetzlich vorgesehen ist.“ Dabei gibt es verschiedene Formen von Akzeleration wie Teilunterricht in höheren Klassen in einzelnen Fächern aber auch D-Zug Klassen (z. B. Profilklassen, Sprungklassen), wobei das gesamte Lernpensum schneller bearbeitet wird. Akzeleration, in Form von vorzeitiger Einschulung bzw. Überspringen von Klassen ist eine der am meisten praktizierten Methoden zur Förderung besonders begabter Schüler, was vor allem in folgenden Aspekten begründet ist: Hoch begabte Schüler lernen schneller als durchschnittlich begabte Schüler, so dass das beschleunigte Durchlaufen des Lehrplans und die damit verbundene größere Herausforderung ihren besonderen Lernbedürfnissen entspricht (Southern et al, 1993). Akzelerationsangebote sind weiterhin die am einfachsten zu realisierenden Fördermaßnahmen, da für den einzelnen Lehrer die Anforderung entfällt, für hoch begabte Schüler spezielle Aufgaben und didaktische Ansätze zu entwickeln (George, 1993). Ferner bieten solche Akzelerationsmaßnahmen auch noch den Vorteil, dass die Maßnahmen weitgehend kostenneutral sind, was jedoch auch kritisch betrachtet werden kann, zumal hoch begabte Kinder mit ihren besonderen Lernmöglichkeiten einen Anspruch auch auf erweiterte Lernangebote haben. Daneben wird oftmals die Befürchtung geäußert, dass eine verkürzte Schulzeit zu Wissenslücken führt, die nur schwer wieder aufgeholt werden können, wobei dies eher für die lernintensiven sprachlichen Unterrichtfächer gilt. Zudem befürchten Kritiker von Akzelerationsansätzen häufig, dass aufgrund einer diskrepanten kognitiven, sozial-emotionalen und psychomotorischen Entwicklung Integrationsschwierigkeiten beim Kind auftreten könnten, was jedoch teilweise durch Freundschaften mit älteren entwicklungsgleichen Peers widerlegt wird (Mönks und Ypenburg, 1999). Insgesamt ist es notwendig die individuelle Situation des einzelnen Kindes sowie seiner Eltern und Lehrer zu betrachten, wobei probeweise durchgeführte Akzelerationsmaßnahmen die Entscheidung erleichtern können.

4.2 Enrichment

Nach Heller und Hany (1996, S. 492) gehören zum schulischen Enrichment

> „alle Arten der Ergänzung, Erweiterung und Vertiefung des regulären Curriculums durch neue Sachthemen, Lern- und Denkprozesse, sowie Lernformen [...], die begabten Schülern nach und neben der Bearbeitung des regulären Curriculums angeboten werden und die nicht zu einem beschleunigten Durchlaufen der regulären Schullaufbahn führen".

Enrichmentansätze können innerhalb des regulären Klassenunterrichts, z. B. im bilingualen Unterricht oder zusätzlichen Kursen (z. B. Plus-Kurse, weitere Leistungskurse), oder in außerschulischen Angeboten z. B. durch Arbeitsgemeinschaften aber auch in kombinierten Formen z. B. in Wettbewerben realisiert werden (Schiever und Maker,1991). Eine entscheidende Forderung an Enrichmentprogramme ist die Orientierung des Curriculums und der Didaktik an den speziellen Interessen und besonderen Bedürfnissen der hoch begabten Schüler. Darin sehen viele Forscher einen Vorteil von Enrichment- gegenüber Akzelerationsmaßnahmen, zumal bei regulären Lehrplänen interessante Inhalte für hoch begabte Kinder fehlen und sie in ihren Fähigkeiten kaum herausgefordert werden (Southern et al, 1993). Allgemein sind sich Wissenschaftler darin einig, dass Enrichmentansätze für hoch begabte Schüler sowohl auf die Vermittlung von Inhalten als auch von Fähigkeiten abzielen sollten. Die Frage der Gewichtung beider Aspekte wird in der Begabungsforschung jedoch kontrovers diskutiert (Renzulli, 1992). Die Experten stimmen darin überein, dass bei der Vermittlung von Strategien und Fähigkeiten die Frage nach Themen und Inhalten nicht vernachlässigt werden darf. Generell sollten weder Fähigkeiten noch Inhalte stärker gewichtet werden, sondern Fertigkeiten sollten immer anhand relevanter Gegenstände vermittelt werden (Gallagher und Gallagher, 1994). Dieses wird beispielsweise im „Schulischen Enrichment Modell SEM" von Renzulli und Reis (2001) erfolgreich umgesetzt, bei dem drei Stufen des Enrichments unterschieden werden. Dieser auch als Drehtürmodell bekannte Förderansatz umfasst in Stufe I interessengebundene Schnupperangebote, während Stufe II projektbezogene Grundfertigkeiten vermittelt, so dass schließlich in Stufe III eigenständige Projekte alleine oder in Kleingruppen sowohl in der Klasse als auch im Umfeld durchgeführt werden können (Huser, 2001).

4.3 Mischformen

Zu den Mischformen von Akzeleration und Enrichment, in denen der reguläre Lernstoff beschleunigt, aber auch zusätzliche Lernangebote vertieft angeboten wird, gehören einerseits Intensivkurse, Spezialklassen und Spezialschulen für hoch begabte Kinder in Form einer separativen Förderung. Bei der separativen Förderung erfolgt eine Gruppierung von Schülern entsprechend ihrer Fähigkeiten mit dem Vorteil, dass der Unterricht optimal auf die begabungsspezifischen Bedürfnisse ausgerichtet werden kann. Durch diese fähigkeitshomogenen Gruppen mit dem Kontakt zu Gleichgesinnten und Gleichbefähigten kann eine Steigerung der Leistungsmotivation, aber auch der Leistungsentwicklung bewirkt werden (Rogers und Span, 1993).

Derartige Fördermodelle sind vor allem bei besonders begabten Kindern mit steigender Begabungshöhe und zunehmendem Lebensalter auch in Erwägung zu ziehen. Andererseits zählen zu den Mischformen auch reformpädagogische Schulmodelle im Sinne einer integrativen Förderung von besonders begabten Kindern. Bei der integrativen Förderung erfolgt Gruppierung der Schüler gemäß ihres Alters mit dem Vorteil, dass die Schüler in ihrem regulären Klassenverband verbleiben und die zumeist fähigkeitsheterogenen Gruppen sich positiv auf die soziale Entwicklung auswirken können. Im Hinblick auf die Berücksichtigung der speziellen Entwicklungsbedürfnisse besonders begabter Kinder in Reformschulen hebt Mönks (1998) beispielsweise die Passung von Jena-Plan Schulen und Montessori-Schulen hervor. Die Jena-Plan Schule bezeichnet Mönks (2000, S. 30) „als Modell des flexiblen Schulsystems", indem durch Jahrgangsmischung die für hoch begabte Kinder wichtige Gruppierung unter Entwicklungsgleichen ermöglicht wird. Dies gilt mit der vertikalen Gruppierung auch für Montessori-Schulen, denen Mönks und Ypenburg (1998, S. 75) durch Prinzipien wie die vorbereitete Lernumgebung und Wahlfreiheit einen „verborgene(n) Lehrplan für hoch begabte Schüler" zuschreibt. Durch die Differenzierung des Curriculums und der Didaktik als Grundelement jeder Begabtenförderung erweisen sich Reformschulen als Chance, die speziellen Förderbedürfnisse besonders begabter Kinder zu berücksichtigen. Damit wird auch deutlich, dass sich eine effektive Begabtenförderung und bessere Breitenförderung keineswegs ausschließen, wie dies die oft an reformpädagogischen Ansätzen orientierten und in der PISA-Studie erfolgreichen skandinavischen Schulmodelle zeigen (Baumert et al., 2001).

Literatur

Baumert, J.; Klieme, E.; Neubrand, M.; Prenzel, M. Schiefele, U.; Schneider, W.; Stanat, P.; Tilmann, K.J.; Weiß, M. (Deutsches PISA-Konsortium) (Hrsg.) (2001). PISA 2000: Basiskompetenzen von Schülerinnen und Schülern im internationalen Vergleich. Opladen,

Bundesminister für Bildung und Forschung (Hrsg.) (2001): Begabte Kinder finden und fördern. Bonn.

Cropley, A.J. (1986): Einführung in das Kapitel `Schule und Lehrer'. In: W. Wieczerkowski; H. Wagner; K.K. Urban; A.J. Cropley (Hrsg.): Hochbegabung ? Gesellschaft ? Schule. Ausgewählte Beiträge aus der 6. Weltkonferenz über hoch begabte Kinder in Hamburg vom 5. bis 9. August (S. 156-157). Bad Honnef.

Feger, B. (2000). Begabte Schüler in der Schule: Wo ist das Problem? In. H. Wagner (Hrsg.), Begabung und Leistung in der Schule. Modelle der Begabtenförderung in Theorie und Praxis. 2. Auflage. (S. 25-38). Bad Honnef.

Feger, B. (1980). Identifikation von Hochbegabten. Jahrbuch für empirische Erziehungswissenschaft, S. 87-112.

Feger, B.; Prado, T. (1998): Hochbegabung. Die normalste Sache der Welt. Darmstadt.

Gagné, F. (2000). Understanding the Complex Choreography of Talent Development Through DMGT-Based Analysis. In. K. A. Heller, F. J. Mönks, R. J. Sternberg, R. F. Subotnik (Eds.), International Handbook of Giftedness and Talent. Second Edition (pp. 67-93). Oxford.

Gallagher, J. J.; Gallagher, S.A. (1994): Teaching the Gifted Child. Boston.

George, D. R. (1993): Instructional Strategies and Models for Gifted education. In: K.A. Heller; F.-J. Mönks; A.H. Passow (Hrsg.): International Handbook for Research and Development of Giftedness and Talent (pp. 411-424). Oxford.

Gruber, H. und Mandl, H. (1992). Begabung und Expertise. In E. A. Hany, H. Nickel (Hrsg.), Begabung und Hochbegabung (S. 59-76). Göttingen.

Hany, E. (1987): Modelle und Strategien zur Identifikation hochbegabter Schüler. Diss. Stuttgart.

Heinbokel, A. (1996): Überspringen von Klassen. Münster.

Heller, K. A. (2000). Einführung in den Gegenstandsbereich der Begabungsdiagnostik. In. K. A. Heller (Hrsg.), Lehrbuch Begabungsdiagnostik in der Schul- und Erziehungsberatung. 2. Auflage. (S. 13 - 40) Göttingen.

Heller, K. A. (1992). Projektziele, Untersuchungsergebnisse und praktische Konsequenzen. In K. A. Heller (Hrsg.), Hochbegabung im Kindes und Jugendalter (S. 18-37). Göttingen.

Heller, K. A. (1987). Perspektiven einer Hochbegabungsdiagnostik. In K. A. Heller (Hrsg.), Hochbegabungsdiagnostik. Zeitschrift für Differentielle und Diagnostische Psychologie, 3, S. 159-172.

Heller, K. A.; Hany, E. (1996): Psychologische Modelle der Begabtenförderung. In: F. E. Weinert (Hrsg.): Psychologie des Lernens und der Instruktion. Pädagogische Psychologie, Bd.2. (S. 477-503). München.

Hellert, U. (1995): Der pädagogische Zauberstab? Innere Differenzierung? oder: Brauchen hochbegabte Schüler hochbegabte Lehrer?. In: H. Wagner (Hrsg.): Begabung und Leistung in der Schule. Modelle der Begabtenförderung in Theorie und Praxis (S. 98-108). Bad Honnef.

Holling, H.; Kanning U. P. (1999). Hochbegabung. Forschungsergebnisse und Fördermöglichkeiten. Göttingen.

Huser, J. (2001). Lichtblick für helle Köpfe. Ein Wegweiser zur Erkennung und Förderung von hohen Fähigkeiten bei Kindern und Jugendlichen auf allen Schulstufen. Zürich.

Kubinger, K. D.; Wurst, E. (2000). Adaptives Intelligenz Diagnostikum 2. Göttingen

Klauer, K. J. (1994). Neuere Entwicklungen in der pädagogisch-psychologischen Diagnostik. Diagnostica, 40/3, S. 244-261.

Lienert, G. A.; Raatz, U. (1994). Testaufbau und Testanalyse. 5. Aufl. Weinheim.

Marland, S. P. (1972). Education of the gifted and talented. Report to the Congress of the United States by the Commissioner of Education. Washington D.C.

Meyer, W.-U. (1984). Das Konzept von der eigenen Begabung. Bern.

Mönks, F. J. (2000). Begabungen erkennen – Begabte fördern. In. H. Joswig (Hrsg.), Begabungen erkennen – Begabte fördern. Beiträge anlässlich der Wissenschaftlichen Arbeitstagung des ABB e.V. in Rostock vom 22. 24. 10.1999. (S. 19-33). Rostock.

Mönks F. J.; Ypenburg, I. (1999). Unser Kind ist hochbegabt. Ein Leitfaden für Eltern und Lehrer. München.

Passow, A. H. (1986): Hochbegabtenförderung in internationaler Perspektive. In: Bundesministerium für Bildung und Wissenschaft (Hrsg.): Hochbegabung? Gesellschaft? Schule: Ausgewählte Beiträge aus der 6. Weltkonferenz über hoch begabte Kinder in Hamburg vom 5. bis 9. August 1985 (S. 40-50). Bonn.

Renzulli, J. S. (1992): A General Theory for the Development of Creative Productivity in Young People. In: F.-J. Mönks; W. Peters (Hrsg.): Talent for the Future: Social and Personality Development of Gifted Children (pp. 51-72). Assen.

Renzulli, J. S.; Reis, S. M.; Stedtnitz, U. (2001). Das Schulische Enrichment Modell SEM. Begabtenförderung ohne Elitenbildung. Aarau.

Rogers, K.; Span, P. (1993): Ability Grouping with Gifted and Talented Students: Research and Guidelines. In: K. Heller; F.-J. Mönks; H. Passow (Hrsg.): International Handbook of Research and Development of Giftedness and Talent (pp. 585-592). Oxford.

Schiever, S.; Maker, C. J. (1991): Enrichment and Acceleration: An Overview and New Directions. In: N. Colangelo; G. A. Davis (Hrsg.): Handbook of Gifted Education (pp. 99-112). Boston.

Schneider, W. (1992). Erwerb von Expertise. Zur Relevanz kognitiver und nichtkognitiver Voraussetzungen. In E. A. Hany, H. Nickel (Hrsg.), Begabung und Hochbegabung (S. 105-124). Göttingen.

Southern, W. T.; Jones, E. D.; Stanley, J. C. (1993): Acceleration and Enrichmment: The Context an Development of Program Options. In: K. A. Heller; F.-J. Mönks; H. Passow (Hrsg.): International Handbook of Research and Development of Giftedness and Talent (pp. 387-409). Oxford.

Stern, W. (1928). Die Intelligenz von Kindern und Jugendlichen. Leipzig.

Stern, W. (1916). Psychologische Begabung und Begabungsdiagnose. In P. Petersen (Hrsg.), Der Aufstieg der Begabten (S. 105-120). Berlin.

Sternberg, R. J. (1990). Thinking styles. Keys to understanding student performance. Phi Delta Kappan, 71, pp. 366-371.

Waldmann, M. und Weinert, F.E. (1990). Intelligenz und Denken. Perspektiven der Hochbegabungsforschung. Göttingen.

Webb, J. T. Meckstroth, E.A., Tolan, S. (1985). Hoch begabte Kinder ihre Eltern, ihre Lehrer. Stuttgart.

Weinert, F. E. (2000). Lernen als Brücke zwischen hoher Begabung und exzellenter Leistung. Vortrag gehalten anläßlich der zweiten internationalen Salzburger Konferenz zu Begabungsfragen und Begabtenförderung. Salzburg 13. Oktober 2000.

Weinert, F. E. (1992). Wird man zum Hochbegabten geboren, entwickelt man sich dahin oder wird man dazu gemacht? In E.A. Hany, H. Nickel (Hrsg.), Begabung und Hochbegabung (S. 197-204). Göttingen.

Wild, K-P. (1991). Identifikation hoch begabter Schüler. Lehrer und Schüler als Datenquellen. Heidelberg.

Anlage 1:

BMBF +T Checkliste

1. Merkmale des Lernens und des Denkens
• Hochbegabte haben in einzelnen Bereichen ein sehr hohes Detailwissen • Ihr Wortschatz ist für das Alter ungewöhnlich • Ihre Sprache ist ausdrucksvoll, ausgearbeitet und flüssig • Sie können sich Fakten schnell merken • Sie durchschauen sehr genau Ursache – Wirkung – Beziehungen • Sie suchen nach Gemeinsamkeiten und Unterschieden • Sie erkennen bei schwierigen Aufgaben zugrunde liegende Prinzipien • Sie können leicht gültige Verallgemeinerungen herstellen • Sie können außergewöhnlich gut beobachten • Sie lesen sehr viel von sich aus und bevorzugen Bücher, die über ihre Altersstufe deutlich hinausgehen • Sie geben in ihren Ausführungen zu erkennen, dass sie kritisch, unabhängig und wertend denken
2. Arbeitshaltung und Interessen
• Motivierte Hochbegabte gehen in bestimmten Problemen völlig auf • Sie sind bemüht Aufgaben stets vollständig zu lösen • Sie sind bei Routineaufgaben leicht gelangweilt • Sie streben nach Perfektion • Sie sind selbstkritisch • Sie geben sich mit ihrem Arbeitstempo oder -ergebnis nicht schnell zufrieden • Sie arbeiten gern unabhängig, um hinreichend Zeit für das Durchdenken eines Problems zu haben • Sie setzen sich hohe Leistungsziele und lösen (...) Aufgaben mit einem Minimum an Anleitung (...) • Sie interessieren sich für viele \`Erwachsenenthemen´ wie Religion, Philosophie, Politik (...)
3. Merkmale des sozialen Verhaltens
• Hochbegabte beschäftigen sich viel mit Begriffen wie Recht-Unrecht sowie Gut-Böse • Sie sind bereit sich gegen \`Autoritäten´ zu engagieren • Sie gehen nicht um jeden Preis mit der Mehrheit • Sie sind individualistisch • Sie akzeptieren keine Meinung von Autoritäten, ohne sie kritisch zu prüfen • Sie können gut Verantwortung übernehmen und erweisen sich in der Planung (...) als zuverlässig • Sie suchen sich ihre Freunde bevorzugt unter Gleichbefähigten, häufig Älteren • Sie neigen schnell dazu über Situationen zu bestimmen • Sie können sich in andere einfühlen und sind daher für politische und soziale Probleme aufgeschlossen

Anlage 2:

AID 2 Untertests

Untertest	*Beschreibung*
Alltagswissen	Der Untertest soll die Fähigkeit prüfen, sich Sachkenntnisse über Inhalte anzueignen, die in der heutigen Gesellschaft alltäglich sind.
Realitätssicherheit	Der Untertest soll prüfen, inwieweit die Wirklichkeit um Dinge des Alltags verstanden wird bzw. kontrolliert werden kann.
Angewandtes Rechnen	Der Untertest soll weitgehend unabhängig von schulischen Rechenfertigkeiten prüfen, inwieweit die Testperson bei der Problemlösung alltäglicher Aufgabenstellungen durch entsprechende Schlussfolgerungen die passenden Rechenoperationen anzuwenden imstande ist.
Soziale und Sachliche Folgerichtigkeit	Mit dem Untertest soll die Fähigkeit erfasst werden, die Abfolge sozialen Geschehens bzw. alltäglicher Sachgegebenheiten zu verstehen und zu kontrollieren
Unmittelbares Reproduzieren – numerisch	Der Untertest soll die Kapazität der seriellen Informationsverarbeitung (im verbal-akustischen Bereich) messen.
Synonyme Finden	Der Untertest soll das elementare Sprachverständnis prüfen, nämlich inwieweit die Testperson die Bedeutung sprachgebundener Begriffe erfasst bzw. über einen Wortschatz verfügt, der solche Begriffe alternativ ausdrücken lässt.
Kodieren und Assoziieren	Mit dem Untertest sollen zwei voneinander partiell unabhängige Fähigkeiten erfasst werden: Die Informationsverarbeitungsschnelligkeit und die Fähigkeit zum inzidentellen Lernen.
Antizipieren und Kombinieren – figural	Der Untertest soll schlussfolgerndes Denken in der Hinsicht prüfen, Teile eines (konkreten) Ganzen erkennen und dieses Ganze gestalten zu können.
Funktionen Abstrahieren	Mit dem Untertest soll die Fähigkeit erfasst werden, durch Abstraktion zu einer Begriffsbildung zu gelangen.

Analysieren und Synthetisieren – abstrakt	Der Untertest soll die Fähigkeit prüfen, komplexe (abstrakte) Gestalten durch geeignete Strukturierung reproduzieren zu können.
Soziales Erfassen und Sachliches Reflektieren	Mit dem Untertest soll geprüft werden, inwieweit die Testperson Sachzusammenhänge der „gesellschaftlichen" Umwelt begreift bzw. inwieweit sie sozialisiert in dem Sinne ist, dass sie über sozial angepasste Verhaltensweisen und Bedingungen Bescheid weiß.
Unmittelbares Reproduzieren – figural/abstrakt	Der Zusatztest soll die Kapazität der seriellen Informationsverarbeitung (im visuomotorischen Bereich) messen
Merken und Einprägen	Mit dem Zusatztest soll die Behaltenskapazität erfasst werden, wie sie durch einmalige Wiederholung der Reizdarbietung erreichbar ist.
Strukturieren – visuomotorisch	Der Zusatztest soll die Fähigkeit erfassen, komplexe (abstrakte) Gestalten in elementare Teilkomponenten zerlegen zu können.

Heinz Holling, Miriam Vock, Franzis Preckel

Schulische Begabtenförderung in den Ländern der Bundesrepublik Deutschland

1. Einleitung

In diesem Beitrag sollen einige Ergebnisse unserer Arbeit zur intellektuellen Hochbegabung an der Universität Münster vorgestellt werden. Zu Beginn werden wir kurz unsere Definition von intellektueller Hochbegabung skizzieren. Anschließend werden die Maßnahmen zur schulischen Begabtenförderung in den verschiedenen Bundesländern vorgestellt, die unsere Arbeitsgruppe im Jahr 2000 recherchiert hat. Es handelte sich bei dieser Untersuchung um ein Gutachten, das das Bundesministerium für Bildung und Forschung und die Bund-Länder-Kommission für Bildungsplanung und Forschungsförderung (BLK) in Auftrag gegeben hatte. Anlass dieses Gutachtens war, dass in der letzten Zeit in allen Bundesländern neue Konzepte entwickelt wurden, wie hoch begabte Schülerinnen und Schüler im schulischen Kontext besonders gefördert werden können. Es ist sogar in relativ kurzer Zeit so viel Neues entstanden, dass niemand mehr einen vollständigen Überblick darüber hatte, welche Förderprogramme wo existieren und welche sich bewährt haben. Unsere Untersuchung der aktuellen Fördersituation in den Bundesländern sollte die Vielfalt an Maßnahmen und Erfahrungen im Bereich der schulischen Begabtenförderung dokumentieren und sie allen Bundesländern in komprimierter Form zugänglich machen. Einige der Ergebnisse aus unseren Recherchen werden in diesem Beitrag überblicksartig dargestellt.

2. Was ist intellektuelle Hochbegabung?

Für eine Definition intellektueller Hochbegabung ist es zunächst erforderlich, auf die aktuellen Modellvorstellungen von Hochbegabung einzugehen. Diese Modelle ähneln sich zum Teil stark, in einigen Punkten unterscheiden sie sich aber auch deutlich. Eine wesentliche Unterscheidung der Modelle besteht darin, ob Hochbegabung als eine Disposition zu hohen Leistungen verstanden wird, oder ob das Erbringen hoher Leistungen bereits eine Voraussetzung für eine hohe Begabung ist. Dieser Unterschied sei kurz an zwei der bekanntesten Hochbegabungsmodelle illustriert:

Das erste Modell ist das Drei-Ringe-Modell der Begabung, das von dem amerikanischen Forscher Renzulli im Jahr 1979 veröffentlicht wurde. Ausgegangen wird hier von drei Faktoren: überdurchschnittliche Fähigkeiten, Kreativität und Aufgabenverpflichtung beziehungsweise Aufgabenorientierung. Erst wenn alle diese drei Faktoren in ausreichendem Maße gegeben sind, entwickelt sich eine hohe Begabung, die in diesem Modell hohen Leistungen entspricht.

Das zweite Modell ist das derzeit bekannteste und aktuellste Modell aus dem deutschsprachigen Raum, das Münchener (Hoch-)Begabungsmodell von Heller, Perleth und Hany aus dem Jahr 1994 (siehe Abb. 1). Es werden hier verschiedene Begabungsfaktoren angenommen, die zu hohen Leistungen führen können (aber nicht müssen). Ob aus den Begabungsfaktoren Leistungen entwickelt werden, hängt zum einen von Bedingungen der Umwelt ab, denen ein Kind ausgesetzt ist, zum Beispiel dem Familienklima, dem Klassenklima oder bestimmten kritischen Lebensereignissen. Außerdem hängt die Leistungsentwicklung nach diesem Modell von verschiedenen nicht-kognitiven Persönlichkeitsmerkmalen ab, zum Beispiel der Fähigkeit zur Stressbewältigung, den Lernstrategien, aber auch der Leistungsmotivation.

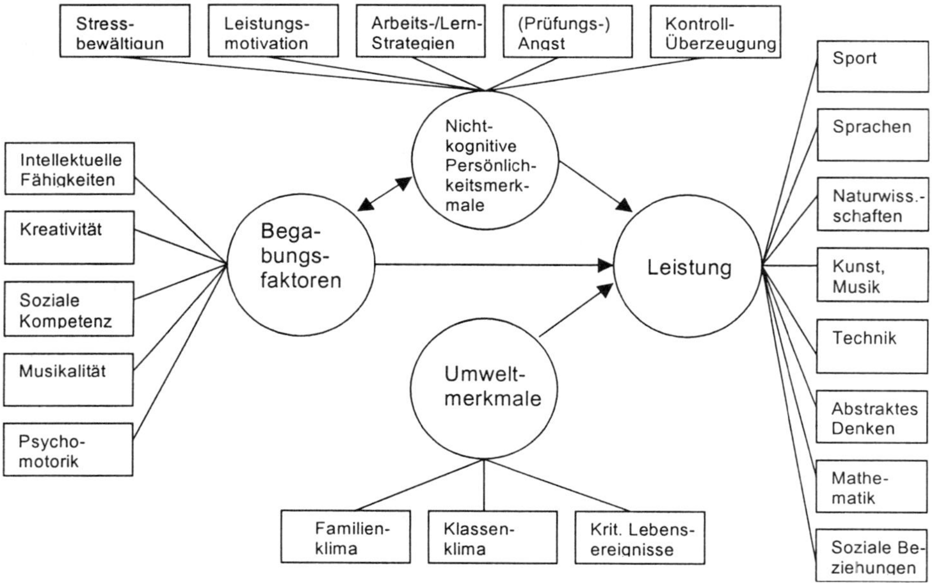

Abb. 1: Münchener (Hoch-)Begabungsmodell von Heller, Perleth und Hany (1994, S. 19)

Einen wesentlichen Unterschied zu dem Drei-Ringe-Modell stellt die Rolle des Faktors Motivation dar. Während Motivation im Modell von Renzulli ein Bestandteil der Begabung ist (ein völlig unmotivierter Mensch würde hier nicht als hoch begabt bezeichnet werden), wird die Motivation im Münchener Modell zunächst unabhängig von der Begabung verstanden. Sie stellt hier einen Faktor dar, der die Entwicklung von Leistungen beeinflusst. Diese beiden unterschiedlichen Konzeptionen von Hochbegabung kann man wie in Abb. 2 und 3 dargestellt zusammenfassen. Im ersten Fall wird die Hochbegabung mit einer sichtbaren hohen Leistung gleichgesetzt. In der zweiten Konzeption wird bereits die Disposition zu hohen Leistungen, die durch die Anlage gegeben ist, als Hochbegabung verstanden.

Abb. 2: Hochbegabung als Leistung (nach Holling und Kanning, 1999, S. 6)

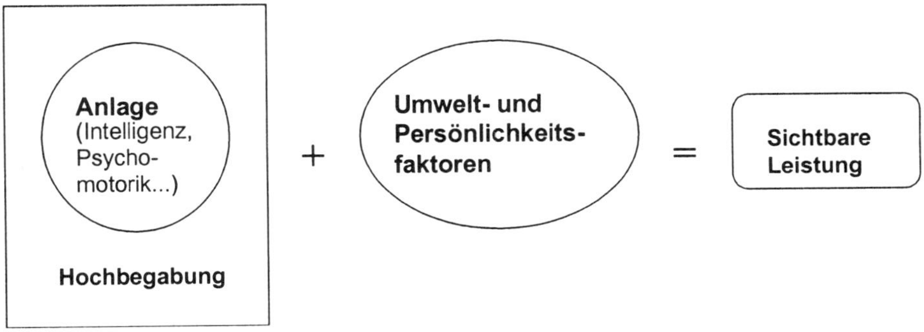

Abb. 3: Hochbegabung als Disposition (nach Holling und Kanning, 1999, S. 7)

Als einen Vorteil der zweiten Konzeption sehen wir in unserer Arbeitsgruppe an, dass hier auch Personen, die keine hohen Leistung erbringen, als durchaus hoch begabt bezeichnet werden können (die sog. Underachiever). Underachiever sind Schülerinnen und Schüler, die intellektuell zwar sehr begabt sind, aber trotzdem – aus welchen Gründen auch immer – keine entsprechend guten schulischen Leistungen erbringen.

Es bleibt die Frage, ab welchem Ausprägungsgrad der intellektuellen Fähigkeiten, das heißt ab welchem Intelligenzwert, ein Mensch als intellektuell hoch begabt eingestuft wird. Hier besteht international weitgehend Einigung, dass die rund 2% intelligentesten Menschen der Bevölkerung als hoch begabt gelten. Dies entspricht einem Intelligenzquotienten (IQ) von 130 oder höher in einem standardisierten Intelligenztest.

Wir sehen bei dieser Festlegung jedoch drei Schwierigkeiten:

1. Sowohl in der Praxis als auch in der Forschung werden sehr verschiedene Intelligenztests eingesetzt, denen jeweils verschiedene theoretische Modelle zugrunde liegen. Das führt dazu, dass dieselbe Person in verschiedenen Tests unterschiedlich hohe Intelligenzquotienten erhalten kann.
2. Es handelt sich bei diesen Werten um reine Konvention – man hat sich auf diese Werte geeinigt, damit das Phänomen Hochbegabung klarer fassbar und auch wissenschaftlich besser erforschbar ist. Intelligenz ist jedoch ein Merkmal, das kontinuierlich verteilt ist. Es gibt bisher keine Belege dafür, dass es ab einem bestimmten IQ einen „qualitativen Sprung" gibt, d. h. dass ab einem IQ von 130 Leistungen erbracht werden können, die mit einem IQ von beispielsweise 128 nicht auch vollbracht werden könnten. Auch kann nicht davon ausgegangen werden, dass sich Menschen mit einem IQ über 130 in Persönlichkeit oder Verhalten von anderen mit einem etwas geringeren Intelligenzwert unterscheiden. Dies lässt sich anschaulich vergleichen mit der Körpergröße: Auch dieses Merkmal ist kontinuierlich verteilt, und es gibt keine Körpergröße, ab der man eindeutig sagen kann, dass eine Person „sehr groß" ist. Genauso verhält es sich auch mit der Begabung.
3. Der IQ stellt – sofern er über einen Intelligenztest mit verschiedenen Skalen ermittelt wurde – einen Durchschnittswert aus verschiedenen Fähigkeiten dar. Ein IQ ist somit Ausdruck verschiedener unterschiedlich hoch ausgeprägter Fähigkeiten. Eine Person kann beispielsweise über eine sehr hohe verbale, aber eine nur durchschnittliche mathematische Begabung verfügen. Bei einer anderen Person könnte genau das entgegengesetzte Profil festgestellt werden: Ein sehr hohe mathematische und eine nur durchschnittliche sprachliche Begabung. Beide Personen könnten den gleichen Durchschnittswert in einem Test erhalten.

Um der im letzten Punkt angesprochenen differenzierten Erfassung der Intelligenz Rechnung zu tragen, orientieren wir uns in unseren Arbeiten an dem derzeit aktuellsten Intelligenzmodell, dem Berliner-Intelligenzstrukturmodell (BIS) von Jäger (1982, siehe Abb. 4). Hier wird die allgemeine Intelligenz in insgesamt sieben verschiedenen Fähigkeitsbereichen untergliedert. Im BIS-Modell wurden die Erkenntnisse der Intelligenzstrukturforschung der letzten Jahrzehnte integriert, und es ist das einzige aktuelle Modell aus dem deutschsprachigen Raum, das auch international verwendet wird.

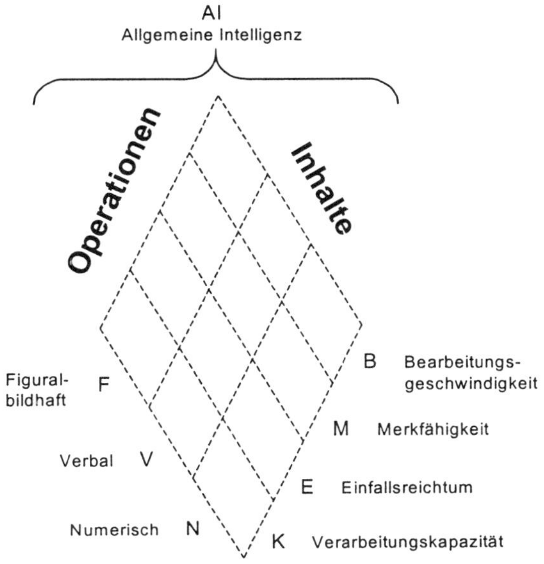

Abb. 4: Berliner Intelligenz-Strukturmodell (Jäger, 1982)

Das BIS-Modell nimmt an, dass sich die allgemeine Intelligenz aus zwei verschiedenen Facetten zusammensetzt: Einer operativen und einer inhaltlichen Facette. Die operative Facette besteht aus vier verschiedenen Fähigkeiten:

- Verarbeitungskapazität. Dieser Bereich bezeichnet die Fähigkeit, logisch und exakt zu denken und viele verschiedene Informationen zu berücksichtigen.
- *Einfallsreichtum.* Einfallsreichtum ist ein wichtiger Aspekt der Kreativität. Unter Einfallsreichtum wird die Fähigkeit verstanden, zu einem bestimmten Problem viele verschiedene Ideen und Lösungen zu finden. Um viele verschiedene Ideen entwickeln zu können, benötigt man einen Reichtum an Vorstellungen, muss vielfältige Informationen zur Verfügung haben und Probleme oder Gegenstände aus mehreren unterschiedlichen Richtungen betrachten können. Es geht in diesem Bereich also nicht um „freies Phantasieren", sondern darum, vorgegebene Problemstellungen kreativ und flexibel zu bearbeiten. Dieser Bereich ist eine wichtige Besonderheit dieses Modells, denn in den meisten anderen Intelligenzmodellen werden diese Formen des divergenten Denkens nicht berücksichtigt.
- *Merkfähigkeit.* Dieser Bereich beschreibt Fähigkeiten des Kurzzeitgedächtnisses. Es geht um die Fähigkeit, sich verschiedene Informationen kurzfris-

tig zu merken und sie später wieder zu erkennen oder auf Nachfrage fehlerfrei wiederzugeben.

- *Bearbeitungsgeschwindigkeit.* Hier geht es darum, wie schnell und konzentriert jemand Routineaufgaben bearbeiten kann. Diese Denkfähigkeit beschreibt das Arbeitstempo, die Auffassungsleichtigkeit und die Konzentrationskraft beim Lösen leichter Aufgaben.

Zusätzlich wird angenommen, dass sich diese Fähigkeiten danach unterscheiden, welcher Art die Informationen sind, die verarbeitet werden müssen. Informationen können numerisch, verbal oder figural-bildhaft sein. Es ergeben sich somit insgesamt 12 Fähigkeitsbereiche, die aus der Kreuzung der vier operativen und der drei inhaltlichen Bereiche ergeben. Ein auf diesem Modell basierender Test ermöglicht die differenzierte Messung der intellektuellen Begabung und zusätzlich die Bestimmung eines Wertes für die allgemeine Intelligenz als ein Durchschnittswert der einzelnen Fähigkeiten.

Zusammenfassend ist somit zu sagen, dass intellektuelle Hochbegabung eine Disposition ist, zu einem bestimmten Zeitpunkt sehr hohe Leistungen zu erbringen. Ob diese Leistungen dann realisiert werden, hängt von weiteren Faktoren wie Persönlichkeitsmerkmalen und der sozialen Umwelt ab. Weiterhin kann differenziert werden, in welchem Bereich die Disposition zu sehr hohen Leistungen vorliegt. Diese Differenzierung lässt sich gut entsprechend der inhaltlichen und operativen Facetten des BIS-Modells vornehmen. So kann beispielsweise angenommen werden, dass jemand mit einer hohen Fähigkeit im Bereich „Verarbeitungskapazität – numerisch" eine Disposition zu hohen mathematischen Leistungen hat. Gleichzeitig kann bei dieser Person eine eher gering ausgeprägte Fähigkeit im verbalen Bereich bestehen, was einer geringeren Disposition für hohe sprachliche Leistungen entspricht. Die intellektuelle Begabung ist messbar durch einen modernen standardisierten Intelligenztest, der optimalerweise nach verschiedenen Fähigkeitsbereichen differenziert und auch das kreative Potential der Person erfasst.

3. Schulische Begabtenförderung in den Ländern

Im Folgenden werden die Ergebnisse des Gutachtens zur schulischen Begabtenförderung in den Ländern der Bundesrepublik Deutschland überblicksartig vorgestellt. Ziel des Gutachtens war eine Bestandsaufnahme der Maßnahmen zur schulischen Begabtenförderung, aus der sich Hinweise auf empfehlenswerte Maßnahmen und auf Optimierungsmöglichkeiten ergeben können. Die Informationssammlung für das Gutachten erfolgte durch Interviews mit Ansprechpartnerinnen und -partnern der Kultusministerien oder Senatsverwaltungen der Länder und über weiteres Informationsmaterial. Wir waren bei der Informationssammlung um eine größtmögliche Vollständigkeit der Informationen bemüht, einen Anspruch darauf können wir jedoch nicht erheben. Als Sachstandstermin für die Aufnahme von Informationen wurde der 15.01.2001 festgelegt. Weiterhin muss betont werden, dass die einzelnen Länder aufgrund ihrer unterschiedlichen Rahmenbedingungen nicht in jeder Hinsicht zu vergleichen sind. Wir möchten mit diesem Überblick dazu beitragen, die Vielfalt der jeweiligen Maßnahmen zu verdeutlichen und somit den Austausch der Länder über die Möglichkeiten der Begabtenförderung anzuregen. Zudem werden in der Bestandsaufnahme „weiße Flecken" in der Landschaft der Begabungsförderung deutlich, die in konkreten, von Seiten der Länder ausgesprochenen Empfehlungen aufgegriffen werden. Diese Empfehlungen bilden den Abschluss unseres Beitrags.

Im Folgenden werden ausgewählte Maßnahmen im Bereich der Begabtenförderung länderbezogen zusammengestellt. Die überwiegend tabellarische Zusammenstellung erhöht die Übersichtlichkeit der großen Anzahl an Maßnahmen, die Darstellung kann jedoch nur stichpunktartig erfolgen. Für die ausführlichen Informationen möchten wir auf die jeweiligen Länderberichte im Gutachten der Bund-Länder-Kommission verweisen (Bund-Länder-Kommission für Bildungsplanung und Forschungsförderung, 2001). Wir gehen in diesem Beitrag auf folgende Maßnahmen ein: Vorzeitige Einschulung und Überspringen von Klassen, weitere Angebote der Schulzeitverkürzung, Enrichmentangebote, spezielle Schulen/Klassen für intellektuell besonders begabte Schülerinnen und Schüler sowie die Lehreraus- und -fortbildung.

3.1 Vorzeitige Einschulung und Überspringen von Klassen

In allen Bundesländern ist eine vorzeitige Einschulung möglich. Unterschiede bestehen jedoch im festgelegten Stichtag, bis zu dem das sechste Lebensjahr vollendet sein muss. In vier Ländern wird kein Mindestalter für eine Einschulung vorausgesetzt. Eine relativ neue Maßnahme ist die „flexible Eingangsstufe", in der die ersten beiden Schuljahre je nach Fähigkeiten in einem, zwei oder drei Jahren durchlaufen werden können. Diese Möglichkeit wurde bereits in vier Ländern eingeführt.

Länder	Vorzeitige Einschulung	Überspringen von Klassen
Baden-Württemberg	- kein Mindestalter	- Eine direkte Einschulung in Klasse 2 ist möglich. - Springen ist in den Klassen 1-3 und 5-10 möglich, am Ende von Klasse 3 ist ein Übergang in Klasse 5 möglich.

Bayern	- Die „freiwillige Schulpflicht" als Möglichkeit für Kinder, die einige Monate nach dem Stichtag sechs Jahre alt werden, wird sukzessive ausgebaut. - Stichtag für die vorzeitige Einschulung: 30.06. des Folgejahres	- Einzige Einschränkung: in der Volksschule kann nur einmal gesprungen werden.
Berlin	- Stichtag für die vorzeitige Einschulung: 31.12. desselben Jahres - Ab 2001/02: Stichtag 30.04. des Folgejahres - Flexible Eingangsphase geplant	- Während des ersten Vierteljahres der 1. Klasse kann nicht gesprungen werden. - Die 6. Klassen und das erste Halbjahr der 7. Klasse (bzw. bei Gymnasien, die mit Klassenstufe 5 beginnen, der 5. Klasse) kann nicht übersprungen werden.
Brandenburg	- Stichtag für die vorzeitige Einschulung: 31.12. desselben Jahres - Schulversuch flexible Eingangsphase an 20 Grundschulen	- Springen ist möglich in den Klassen 1-5, 8 und 9 - Zukünftig sollen die Schulen dazu verpflichtet werden, die Eltern und die Schülerinnen und Schüler über die Möglichkeiten des Überspringens zu informieren.
Bremen	- Stichtag für die vorzeitige Einschulung: 31.12. desselben Jahres	- Überspringen ist möglich. - Eine direkte Einschulung in die 2. Klasse ist nicht möglich.
Hamburg	- kein Mindestalter	- keine Einschränkungen nach Einschulung in Klasse 1
Hessen	- Stichtag für die vorzeitige Einschulung: 31.12. desselben Jahres - Eine weitere Liberalisierung ist in Planung.	- Springen ist möglich in den Klassen 1-10 (Überspringen der 4. Klasse nur unter best. Voraussetzungen). - Auch in der Oberstufe kann eine Klasse übersprungen werden.
Mecklenburg-Vorpommern	- Stichtag für die vorzeitige Einschulung: 31.12. desselben Jahres	- keine Einschränkungen

Nieder-sachsen	- kein Mindestalter	- Überspringen ist jederzeit möglich. - Die Schule ist bei entsprechenden Leistungen des Schülers/der Schülerin verpflichtet, die Möglichkeit des Springens zu prüfen.
Nord-rhein-Westfalen	- Stichtag für die vorzeitige Einschulung: 30.06. des Folgejahres	- keine Einschränkungen
Rhein-land-Pfalz	- Stichtag für die vorzeitige Einschulung: 31.12. desselben Jahres, Einschulung von Kindern, die nach dem 31.12. geboren sind, ist im Rahmen von Einzelfallentscheidungen möglich	- Überspringen ist möglich - Eine direkte Einschulung in die 2. Klasse ist nicht möglich.
Saarland	- Stichtag für die vorzeitige Einschulung: 31.12. desselben Jahres - Eine weitere Liberalisierung ist in Planung.	- Im ersten Halbjahr der 1. Klasse kann nicht gesprungen werden; die 4. Klasse kann nur in Ausnahmefällen übersprungen werden. - keine Einschränkungen für das Springen im Gymnasium - Eine weitere Liberalisierung ist in Planung.
Sachsen	- Stichtag für die vorzeitige Einschulung: 31.12. desselben Jahres - Eine weitere Flexibilisierung der Schuleingangsphase ist perspektivisch vorgesehen.	- keine Einschränkungen in der Grundschule - Die Möglichkeit, zweimal während der Grundschulzeit zu Überspringen, wird perspektivisch geplant. - Im Gymnasium oder der Mittelschule können die Klassen 5-8 übersprungen werden.
Sachsen-Anhalt	- Stichtag für die vorzeitige Einschulung: 30.06. des Folgejahres. Seit 2000/01 können an allen Grundschulen flexible Eingangsstufen eingerichtet werden.	- Während des Primar- und SekI-Bereichs kann nur einmal übersprungen werden.

Schleswig-Holstein	- kein Mindestalter - flexible Eingangsstufe	- Eine direkte Einschulung in die 2. Klasse ist nicht möglich; ein Wechsel von der 1. zur 2. Klasse während des Schuljahrs ist möglich. - Die Klassenkonferenz ist verpflichtet, die Möglichkeit des Springens für einzelne Schüler/innen zu prüfen.
Thüringen	- Stichtag für die vorzeitige Einschulung: 31.12. desselben Jahres - Schulversuch: veränderte Schuleingangsphase	- Die 4. Klasse und die Klassenstufen 11 und 12 können nicht übersprungen werden.

Empirische Untersuchungen aus dem deutschen Raum (z. B. Reitmajer, 1988; Heinbokel, 1996) belegen, dass das Überspringen in der Regel nicht zu dauerhaften negativen Auswirkungen auf die schulischen Leistungen oder die sozial-emotionale Entwicklung führt. In höheren Klassen sind nach dem Springen jedoch mehr oder weniger große Notenabfälle möglich (durchschnittlich 0,3 bis 0,5 Notenpunkte; Prado und Schiebel, 1996). Positive Effekte des Überspringens von Klassen sind vor allem eine Verbesserung der Lernmotivation, des Selbstvertrauens und der Fähigkeit zur Anpassung an neue Situationen. Das Überspringen von Klassen ist somit als eine empfehlenswerte Maßnahme für die Förderung besonders begabter Schülerinnen und Schüler anzusehen. Dennoch sollte es nicht als hinreichende Fördermaßnahme verstanden werden. Viele Springerinnen und Springer gehören nach einer „Aufholphase“ erneut zur Leistungsspitze der Klasse und sind schnell wieder unterfordert. Erfolgsrelevant für das Überspringen sind eine sorgfältige Auswahl der Schülerinnen und Schüler, eine positive und vorurteilsfreie Einstellung der Lehrkräfte sowie eine fortlaufende Evaluation und die Möglichkeit der Korrektur der Maßnahme.

3.2 Weitere Angebote der Schulzeitverkürzung

Sogenannte D-Zug-Klassen, in denen die Mittel- oder zum Teil auch die Unterstufe in kürzerer Zeit durchlaufen werden, existieren in Deutschland in drei Bundesländern unter verschiedenen Bezeichnungen (G8, BEGYS, Schnellläuferklassen). Drei weitere Länder führen derzeit entsprechende Schulversuche durch. Zu beachten ist, dass die reguläre Gymnasialzeit in derzeit drei Bundesländern (ab 2001/02 in fünf Ländern) ohnehin nur zwölf Schuljahre beträgt.

Länder	*„Gruppenspringen“*	Schulzeitverkürzte Klassen
Baden-Württemberg	kein Angebot	G8-Zweige an 63 Gymnasien
Bayern	geplante Springerseminare (konnten bislang nicht durchgeführt werden)	Modellversuch „Achtjähriges Gymnasium“, ab Schuljahr 2000/01 werden achtjährige Züge an 8 Gymnasien angeboten
Berlin	kein Angebot	Schnellläuferklassen an 13 Gymnasien
Brandenburg	kein Angebot	verkürzte Gymnasialzüge sind in Planung, Schulversuch „4plus8“ ab Schuljahr 2001/02 an 46 Gymnasien
Bremen	kein Angebot	ab 2000/01 Schulversuch mit einem verkürzten Zug an einem Gymnasium
Hamburg	Gruppenspringen: eine Gruppe überspringt in den Klassenstufen 6-8 oder 7-9 je zwei Halbjahre, so dass zwei „Kurzschuljahre“ absolviert werden	kein Angebot
Hessen	kein Angebot	Seit dem Schuljahr 2000/01 achtjähriger gymnasialer Bildungsgang an 7 Schulen
Mecklenburg-Vorpommern	kein Angebot	kein Angebot (regulär 12 Schuljahre bis zum Abitur)
Niedersachsen	Gruppenspringen von 10/1 nach 11/2 ab dem Schuljahr 2000/01 möglich	kein Angebot
Nordrhein-Westfalen	Modell, das Gruppenspringen in einer nach der Erprobungsstufe zusammengestellten Schülergruppe ermöglicht.	Einrichtung von Profilklassen vorgesehen
Rheinland-Pfalz	kein Angebot	BEGYS-Klassen an 12 Gymnasien
Saarland	kein Angebot	kein Angebot (ab 2001 wird die reguläre Schulzeit bis zum Abitur auf 12 Jahre verkürzt)

Sachsen	kein Angebot	kein Angebot (regulär 12 Schuljahre bis zum Abitur)
Sachsen-Anhalt	kein Angebot	kein Angebot
Schleswig-Holstein	kein Angebot	Ab 2001/02 Verkürzung der Gymnasialzeit auf acht Jahre an acht Gymnasien mit je einem Zug und an drei Gymnasien mit dem gesamten Jahrgang.
Thüringen	kein Angebot	kein Angebot (regulär 12 Schuljahre bis zum Abitur)

In Bundesländern, in denen die Schülerinnen und Schüler regulär nur zwölf Schuljahre absolvieren, erscheinen akzelerierende Maßnahmen zur Förderung besonders Begabter zunächst weniger dringlich, insbesondere dann, wenn die gleichen Lerninhalte in zwölf statt in 13 Schuljahren vermittelt werden. Jedoch enthalten Angebote wie das „Gruppenspringen" oder die Verkürzung der Schulzeit in Sonderklassen nicht nur eine Verkürzung der Schulzeit, sondern auch eine *Gruppierung* besonders befähigter Schülerinnen und Schüler. Bei der Evaluation der D-Zug-Klassen (G8, BEGYS, Schnellläuferklassen) zeigten sich in allen drei Modellen positive Auswirkungen auf die intellektuelle Entwicklung der Schülerinnen und Schüler. Optimierungsbedarf besteht hinsichtlich der Auswahl der Schülerinnen und Schüler für die akzelerierten Klassen (Kaiser, 1997; Zydatiß; 1999, Heller und Rindermann, 1997). Maßnahmen wie die vorzeitige Einschulung oder das Überspringen von Klassen sind durch eine insgesamt kürzere Schulzeit nicht völlig zu ersetzen, da diese vor allem dem individuellen Entwicklungsstand und dem individuellen Lerntempo eines Kindes oder Jugendlichen Rechnung tragen.

3.3 Enrichmentangebote

Der Begriff „Enrichment" umfasst eine Vielzahl verschiedener Maßnahmen. Enrichment kann sich auf ein inhaltlich und methodisch-didaktisch angereichertes Curriculum des schulischen Unterrichts beziehen oder außerschulische Maßnahmen wie Nachmittagskurse oder Wettbewerbe beschreiben. Die außerschulischen Maßnahmen können von familiären Aktivitäten bis hin zu ausgewiesenen Förderprogrammen für Begabte reichen (Holling und Kanning, 1999).

Länder	Enrichmentangebote
Baden-Württemberg	- Arbeitsgemeinschaften für besonders befähigte Schülerinnen und Schüler - Kinder- und Jugendakademie Stuttgart - Schülerakademien - Denk-AG - Kooperation mit dem Fraunhofer-Institut - Kepler-Seminar - Tag der Mathematik und Intensivkurs Mathematik - Schülerforschungszentrum Bad Saulgau
Bayern	- Ferienseminare - Pluskurse - Wochenendseminare für hoch begabte Schüler/innen
Berlin	- Wahlunterricht - Arbeitsgemeinschaften und Interessengruppen - Mathematische Schülergesellschaft - Aufbau eines mathematisch-naturwissenschaftlichen Netzwerks - Kooperation mit dem Max-Delbrück-Zentrum für Molekulare Medizin - Künstlerische Werkstätten
Brandenburg	- Arbeitsgemeinschaften - Kooperation mit Universitäten, Fachhochschulen sowie wissenschaftlichen Einrichtungen, z. B. Fraunhofer- oder Max-Planck-Institut
Bremen	- Kooperationen mit Universitäten
Hamburg	- Pilotprojekte (z. B. Philosophieren mit Kindern, Zusatzangebot Chemie, COMET) - Streitschlichterprogramme - Arbeitsgemeinschaften - Schülerzirkel Mathematik - Kurse Kreatives Schreiben - Kooperation mit der staatlichen Jugendmusikschule (Talentförderung) - Offene Angebote forschendes Lernen im Naturwissenschaftlichen Zentrum
Hessen	- Mathematik- und Philosophieveranstaltungen für Schüler/innen an der Universität Marburg - Arbeitsgemeinschaften - Möglichkeit, in der gymnasialen Oberstufe mehr als 2 Leistungskurse zu belegen - Studientag für Gymnasiasten in Darmstadt (Kinder- und Jugendakademie Südhessen e.V.)
Mecklenburg-Vorpommern	- Studientage für Schüler/innen

Niedersachsen	-	Enrichment-Kurse im Kindertreff „Fantasticus“ für Schülerinnen und Schüler der Grundschule (Jugenddorf Hannover, priv. Träger)
	-	Gauss-AG an der Universität Hannover
	-	Projekt „XLAB“, Experimentallabor für Schülerinnen und Schüler der gymnasialen Oberstufe
	-	Kooperationsprojekte von Schulen, Hochschulen und der Wirtschaft, z. B. Projekt „Formel X“
Nordrhein-Westfalen	-	Matheakademie für Grundschüler/innen in Dortmund (Wettbewerbssieger)
	-	Sommerakademie in Mathematik
	-	Herbstakademie für Jugendliche im Fach Physik
	-	Mathematik-Wochenenden
	-	Schülerseminar in Chemie an der Universität Köln
	-	Mathematikbriefe
	-	Kooperationen mit Universitäten
	-	Fördermöglichkeiten im Rahmen der Fächerwahl in den Klassen 7-10 (z. B. Doppelbelegung der 2. und 3. Fremdsprache)
	-	Selbstlernzentren
	-	Arbeitsgemeinschaften und Sommerakademien der Hochbegabten-Stiftung der Kreissparkasse Köln
	-	Kursangebote des Vereins iBf in Goch
Rheinland-Pfalz	-	Schreibwerkstätten
	-	Modellierungswoche Mathematik
	-	Kooperationen mit Hochschulen und Wirtschaft/Industrie
Saarland	-	Schülerzirkel
	-	Schülerakademie
	-	Kooperationen mit der Universität und dem BDA
Sachsen	-	Korrespondenzzirkel (in Kooperation mit den Gymnasien auch für Schülerinnen und Schüler der Grundschule)
	-	Förderunterricht in den Klassen 5 und 6, der auch der Begabtenförderung dient
Sachsen-Anhalt	-	Kreisarbeitsgemeinschaften
	-	Korrespondenzzirkel
	-	Spezialistenlager
	-	Künstlerische Werkstätten
	-	Angebote der Universitäten für Schüler/innen
Schleswig-Holstein	-	Schülerstudienwochen
	-	Physik Plus
	-	MaThema
	-	Samstagskurse in Quickborn
	-	Kooperationen mit Hochschulen
Thüringen	-	Korrespondenzzirkel
	-	Mathematiklager

Als Ergänzung zur tabellarischen Darstellung der Enrichmentangebote seien Schüler- und Jugendwettbewerbe genannt. Diese stellen eine wichtige Maßnahme der Begabungsförderung dar (Heilmann, 1999; Heller und Neber, 1993), die in allen Ländern realisiert wird. Insgesamt lassen sich über eine Vielzahl verschiedener Enrichment-Maßnahmen hinweg deutliche positive Effekte auf die intellektuelle Entwicklung besonders begabter Schülerinnen und Schüler aller Altersstufen nachweisen (Cox, Daniel und Boston, 1985; Vaughan, Feldhusen und Asher, 1990; Kulik und Kulik, 1997). Als erfolgsrelevante Faktoren erweisen sich dabei die Passung von Enrichmentangebot und Begabung der Teilnehmer. Günstig erscheinen zudem längerfristig angelegte Fördermaßnahmen mit einer finanziellen und organisatorischen Absicherung der Durchführung, mit einer fortlaufenden Evaluation sowie der Supervision für die Durchführenden von Programmen durch ausgebildete Personen.

3.4 Spezielle Schulen/ Klassen für intellektuell besonders begabte Schülerinnen und Schüler (ohne Angebote im musisch-künstlerischen, sportlichen oder bilingualen Bereich)

Spezielle Schulen, Klassen oder Kurse für besonders Begabte stellen eine Mischform der Förderung aus Akzeleration und Enrichment und Fähigkeitsgruppierung dar. Die Förderung kann in einer stundenweisen Teilnahme an Sonderkursen, in dem Besuch von Spezialklassen einer bestimmten Fächergruppe oder auch von speziellen Schulen für Begabte bestehen.

Länder	Spezielle Schulen/ Klassen für intellektuell besonders begabte Schülerinnen und Schüler
Baden-Württemberg	G8-Klassen an 63 Gymnasien
Bayern	Förderklassen für Hochbegabte am staatlichen Maria-Theresia-Gymnasium in München (ab Klasse 6), weitere Förderklassen an anderen Standorten werden bei genügend Anmeldungen eingerichtet
Berlin	Schnellläuferklassen an 13 Gymnasien, drei Gymnasien mit mathematisch-naturwissenschaftlichem Schwerpunkt; die Einrichtung einer speziellen Klasse für hoch begabte Kinder ist in Planung.
Brandenburg	„Schulen mit besonderer Prägung“: zwei Gymnasien mit mathematisch-naturwissenschaftlich-technischem Profil; Grundschule: Jenaplanschule Lübbenau
Bremen	kein Angebot
Hamburg	kein Angebot
Hessen	kein Angebot

Mecklenburg-Vorpommern	Jugenddorf Christophorusschule Rostock (privat, ab Klasse 9), Freie Schule Rostock (privat, Klasse 1-6, Aufbau bis Klasse 10 ist vorgesehen)
Niedersachsen	Jugenddorf Christophorusschule Braunschweig (private Grundschule mit integrativen Klassen und privates Gymnasium mit Förderzweig ab Klasse 9) Integrative Förderklassen für besonders begabte Schülerinnen und Schüler an der Grundschule Beuthener Straße in Hannover Schulen mit besonderem fachlichen Schwerpunkt: „alte Sprachen" an drei Gymnasien, „neue Sprachen" an 10 Gymnasien, Mathematik und Naturwissenschaften an 15 Gymnasien
Nordrhein-Westfalen	Jugenddorf Christophorusschule Königswinter (ab Klasse 5 Förderung in integrativen Klassen, ab Klasse 11 separater Förderzweig für allgemein Hochbegabte, privat), Talenta-Gymnasium in Geseke-Eringerfeld (priv. Gymnasium für Hochbegabte im Aufbau), Collegium Augustinianum Gaesdonck Goch (priv. kath. Jungengymnasium, das besonders begabte Schüler fördert) Profilklassen mit verkürztem gymnasialen Bildungsgang in Planung
Rheinland-Pfalz	BEGYS-Klassen an 12 Gymnasien
Saarland	kein Angebot
Sachsen	„Gymnasien mit vertiefter Ausbildung": vier Gymnasien mit vertiefter mathematisch-naturwissenschaftlicher Ausbildung und fünf Schulen mit vertiefter sprachlicher Ausbildung; Landesgymnasium St. Afra in Meißen für hoch begabte Schülerinnen und Schüler (ab Kl. 7)
Sachsen-Anhalt	„Schulen mit besonderem inhaltlichen Schwerpunkt": drei Schulen mit mathematisch-naturwissenschaftlich-technischem und zwei Schulen mit sprachlichem Schwerpunkt
Schleswig-Holstein	kein Angebot
Thüringen	Spezialklassen in mathematisch-naturwissenschaftlicher Richtung an drei Gymnasien (ab Klasse 9), ein Spezialgymnasium für Sprachen befindet sich in Gründung

Wissenschaftliche Befunde zu Schulen, die *ausschließlich* für besonders Begabte konzipiert sind, liegen derzeit noch nicht vor. Die Ergebnisse amerikanischer Untersuchungen über Effekte der Fähigkeitsgruppierung in speziellen Klassen oder Kursen zeigen ein relativ klares Bild, nach dem diese Maßnahme zur Förderung der intellektuellen Entwicklung besonders begabter Schülerinnen und Schüler empfohlen werden kann (Kulik, 1985, 1992; Kulik und Kulik, 1982, 1991, 1997; Slavin, 1987, 1990). Auch können die häufig befürchteten negativen motivationalen und leistungsbezogenen Auswirkung auf die restlichen Schülerinnen und Schüler noch die Elitebildung der besonders Begabten empirisch untermauert werden. Optimalerweise sollten Mischformen aus Akzeleration und Enrichment realisiert werden, Übergangsmöglichkeiten in reguläre Klassen geschaffen werden und Fördermaßnahmen durch Fähigkeitsgruppierung sollten normalisert werden. Erfolgsrelevant für jede Art der Gruppierung ist die sorgfältige, durch ein Begabungskonzept begründete Auswahl der Schülerinnen und Schüler, die Anpassung des Curriculums und der Lehrmethoden und eine entsprechende Ausbildung der Lehrkräfte.

3.5 Lehreraus- und -fortbildung

Länder	**Lehrerausbildung**	**Lehrerfortbildung**
Baden-Württemberg	- In der Studienordnung für Primarstufe und Lehramt für die Hauptschule ist die Beschäftigung mit Hochbegabung vorgeschrieben.	- Begabungsförderung wird in regionalen und zentralen Lehrerfortbildungsveranstaltungen thematisiert. - Lehrerfortbildung im Primarbereich zum Thema Hochbegabung erfolgt landesweit durch erfahrene Lehrkräfte. - Im Bereich Sek.I/Sek. II bilden 40 „Multiplikatoren" im Land andere Lehrerinnen und Lehrer weiter.
Bayern	- Das Thema Hochbegabung wird in der Lehrerausbildung (insbes. im Referendariat) behandelt; dies soll zukünftig noch verstärkt werden.	- Hochbegabtenförderung spielt in der regionalen und schulinternen Fortbildung eine Rolle. - Im Jahr 2000 fand ein Wochenendseminar für Eltern, Kinder und Lehrkräfte zum Thema Hochbegabung statt. Die Veranstaltung soll fortgesetzt werden.
Berlin	- Während der Lehrerausbildung und im Vorbereitungsdienst wird die Förderung besonders befähigter Schülerinnen und Schüler berücksichtigt.	- Lehrerfortbildung im Bereich Hochbegabung ist ein wesentlicher Programmpunkt der Senatsverwaltung und soll in Zukunft stärker ausgeweitet werden.
Brandenburg	- nicht bekannt[1]	- kein Angebot

[1] Nicht bekannt, das heißt war den Ansprechpartnern im Ministerium/in oder der Senatsverwaltung nicht bekannt.

Bremen	- nicht bekannt	- Bisher fanden zwei Fortbildungsveranstaltungen zum Thema „besondere Begabungen“ statt.
Hamburg	- Im Referendariat wird der Themenbereich „besondere Begabungen“ behandelt.	- Seit 1997 fanden 15 Fortbildungs- und Informationsveranstaltungen der *BbB* für Eltern und Lehrkräfte mit insges. 300 Teilnehmern statt. - In der zweijährigen Ausbildung zur Beratungslehrkraft ist auch der Baustein „Förderung besonderer Begabung“ enthalten.
Hessen	- nicht bekannt	- Ab dem Schuljahr 2000/01 beginnt eine zweijährige Fortbildungsreihe zur Hochbegabtenförderung für zunächst 42 Lehrkräfte.
Mecklenburg-Vorpommern	- Das Thema Hochbegabtenförderung ist Teil der Lehrerausbildung.	- Die Weiterbildung für Lehrkräfte im Bereich Hochbegabung soll künftig verstärkt werden.
Niedersachsen	- Im Studienfach Pädagogik wurde das Thema Hochbegabung prüfungsrechtlich abgesichert.	- Es werden zentrale und regionale Lehrerfortbildungen zum Thema Hochbegabung durchgeführt. Zukünftig sollen regelmäßige Dienstbesprechungen zum Thema besondere Begabungen mit den Dezernenten durchgeführt werden. - Zukünftig will die Jugenddorf Christophorusschule Braunschweig Lehrerfortbildungen anbieten.
Nordrhein-Westfalen	- nicht bekannt	- Alle Bezirksregierungen arbeiten derzeit an schulinternen und schulexternen Fortbildungskonzepten - Lehrerseminar zur Förderung Jugendlicher in Chemie
Rheinland-Pfalz	- nicht bekannt	- Fortbildungs- und Beratungskonzepte werden z.Zt. entwickelt - Einzelveranstaltungen zum Thema werden angeboten

Saarland	- nicht bekannt	- Das Landesinstitut für Pädagogik und Medien in Saarbrücken-Dudweiler bietet Lehrerfortbildungen im Bereich Hochbegabung an.
Sachsen	- Das Thema Hochbegabung ist in der Lehrerausbildung nicht verankert.	- kein Angebot; geplant sind Weiterbildungen durch die Sächsische Akademie für Lehrerfortbildung und interne Fortbildungen in St. Afra
Sachsen-Anhalt	- Die Identifizierung und Förderung besonders begabter Schülerinnen und Schüler soll verstärkt in der Lehrerausbildung seinen Platz finden.	- 1998 fand für die schulpsychologischen Dezernent/innen in Zusammenarbeit mit der *BbB* eine zweitägige Fortbildung zum Thema Diagnostik und Förderung von Begabungen statt.
Schleswig-Holstein	- nicht bekannt	- jährliche Landesfachtagungen zum Thema „besondere Begabungen“ - regionale und schulinterne Fortbildungen - Fortbildungen durch die schulpsychologischen Dienste
Thüringen	- fällt zukünftig auch in den Aufgabenbereich der Beratungsstelle für Kinder mit besonderen Begabungen (organisatorische und inhaltliche Angliederung der Beratungsstelle an ein Studienseminar) - An jedem Staatlichen Studienseminar der jeweiligen Schulart existiert ein beauftragter Fachleiter für die Begabungsförderung.	- Fortbildungen des Thüringer Instituts für Lehrerfortbildung, Lehrplanentwicklung und Medien - jährliche Fortbildung der Lehrkräfte in den „Technikcamps“ für die Preisträger/innen der „Thüringenolympiade Technik“ - Fortbildungen an der Beratungsstelle für Kinder mit besonderen Begabungen

3.6 Empfehlungen, die sich aus der Bestandsaufnahme in den Ländern ergeben

Die folgenden Empfehlungen spiegeln die Anregungen wieder, die uns bei der Befragung wiederholt in verschiedenen Kultusministerien oder Senatsverwaltungen genannt wurden. Zum anderen sind die Empfehlungen auf die noch weitgehend „weißen Flecken“ in der Begabtenförderlandschaft der meisten Länder bezogen.

1. Sowohl im vorschulischen als auch im Grundschulbereich finden sich bislang nur wenig dokumentierte Enrichmentangebote für besonders begabte Kinder. Die Ausbildung der Erzieherinnen und Erzieher sollte in diesem Zusammenhang ebenso wie die von Lehrkräften Berücksichtigung finden.
2. In einigen Bundesländern können besonders begabte Schülerinnen und Schüler in der gymnasialen Oberstufe mehr als zwei Fächer als Leistungskurse belegen. Dieses Angebot sollte weiter ausgebaut und mehr entsprechend befähigte Schülerinnen und Schüler dazu ermutigt werden.
3. In verschiedenen Ländern wurde angeregt, ältere besonders begabte Schülerinnen und Schüler dadurch zu unterstützen, dass die Leistungen, die sie bereits vor dem Abitur in universitären Veranstaltungen erbringen, bei einem Studium an anderen Universitäten bundesweit anerkannt werden.
4. Die Erkennung und Förderung besonders begabter Underachiever sollten stärker berücksichtigt werden. Dieses erfordert die Entwicklung entsprechender diagnostischer Verfahren, von Förderkonzepten sowie die Vermittlung entsprechender Kompetenzen an die Lehrkräfte.
5. Um den Informationsfluss zu verbessern, sollten die in den einzelnen Bundesländern entwickelten und realisierten Angebote und Programme der Begabtenförderung zentral dokumentiert und diese Informationen allgemein zugänglich gemacht werden.
6. In der Beratung besonders Begabter sollten die Aspekte der Ausbildungs- und Berufsberatung stärker beachtet werden. Hiervon würden insbesondere vielseitig Begabte sowie begabte Mädchen und Frauen profitieren. Frauen sind bei der Berufswahl mit einer Vielzahl interner und externer Hindernisse konfrontiert wie dem geringen Anteil von Frauen in Führungspositionen, ungleichen Gehältern, Konflikten zwischen Familie und Beruf beziehungsweise Fragen des beruflichen Selbstbilds. Dieses gilt für hoch begabte junge Frauen möglicherweise in noch stärkerem Maße, da mit der Höhe der angestrebten beruflichen Position der Druck wächst (Holling, Preckel, Vock und Wittmann, 1999).

4. Fazit

Die Bestandsaufnahme der Fördermaßnahmen hat gezeigt, dass es derzeit in Deutschland eine große Vielfalt an Planungen, Ideen und bereits realisierten Fördermaßnahmen gibt. Zu vielen Programmen konnten bereits wertvolle Erfahrungen gesammelt werden. Dennoch gibt es auch noch einige „weiße Flecken“ in der Förderlandschaft, die es in der Zukunft zu füllen gilt. Beispielhaft sei hier die Förderung im vorschulischen Bereich oder die besondere Förderung hoch begabter Mädchen genannt. Die Durchsicht der Evaluationsstudien hat deutlich gemacht, dass nicht jedes Akzelerations- und Enrichmentangebot für jeden Begabten gleichermaßen geeignet ist. Zukünftig sollten daher Förderangebote noch stärker als bisher flexibel an die individuelle Situation des Begabten angepasst werden. Für die zukünftige Entwicklung neuer Fördermodelle bleibt zu wünschen, dass sich die Länder stärker als bisher über ihre Projekte austauschen. Hierzu wäre eine fortlaufende Dokumentation der Förderprogramme hilfreich.

Literatur

Bund-Länder-Kommission für Bildungsplanung und Forschungsförderung (Hrsg.) (2001). Begabtenförderung – ein Beitrag zur Förderung von Chancengleichheit in Schulen. Materialien zur Bildungsplanung und Forschungsförderung, Heft 91. BLK: Bonn.

Cox, J., Daniel, N. und Boston, B. A. (1985). Educating able learners. Austin: University of Texas Press.

Heilmann, K. (1999). Begabung – Leistung – Karriere. Die Preisträger im Bundeswettbewerb Mathematik 1971 - 1995. Göttingen: Hogrefe.

Heinbokel, A. (1996). Überspringen von Klassen. Münster: Lit-Verlag.

Heller, K. A. und Rindermann, H. (1997). Sechster Bericht über die wissenschaftliche Evaluation des baden-württembergischen Schulversuchs „Gymnasium mit achtjährigem Bildungsgang". Universität München.

Heller, K. A. und Neber, H. (1993). Evaluationsstudie zu den Schülerakademien 1993. Endbericht. Universität München: Institut für Pädagogische Psychologie und Psychologische Diagnostik.

Heller, K. A., Perleth, Ch. und Hany, E. A. 81994). Hochbegabung – ein lange Zeit vernachlässigtes Forschungsthema. Einsichten – Forschung an der Ludwig-Maximilians-Universität München.

Holling, H. und Kanning, U. P., unter Mitarb. von A. J. Wittmann und F. Preckel (1999). Hochbegabung – Forschungsergebnisse und Fördermöglichkeiten. Göttingen: Hogrefe.

Holling, H., Preckel, F., Vock, M. und Wittmann, A. J. (1999). Beratung für Hochbegabte. Eine Literaturübersicht. Bundesministerium für Bildung und Forschung (BMBF). Bonn.

Jäger, A. O. (1982). Mehrdimensionale Klassifikation von Intelligenztestleistungen. Experimentell kontrollierte Weiterentwicklung eines deskriptiven Intelligenzstrukturmodells. Diagnostica, 28, 145-226.

Kaiser, A. (1997). Entwicklung und Erprobung von Modellen der Begabtenförderung am Gymnasium mit Verkürzung der Schulzeit. Abschlußbericht. Mainz: v. Hase und Koehler Verlag.

Kulik, C.-L. (1985). Effects of inter-class ability grouping an achievement and self-esteem. Paper presented at the annual convention of the American Psychological Association (93rd), Los Angeles, California.

Kulik, J. A. (1992). An analysis on the research of ability grouping: Historical and contemporary perspectives. Monograph of the National Research Center on the Gifted and Talented (No. 9204), Storrs: University of Connecticut.

Kulik, J. A. und Kulik, C.-L. (1982). Effects of ability grouping on secondary school students: A metaanalysis of evaluation findings. American Educational Research Journal, 19, 415-428.

Kulik, J. A. und Kulik, C.-L. (1991). Ability grouping and gifted students. In N. Colangelo und G. A.

Davis (Ed.), Handbook of gifted education (pp. 178-196). Boston, MA: Allyn and Bacon.

Kulik, J. A. und Kulik, C.-L. (1997). Ability grouping. In N. Colangelo und G.A. Davis (Eds.), Handbook of gifted education (pp. 230-242). Boston, MA: Allyn and Bacon.

Prado, T. M. und Schiebel, W. (1996). Entwicklung und Erprobung eines Modells zur Förderung besonders begabter Schülerinnen und Schüler durch Fördermaßnahmen zur Verkürzung der individuellen Schulzeit. Schlußbericht. Behörde für Schule, Jugend, Berufsbildung, Amt für Schule Hamburg.

Reitmajer, V. (1988). Überspringen einer Jahrgangsstufe am Gymnasium als Fördermaßnahme für besonders begabte Schülerinnen und Schüler: Ergebnisse einer Umfrage an den Gymnasien in Bayern. Informationen zur Schulpädagogik, 2/88. München: Staatsinstitut für Schulpädagogik und Bildungsforschung.

Slavin, R. E. (1987). Ability grouping and student achievement in elementary schools: A best-evidence synthesis. Review of Educational Research, 57, 292-336.

Slavin, R. E. (1990). Achievement effects of ability-grouping in secondary schools: A best-evidence synthesis. Review of Educational Research, 60, 471-499.

Vaughan, V., Feldhusen, J. F. und Asher, J. W. (1990). Meta-analysis and review of research on pull-out programs in gifted education. Gifted Child Quarterly, 35, 92-98.

Zydatiß, W. (1999). Förderung über Akzeleration: Gymnasiale Express- und Regelklassen im Vergleich. Schulverwaltung MO, 7, 255-260.

Annette Heinbokel

Enrichment und Akzeleration als Möglichkeiten schulischer Förderung hoch begabter Kinder

Grundsätzlich kann zwischen zwei Formen der Förderung unterschieden werden: Enrichment und Akzeleration.

Unter *Enrichment* sind Maßnahmen zu verstehen, die die Kinder und Jugendlichen mit Zusatzstoff versorgen, den Unterrichtsstoff vertiefen und erweitern, ohne dass sie insgesamt schneller vorankommen (Beispiele in Huser 2000 und Stednitz 2001).

Unter *schulischer Akzeleration* sind Maßnahmen zu verstehen, die es einer Schülerin oder einem Schüler ermöglicht, den vorgesehenen Lehrplan oder Teile davon früher zu beginnen, zu beenden oder schneller zu passieren, als es teils üblich, teils gesetzlich vorgesehen ist (Heinbokel 1996 a/ b).

Es gibt auch Kombinationen zwischen beidem, wenn z. B. der Unterrichtsstoff innerhalb eines Schuljahres so gestrafft wird, dass Raum für vertiefende oder erweiternde, frei wählbare Zusatzthemen geschaffen wird.

Im folgenden sollen – beginnend mit dem Kindergarten – eine Reihe von Maßnahmen vorgestellt werden. Diese Übersicht erhebt keinen Anspruch auf Vollständigkeit. Ich möchte auch ausdrücklich darauf hinweisen, dass keine der Maßnahmen ausschließlich positiv oder negativ zu bewerten ist. Es kommt immer auf das spezielle Kind und seine besonderen Interessen und Begabungen an, auf das Lernumfeld, die Familie. Es gibt viele Möglichkeiten, aber keine pauschalen Antworten. Zur weiteren Information sei auf die inzwischen sehr umfangreiche Fachliteratur verwiesen. Nicht alle Maßnahmen erfordern bei der Organisation einen hohen Zeitaufwand oder viel Geld, Fantasie beim Finden neuer Lösungen sind wichtiger.

1. Förderung im Kindergarten

Außer allgemeiner Literatur gibt es – mit Ausnahme des integrativen Kindergartens des Christlichen Jugenddorfwerks in Hannover – bisher kaum deutsche Konzepte für die Förderung hoch begabter Kinder im Kindergarten. Wichtig ist zu wissen, dass sich einige Kinder schon in diesem Alter für Zahlen, Buchstaben und abstrakte Konzepte interessieren und dass dieses Interesse nicht unterbunden, sondern gefördert werden soll. Die bisherige Tendenz, nicht zuzulassen, dass sich Kindergartenkinder schon mit Zahlen und Buchstaben befassen, schadet Kindern.

Außerdem sitzt der Kindergarten an der wichtigen Schnittstelle zur Grundschule. Die Einschulung sollte an der gesamten Entwicklung und nicht in erster Linie an der sozialen Reife oder dem Entstehungsdatum festgemacht werden. Erzieherinnen müssen mehr über die Möglichkeiten der frühen Einschulung wissen und erkennen können, wann sie angebracht ist.

2. Frühe Einschulung

a) Kann-Kinder

Die sogenannten „Kann-Kinder" sind zwischen dem 1.7. und 31.12. eines Jahres geboren. Sie galten als extrem jung, es bestand weitgehend Konsens in der Gesellschaft, dass sie lieber ein Jahr länger spielen, die Erwachsenen ihnen nicht die Kindheit „stehlen" sollten. Damit wurden de facto junge Kinder, die schulfähig und lernhungrig waren, am Lernen gehindert. Diese Einstellung ist zwar nach wie vor weit verbreitet, beginnt sich aber allmählich zu ändern, da mehr und mehr Schulen Erfahrungen mit sehr jungen Kindern sammeln. Wissenschaftliche Untersuchungen zur Einschulung junger, hoch begabter Kinder – überwiegend aus den USA – kommen zu einhellig positiven Ergebnissen. Das trifft insbesondere auf Mädchen zu, die in diesem Alter gegenüber den Jungen einen Vorsprung in ihrer Reife haben (Heinbokel 1996b).

b) nach dem 31.12. Geborene

Die Stichtagsregelung in Niedersachsen ist seit 1998 aufgehoben, so dass individuell entschieden werden kann und muss, wann der richtige Einschulungstermin ist. In den Schuljahren 1998 und 1999 wurden in Niedersachsen mehr als 200 Kinder eingeschult, die nach dem 31.12. geboren waren. Untersuchungen zur Entwicklung der Kinder liegen noch nicht vor

3. Innere Differenzierung

und

4. Offener Unterricht

Sowohl die innere Differenzierung aus auch der offene Unterricht fallen eher in den Bereich des Enrichment. Sie ermöglichen allen Kindern, auf ihrem jeweiligen Niveau zu lernen. Beide Methoden werden von vielen Grundschullehrerinnen als eine selbstverständliche Methode eingesetzt. Sie sind auch geeignet für hoch begabte Kinder, reichen aber nicht immer aus, die Kinder den Unterricht als befriedigend erleben zu lassen. Zum Beispiel kann es für ein hoch begabtes Kind, das in seiner Entwicklung *sehr* viel weiter ist als seine MitschülerInnen, bedeuten, dass es außer der Lehrerin keine Gesprächspartner hat, da die anderen Kinder ihm nicht folgen können und die Zeit der Lehrerin durch deren legitimen Bedürfnisse begrenzt ist (Christiani 1999[2]; Schulte zu Berge 2001; Reketat 2001).

5. Gruppenbildung in einer Klasse

Wenn bekannt ist, dass in einer Schule mehrere hoch begabte Kinder eingeschult werden, ist es möglich, sie in eine Klasse zu geben. Das trifft auf alle Schulformen zu, an denen mit hoch begabten Kindern gerechnet werden muss. Das o. g. Problem, dass sie keine angemessenen Gesprächspartner haben, könnte dadurch gelöst werden. Bei dieser Organisation werden nur wenige LehrerInnen damit belastet, zusätzliches Material zu besorgen, sich extra vorzubereiten, etc. Allerdings: auch Hochbegabte verstehen sich nicht automatisch gut, weil sie hoch begabt sind.

Erfahrungen aus den USA zeigen, dass es Probleme mit den anderen Eltern geben kann. Manche möchten ihr Kind unbedingt in so einer Klasse haben, weil sie die Hochbegabten als Zugpferde schätzen und erwarten, dass in der Klasse die „guten" LehrerInnen eingesetzt werden. Andere möchten ihr gut begabtes Kind nicht in der Klasse haben, weil es im Vergleich zu den Hochbegabten nicht mehr so leistungsstark wirken könnte.

6. Teilweise Befreiung vom Unterricht

Hochbegabte brauchen weniger Erklärungen und weniger Übungsphasen als ihre MitschülerInnen. Deshalb wurden gute Erfahrungen damit gemacht, sie teilweise vom Unterricht zu befreien. Klassenarbeiten müssen – wenn die Kinder nur eine Stunde oder einen Tag nicht am Unterricht teilnehmen – in aller Regel mitgeschrieben werden; ob und in welcher Form Hausaufgaben nachgeholt werden, muss abgesprochen werden.

a) einstündig

An der Orientierungsstufe Belm gibt es seit 1997 „Schnupperkurse für Schnuppermäuse". Die Kinder werden bis zu zwei mal in der Woche aus dem Unterricht herausgenommen und bekommen ein Angebot, das mit dem normalen Schulstoff wenig bis gar nichts zu tun hat. Bei Überforderung im Schnupperkurs oder durch das Versäumen des Unterrichts können die Kinder problemlos zurück in den normalen Unterricht. 1-2 Stunden kommen aus dem AG-Bereich, die Themen werden aber auch von Außenstehenden (Eltern, StudentInnen) angeboten (Heinbokel 1998; 2002).

Zu den bisherigen Themen gehörten:

Bau von und Fotografieren mit einer camera obscura; Vorbereitung auf einen Plattdeutsch-Wettbewerb; Mathematik/ logische Spiele; Philosophie; perspektivisches Zeichnen; Teilnahme am Wettbewerb „Biologisches Tagebuch“

Fremdsprachen: Spanisch; Französisch; Einführung in Latein und römische Geschichte; Hebräisch; Niederländisch; englische Phonetik

Themen auf Englisch (bilingual): The Romans in Britain; King Arthur and the Knights of the Round Table; Egypt and the Pharaos

Ältere Schüler im Sek. I oder Sek. II-Bereich können Unterrichtsbefreiung z. B. dazu nutzen sich auf einen Wettbewerb (Jugend forscht, Fremdsprachen, Mathe-, Physik, Chemie, ...) vorzubereiten oder an der Universität vor Ort oder der Fernuniversität Hagen zu studieren.

b) mehrstündig

- Studientage

An einigen Orten in Deutschland (Rostock, Darmstadt, Vechta) gibt es sogenannte „Studientage“. D. h. die Kinder sind einen Tag von der Schule befreit – wöchentlich oder vierzehntägig – und bearbeiten an der Universität oder an einer anderen Institution Themen, die ihren Interessen und ihrem Niveau entsprechen.

- One-Day-School

In Neuseeland gibt es an mehreren Orten sogenannte One-Day-Schools (ODS). Eine ODS macht jeden Tag ein Angebot für hoch begabte Kinder. Die Kinder nehmen, je nach Interesse, dienstags, mittwochs oder an einem anderen Tag teil. Voraussetzung für die Einrichtung einer One-Day-School ist ein großer Einzugsbereich bzw. eine genügend große Anzahl von Kindern

- Schulbesuch im Nachbarland

In Grenzregionen (Dänemark, Niederlande, Belgien, Frankreich, Tschechien, Polen) könnten die Kinder einen Tag in der Woche im Nachbarland zur Schule gehen, um neben der Sprache neue Eindrucke zu haben, anders und anderes zu lernen.

c) längerfristig

- während der Sek. I

Um den oben beschriebenen Schulbesuch im Nachbarland intensiver zu machen, wäre auch denkbar, eine von je vier Wochen oder pro Halbjahr vier Wochen eine Schule dort zu besuchen. Die Vorstellung ist sicher noch gewöhnungsbedürftig, aber das trifft auf vieles im Bereich Hochbegabtenförderung zu.

Wenn es im Nachbarland Verwandte mit Cousins und Kusinen oder Freunde mit Kindern im entsprechenden Alter gibt, bei denen die Kinder dann wohnen können .... warum nicht?

- in Klasse 11

Der Besuch einer Schule im Ausland während der 11. Klasse ist bekannt, sehr beliebt und nicht nur für Hochbegabte geeignet. Bisher sind die Auflagen, unter welchen Bedingungen die 11. Klasse wiederholt werden muss oder nicht, eng und streng geregelt. Allerdings: Wenn es erlaubt ist, bis Klasse 11 – mehrfach – vollständige Schuljahre zu überspringen und die SchülerInnen das erfahrungsgemäß ohne Leistungsverlust schaffen, warum dürfen dann nicht sie und ihre Eltern nach entsprechender Beratung entscheiden, ob sie die 11. Klasse wiederholen? Außerdem sollte in Betracht gezogen werden, dass die Jugendlichen heute mit 16 wählen dürfen, mit 18 mündig sind und die Jungen zur Bundeswehr müssen – und da sollten sie nicht selber entscheiden dürfen, ob sie nach dem Jahr in Australien das Risiko eines etwas schlechteren Notendurchschnitts eingehen?

Diese Bestimmungen sollten neu überdacht – und meines Erachtens ersatzlos gestrichen werden.

7. Überspringen von Klassen

Niedersachsen hat, soweit es das Überspringen von Klassen betrifft, seit der Änderung des entsprechenden Erlasses 1995 m. E. die sinnvollsten Regelungen aller Bundesländer (s. Anlage). Das Überspringen von Klassen hat seitdem erheblich zugenommen: während in den 80er Jahren etwa 11% der Grundschulen und Gymnasien (aber keine Gesamtschule) schon mal einen Springer hatten – und selten mehr als einen –, sind es Ende der 90er Jahre mehr als 40% der Grundschulen und Gymnasien. Eine Reihe von Schulen haben bis zu einem Dutzend und mehr SpringerInnen und verfügen damit wirklich über Erfahrungen. An Gesamtschulen ist es nach wie vor extrem selten (Heinbokel, in Arbeit).

Wenn die „richtigen“ Kinder ausgewählt werden und das Springen vorher und hinterher „richtig“ begleitet wird, ist es eine sinnvolle Maßnahme, die relativ wenig Zeitaufwand für alle Beteiligten erfordert. Leistungsmäßig sind die Kinder oft nach kurzer Zeit wieder im oberen Drittel oder auch wieder an der Spitze – vorausgesetzt natürlich, alles wurde „richtig“ gemacht[1]. Die sozialen Bezie-

[1] Wem das zu einfach erscheint, möge folgendes bedenken: Wenn das „richtige“ Kind ein Gymnasium, eine Realschule, Hauptschule oder auch andere Schule besucht, nicht über- oder unterfordert ist, die LehrerInnen den richtigen Draht zu ihm finden und ein gutes Klassenklima

hungen, die Körpergröße und Probleme durch Altersunterschiede sind natürlich zu berücksichtigen, ihre Bedeutung sollte jedoch nicht übertrieben werden. Allerdings: Welches ist das „richtige" Kind? Was bedeutet „richtige Begleitung"? Das ist etwas, das viele Schulen inzwischen wissen, andere noch lernen müssen (Heinbokel 1996a; Heinbokel 2000).

In der DDR war das Überspringen weder erlaubt noch verboten. Es war wahrscheinlich kaum nötig, weil es ein Netz von Sonderklassen und Sonderschulen für besonders Begabte gab. Positiv daran war, dass die Kinder zusammen waren und damit weniger Außenseiter waren, dass sie angemessene Lernangebote hatten und dass der Besuch in jedem Fall für die Familien kostenlos war, der Besuch deshalb nicht von den finanziellen Mitteln der Eltern abhing. Andererseits mussten SchülerInnen und Familien sich „politisch korrekt" verhalten, was für einige den Besuch unmöglich machte.

8. Arbeitsgemeinschaften

a) AGs der Schule mit besonderem Anspruch

Arbeitsgemeinschaften sind nichts neues an Schulen, und in einigen Bereichen, z. B. Sport, Musik oder Schach auf Wettbewerbsebene, wurden die TeilnehmerInnen schon immer nach Leistung ausgewählt. Das kann ebenso gut auf andere Bereich wie z. B. Mathematik oder Sprachen ausgedehnt werden und sollte kein Tabu mehr sein.

b) Leitung durch Außenstehende

Arbeitsgemeinschaften könnten auch von Außenstehenden übernommen werden, für Jüngere von Eltern oder RentnerInnen, die Zeit haben, von StudentInnen, die dafür Scheine bekommen. Für ältere SchülerInnen sind z. B. auch StudentInnen oder DozentInnen der Universität, aus der Wirtschaft oder der Forschung denkbar. Das ist sicher nicht immer machbar, sollte aber als eine der Möglichkeiten nicht aus den Augen verloren werden. Ein Problem ist hierbei sicher die Finanzierung; dafür könnten Sponsoren, ein Elternverein o. ä. gefunden werden.

c) für besonders Begabte durch besonders Begabte

An der Christophorusschule in Braunschweig werden zahlreiche Arbeitsgemeinschaften von älteren SchülerInnen für ihre MitschülerInnen oder jüngere geleitet. Das ist allerdings nur am Gymnasium möglich. Diese AGs könnten während des normalen Unterrichts stattfinden, wenn sowohl die Älteren als auch die Jüngeren teilweise vom Unterricht befreit werden.

---

herrscht, geht es dem Kind gut. Wir diskutieren in erster Linie Fälle, in denen etwas schiefgegangen ist; wenn etwas problemlos läuft, ist es in der Regel kein Gesprächsthema.

9. Teilnahme an Wettbewerben

Es gibt zahlreiche Wettbewerbe, über die die Medien ständig berichten. Informationen gibt es bei den Kultusministerien, auch über deren Web-Seiten, z. B. www.nibis.de, den Bildungsserver des Landes Niedersachsen.

10. Vorgezogener Besuch der Universität

Wenn eine Universität in erreichbarer Nähe ist, können Schülerinnen und Schüler an einem Teil der Seminare und Übungen als Gasthörer teilnehmen, sowohl außerhalb des Unterrichts am Nachmittag oder auch – mit Schulbefreiung – am Vormittag (Heinbokel 1999). Weitgehend noch nicht gelöst ist die Frage, ob und in welcher Form die geleistete Arbeit für ein späteres Studium anerkannt wird. Hier besteht Handlungsbedarf.

11. Unterricht durch eine Fernuniversität

Wenn keine Universität in erreichbarer Nähe oder das Angebot nicht passend ist, kann auch schon ohne Abitur an der Fernuniversität Hagen studiert werden. Es ist empfehlenswert, wenn mehrere SchülerInnen das gemeinsam machen, damit sie sich in schwierigen Phasen, wenn die Motivation nachlässt, stützen können. Auch hier ist noch nicht geklärt, ob und in welcher Form die geleistete Arbeit für ein späteres Studium anerkannt wird. Das Lernen des Stoffes für das Studium kann auch während der Schulzeit stattfinden, wenn die SchülerInnen von einem Teil des regulären Unterrichts befreit sind, weil sie über den Leistungsstand der Klasse weit hinaus sind. An einem Gymnasium wurde ein Schüler in drei Fächern vom Unterricht befreit. Er nahm an jeweils einer Stunde teil, um zu wissen, um was es ging und schrieb alle Arbeiten mit. In der frei gewordenen Zeit befasste er sich mit Material von der Fernuniversität.

12. Betreuung durch Mentorinnen und Mentoren

Mentorinnen und Mentoren sind sicher nicht leicht zu finden, und anders als bei einer Nachhilfe kann eine Mentorenschaft nur funktionieren, wenn der Betreuer und der Betreute ein positives Verhältnis zueinander entwickeln. Bei Nachhilfe kann es sich manchmal nur um wenige Stunden handeln, eine Mentorenschaft dauert in der Regel länger.

Ein Studienrat unterrichtete während seiner Referendarzeit einen Schüler einer 5. Klasse, den er für mathematisch hochbegabt hielt. Nachdem er an einer anderen Schule eine Stelle angetreten hatte, hörte er, dass sein ehemaliger Schüler auf dem Weg war, vollkommen zu versagen; einige seiner Lehrer hielten ihn schlichtweg für "dumm". Der Studienrat übernahm eine Mentorenschaft für ihn, traf sich mit ihm regelmäßig einmal die Woche, um mathematische Probleme zu lösen und einfach nur zu reden. Die Bedeutung, die diese Betreuung für den Jungen hatte, ist nicht zu unterschätzen.

Auch für hochbegabte Mädchen, die mit zunehmenden Alter dazu neigen, ihr Licht unter den Scheffel zu stellen, kann eine Mentorin eine wichtige Rolle spielen.

13. Kooperation zwischen Schulen bzw. Institutionen

a) mehrere Schulen gleicher Schulform

b) Grundschule – O-Stufe,

c) O-Stufe – Gymnasium

d) Gymnasium – Universität

Wenn die o. g. Institutionen nah genug beieinander liegen, können sie kooperieren, in dem jüngere SchülerInnen schon teilweise am Unterricht der weiterführenden Schule teilnehmen.

Ein Junge, der in der Grundschule schon eine Klasse übersprungen hatte und nicht noch einmal springen wollte/ sollte, nahm als Viertklässler am Lateinunterricht der Klasse 9 des benachbarten Gymnasiums teil. Leistungsmäßig war es für ihn kein Problem und machte ihm viel Freude. Seine sozialen Beziehungen hatte er natürlich woanders.

In Niedersachsen sind mit dem Schuljahr 2002/03 sogenannte Kooperationsverbünde vorgesehen, in denen ein oder mehr Gymnasien, die noch existierenden O-Stufen und Grundschulen den Einsatz für die Hochbegabten koordinieren.

14. Sonderklassen

In der Bundesrepublik gibt es bisher nur wenige Sonderklassen im Sekundarbereich für Hochbegabte. Eine Vorreiterrolle hat die Christophorusschule in Braunschweig, die seit Beginn der 80er Jahre Sonderklassen erst ab Klasse 11, später ab Klasse 9 einrichtete. In Baden-Württemberg und in Rheinland-Pfalz gibt es inzwischen zahlreiche Gymnasien mit sogenannten D-Zug-Klassen: je nach Modell werden Sonderklassen gebildet, die zwischen der 7. und 10. Klasse gemeinsam eine Klasse überspringen (Ministerium für Bildung, Wissenschaft und Weiterbildung Rheinland-Pfalz, 1997). In Hamburg und Niedersachsen gibt es auch erste Gymnasien mit Springerklassen.

Ein Vorteil von Sonderklassen ist, dass die hoch begabten Schülerinnen nicht mehr isoliert sind, keine Sonderrolle als „Streber" mehr haben, sich nicht ständig zurückhalten müssen, weil die anderen mehr Erklärungen und Wiederholungen brauchen. Inhalte und Lerntempo können auf ihre Bedürfnisse zugeschnitten sein. An Schulen mit Sonderklassen kann es Probleme zwischen den SchülerInnen der „normalen" und der „besonderen" Klassen geben. Sonderklassen sind kaum geeignet für kleine Gymnasien oder bei einem zu kleinen Einzugsbereich der Schule. Eine weitere Gefahr besteht, wenn die Klassen nur gebildet werden dürfen, wenn die Anzahl der SchülerInnen ausreicht. Die Gefahr, zwei oder drei weniger geeignete SchülerInnen zum Besuch der Sonderklasse zu überreden, damit sie überhaupt zustande kommt, und die dann später große Probleme haben und eventuell scheitern, ist nicht von der Hand zu weisen.

15. Sonderschulen

In der DDR gab es eine Reihe von Sonderschulen mit einem bestimmten Profil (Naturwissenschaften, Sprachen, Musik und auch eine für Artistik), um besonders Begabte zu fördern. Bedauerlicherweise wurde die Mehrzahl von ihnen zur Zeit der Wiedervereinigung aufgelöst. Zum Glück existieren noch mehr von ihnen als in den alten Bundesländern.

Die erste neue private Sonderschule für Hochbegabte wurde im Jahr 2000 eröffnet (Talenta in Nordrhein-Westfalen), die erste staatliche 2001 (St. Afra in Sachsen). Veröffentlichungen über Erfahrungen – mit Ausnahme von Zeitungsartikeln – liegen noch nicht vor.

16. Hausunterricht

In der Bundesrepublik erlaubt die gesetzlich festgelegte Schulpflicht nur in extremen Ausnahmefällen, dass der Unterricht zu Hause oder durch Hauslehrer gegeben wird. Dazu gehören z. B. Kinder, die an Film- oder Fernsehproduktionen teilnehmen oder auch Spitzensportler. Anne-Sophie Mutter war seit der Grundschulzeit vom regulären Schulunterricht befreit. Die Auflagen sind sehr streng.

In anderen europäischen Ländern ist Hausunterricht nicht nur erlaubt (Frankreich, Dänemark), die Schulen sind verpflichtet, Eltern zu unterstützen, die ihre Kinder selber unterrichten möchten (England). In Österreich gibt es eine Erziehungs-, keine Schulpflicht. In den USA sind Hausunterricht – durchaus nicht nur für Hochbegabte – und die entsprechenden Fernschulen weit verbreitet, in Australien und Neuseeland auf Grund der Entfernungen notwendig.

In der Bundesrepublik gibt es inzwischen vereinzelt Fälle, in denen Hochbegabte vom Unterricht befreit sind. Auch diese Form des Lernens hat Vor- und Nachteile. Zu den Sorgen gehören einerseits, dass die Kinder nicht genügend bzw. das Falsche lernen, andererseits die mangelnden Gelegenheiten, sozial in Gruppen zu handeln. Soziales Lernen kann an vielen Orten, neben der Familien und der Nachbarschaft auch im Sportverein, im Chor oder in anderen Vereinen stattfinden. Zum einen waren die Menschen, als es noch keine Schulpflicht gab, ja keineswegs unsozial, zum anderen findet im Schulalltag manchmal eher unsoziales Lernen statt (s. Mobbing, das manchmal ignoriert wird, manchmal nur schwer in den Griff zu bekommen ist).

Vieles, was heute im Rahmen der Förderung hoch begabter Kinder üblich ist (Einschulung Fünfjähriger, Überspringen, Sonderklassen und -schulen), war vor wenigen Jahren noch tabu und politisch absolut unkorrekt. Es wäre zu wünschen, dass der Hausunterricht von den Tabus der letzten Jahrzehnte befreit wird und im Rahmen des Zusammenwachsens in Europa auch deutsche Kinder vermehrt außerhalb anstatt in der Schule lernen dürfen.

Literatur

Christiani, Reinhold (1999[2]). Auch die leistungsstarken Kinder fördern, Cornelsen Skriptor, Frankfurt

Heinbokel, Annette (1996a). Überspringen von Klassen, Münster, LIT Verlag

Heinbokel, Annette (1996b). Frühe Einschulung, in: Labyrinth, 50, S. 3-9

Heinbokel, Annette (1998). Erfahrungsbericht über die Förderung besonders begabter Schülerinnen und Schüler an der Orientierungsstufe Belm. Ministerium für Bildung, Wissenschaft, Forschung und Kultur des Landes Schleswig-Holstein (Hrsg.). Kinder mit besonderen Begabungen, S. 28-33

Heinbokel, Annette (1999). Hochbegabte Schüler fördern – aber wie? Profil, Zeitschrift des Deutschen Philologenverbands, 3, S. 13-16 (Über Erfahrungen mit jungen StudentInnen in den USA)

Heinbokel, Annette (2000). Gehupft wie gesprungen – Was bringt das Überspringen? Wagner, Harald (Hrsg.): Begabung und Leistung in der Schule, K. H. Bock, S. 153-170

Heinbokel, Annette (2002) Schnupperkurse für Schnuppermäuse. In: Hess. Landesinstitut für Pädagogik (Hrsg.). Besondere Begabungen – eine Herausforderung für Lehrerinnen und Lehrer, Schule + Beratung, Heft 10, S. 73-77

Huser, Joëlle (2000). Lichtblick für helle Köpfe, Lehrmittelverlag des Kantons Zürich, Zürich

Ministerium für Bildung, Wissenschaft und Weiterbildung Rheinland-Pfalz (Hrsg.) (1997). Entwicklung und Erprobung von Modellen der Begabtenförderung am Gymnasium mit Verkürzung der Schulzeit, Mainz, v. Hase und Koehler Verlag. Labyrinth 55, S. 24

Reketat, Heike (2001). Offener Unterricht – Eine Fördermöglichkeit für hoch begabte Kinder? Lit Verlag, Münster

Schulte zu Berge, Sabine (2001). Hoch begabte Kinder in der Grundschule. Lit Verlag, Münster

Stedtnitz, Ulrike (2001). Das Schulische Enrichment Modell SEM, Sauerländer Verlag, Aarau

Annette Heinbokel

Gehupft wie gesprungen: Was nützt das Überspringen?[1]

Vorurteile haben eine Eigenschaft, die immer wieder verblüfft: Auch wenn die Fakten anderes sagen, können sie auch bei Fachleuten außerordentlich zählebig sein.

Im August 1999 fragen Eltern bei der Zeitschrift "Eltern for Family" an, ob ihre Tochter eine Klasse überspringen sollte. Der pädagogische Fachmann riet grundsätzlich ab. In Untersuchungen, veröffentlicht in Aufsätzen und Büchern (Stadt Köln 1993; Heinbokel 1995; Heinbokel 1996), wurde zwar in den letzen 10 Jahren immer wieder belegt, welche positiven Auswirkungen Akzeleration (d. h. sowohl die frühe Einschulung als auch das Überspringen von Klassen und andere Formen von Akzeleration) haben kann, wenn mit diesem pädagogischen Instrument richtig umgegangen wird. Aber auch Fachleuten fällt es schwer, ihre Meinung zu ändern, wenn neue Erkenntnisse ihren Grundüberzeugungen widersprechen. Der „Rat" soll am Ende vollständig zitiert werden, denn die vorgetragene Meinung spricht sicher vielen Pädagoginnen und Pädagogen aus dem Herzen.

Im Rahmen der Diskussionen um die Förderung hoch begabter Kinder in der Bundesrepublik wird vermehrt auf eine Maßnahme zurückgegriffen, die prinzipiell schon immer in den Schulgesetzen der alten Bundesländer, inzwischen auch der neuen[2], verankert gewesen war, von der aber bis Ende der 80 Jahre kaum Gebrauch gemacht wurde. Sie war sowohl bei Fachleuten als auch bei den Eltern in Frage kommender SchülerInnen auf starke Ablehnung gestoßen: das Überspringen von Klassen.

Da es kaum Informationen über das Springen gab, ist auch nur wenig darüber bekannt, warum es so stark abgelehnt wurde. Es kann davon ausgegangen werden, dass die Ablehnung im wesentlichen Ergebnis des „gesunden Menschenverstands" war, wie er auch in dem am Ende zitierten Artikel zum Ausdruck kommt: es wurde vermutet, die Schülerinnen und Schüler würden durch die zusätzliche Arbeit, den Klassenwechsel und in der Pubertät den anderen Interessen der älteren MitschülerInnen unangemessenen intellektuellen, emotionalen und sozialen Belastungen ausgesetzt, sie bei den Gleichaltrigen zu lassen sei auf je-

---

[1] zuerst erschienen in: Wagner, Harald (Hrsg.) (2000): Begabung und Leistung in der Schule. K. H. Bock, Bad Honnef

[2] In der DDR gab es zahlreiche Sonderklassen und Sonderschulen, in denen Kinder mit besonderen Begabungen gefördert wurden. Daher war diese Form von Akzeleration vermutlich seltener nötig.

den Fall pädagogisch und sozial besser als den Zustand der dauernden Unterforderung zu beenden. Diese Meinung basierte nicht auf Wissen – Untersuchungen lagen nicht vor bzw. die wenigen waren nicht bekannt – und nur in sehr seltenen Fällen auf einer Erfahrung mit einem Einzelfall. Die seit dem Ende der 80er Jahre vorliegenden Zahlen sprechen eine andere Sprache.

Auch andere Fördermaßnahmen für hoch begabte Kinder wurden manchmal damit begründet, dass das individuelle Überspringen einer Klasse eher Nachteile mit sich bringe. In Baden-Württemberg und in Rheinland-Pfalz wurden in den 80er Jahren an einigen Gymnasien Schulversuche mit sogenannten D-Zug-Klassen begonnen. Dabei werden Klassen von besonders begabten Kindern gebildet, die zwischen der 5. und 10. Klasse – es gibt unterschiedliche Modelle – ein Jahr gemeinsam überspringen. Einer der Gründe für die Bildung solcher Sonderklassen war, wie ein Vertreter des Kultusministeriums Baden-Württemberg in einem Vortrag auf einer Tagung des „European Council for High Ability“ (ECHA) in München 1992 sagte, „die bekannten Probleme des Springens“ zu umgehen. Die gleiche Meinung, dass nämlich individuelles Überspringen besonders belastend sei, findet sich im Abschlußbericht des entsprechenden Schulversuchs in Rheinland-Pfalz (1997). Dort heißt es im einleitenden Kapitel:

> „Für solche Schülerinnen und Schüler besteht natürlich grundsätzlich die Möglichkeit des individuellen Überspringens einer Klassenstufe. Aber die Statistik zeigt, dass davon kaum Gebrauch gemacht wird (...). Das darf auch nicht weiter verwundern, weil auf die Überspringenden sehr große Belastungen zukommen, die nicht nur aus dem Nacharbeiten von Stoff resultieren, sondern die besonders aus der emotionalen Situation des Einfügens in eine neue Klasse resultieren“ (S. 2).

Der Vertreter des baden-württembergischen Kultusministeriums wurde nach seinem Vortrag in der anschließenden Diskussion gefragt, was denn „die bekannten Probleme des Springens“ seien, welche Untersuchungsergebnisse dem zu Grunde lägen. Die Antwort war ein Schulterzucken. Für Rheinland-Pfalz ist nicht bekannt, worauf die Aussage beruht.

Auch von Eltern wurde das Springen weitgehend abgelehnt. Rost (1993) befragte Eltern besonders begabter Kinder, welche Maßnahmen sie für ihre Kinder für wünschenswert hielten. Von zehn verschiedenen Maßnahmen stand das Springen an vorletzter Stelle. Die LehrerInnen der besonders begabten Kinder standen in der genannten Untersuchung dem Springen im allgemeinen eher neutral bis leicht positiv gegenüber. Ging es aber um *den* Hochbegabten in ihrer Klasse waren sie deutlich skeptischer und neigten dazu, das Überspringen eher negativ zu sehen.

Der allgemein geäußerten Ablehnung standen und stehen Erfahrungen von Eltern und Kindern gegenüber, die ausgesprochen positiv verliefen. Deshalb ist es sinnvoll, den Vermutungen und Befürchtungen Zahlen gegenüberzustellen.

In der zweiten Hälfte der 80er Jahre wurde in drei deutschen Bundesländern, im Saarland (Kötter 1985), in Bayern (Reitmajer 1988, 1989) und Niedersachsen (Heinbokel 1996) die Anzahl der Springerinnen und Springer erhoben[3]. Obwohl sich bei den Totalerhebungen die erfassten Zeiträume und Schulformen unterschieden, waren die Ergebnisse doch sehr ähnlich. Dazu gehörte, dass das Springen nur äußerst selten stattfand. Um es am Beispiel Niedersachsen zu zeigen: Wollte eine Schule sagen, dass sie Erfahrungen mit dem Überspringen von Klassen hatte und von daher fundierte Ratschläge sowohl in Bezug auf das Springen selber als auch auf seine Ablehnung geben konnte, so hätte es an einer Schule in zehn Jahren mehr als zweimal stattfinden müssen. Werden diese Minimalforderungen gestellt, so hatten an öffentlichen Schulen in Niedersachsen zu Beginn der 90er Jahre 99,6% der Grundschulen, 99% der Gymnasien und 100% der Gesamtschulen *keine* Erfahrungen mit dem Springen. Die Ergebnisse für die anderen Bundesländern dürften zumindest bis Ende der 80er Jahre ähnlich gewesen sein, es gibt keinen Grund anzunehmen, dass das individuelle Springen dort häufiger stattgefunden und demzufolge mehr Erfahrungen vorgelegen hätten.

Gespräche in Schulen und mit Eltern hoch begabter Kinder, auf Fortbildungsveranstaltungen und Vorträgen lassen vermuten, dass das Springen in den 90er Jahren erheblich zugenommen hat und dass es inzwischen Schulen gibt, an denen damit selbstverständlich, gelassen und ohne übertriebene Ängste umgegangen wird. Da es meines Wissens jedoch keine neueren umfassenden Untersuchungen darüber gibt, muss im Moment immer noch auf Zahlen aus den 80er Jahren zurückgegriffen werden. Das ist einerseits zwar bedauerlich, andererseits aber kein größeres Unglück, denn alle seriösen Untersuchungen aus den USA, auch aus Australien und der Bundesrepublik, ähneln sich in den Ergebnissen: Das individuelle Überspringen einer Klasse wird im Allgemeinen von den Betroffenen als positiv erlebt – wenn die Erwachsenen (Eltern, zu Rate gezogene PsychologInnen, die LehrerInnen der abgebenden und insbesondere aufnehmenden Klassen, die das Verhalten der MitschülerInnen beeinflussen können) damit sinnvoll umgehen. Laut Benbow (1992) gehört Akzeleration – das schließt sowohl die frühe Einschulung als z. B. auch einen vorgezogenen Besuch der Universität mit ein – in den USA zu den Optionen für Hochbegabte, die seit Beginn der 30er Jahre am besten durch Forschung untersucht wurde und deren Auswirkungen in der Regel positiv waren. Trotzdem wird diese Möglichkeit auch dort selten genutzt und sehr skeptisch gesehen.

[3] In Niedersachsen wurde im Herbst 2001 eine Folgeuntersuchung begonnen, so dass nach der endgültigen Auswertung Zahlen für 20 Jahre vorliegen werden. Ergebnisse werden im Herbst 2002 vorliegen.

Überspringen in der Grundschule

In allen drei Bundesländern, aus denen Totalerhebungen vorliegen, fand es überwiegend an der Grundschule statt: Im Saarland waren es 64%, in Bayern 71% und in Niedersachsen 90%. 103 bundesweit verschickte Elternfragebögen (Heinbokel 1996) ergaben ein ähnliches Bild: 83% der Kinder sprangen in der Grundschule. Seit den 80er Jahren nahmen Diskussionen um die Notwendigkeit angemessener Förderung hoch begabter Kinder und Jugendlicher zu. Auf Grund mangelnder anderer Angebote für Hochbegabte durch die Schulen und weil es leicht durchzuführen ist, rückte das Springen immer mehr ins Blickfeld; es wurde häufiger durchgeführt, allerdings, wie oben gesagt, in erster Linie in der Grundschule. In Niedersachsen hatten es bis zum Ende der 2. Klasse fast 80% aller SpringerInnen hinter sich gebracht, in den Jahren bis zum Abitur folgten nur noch vereinzelte NachzüglerInnen.

Einer der Gründe für das Muster beim Springen war die in allen Bundesländern zu beobachtende Tendenz, Kinder so spät wie möglich einzuschulen, sie so lange wie möglich spielen zu lassen. Dabei wurde der Entwicklungsstand und der Wunsch der Kinder zu lernen deutlich weniger berücksichtigt als das Geburtsdatum. Aus den Elternfragebögen (Heinbokel 1996) ging hervor, dass 31% der Mädchen und 53% der Jungen auf Grund des Geburtsdatums früh hätten eingeschult werden können. Obwohl von den Kindern, bei denen die frühe Einschulung in Betracht gezogen worden war, die Mehrzahl vor der Einschulung lesen und rechnen[4] konnte, wurden nur wenige von ihnen tatsächlich früh eingeschult. Der Druck, den der „gesunde Menschenverstand“ auch hier ausübte – Kinder müssen körperlich groß und stark sein, um sich in großen Klassen und auf dem Schulhof durchsetzen zu können; Spielen macht Spaß, Lernen nicht, man sollte es Kindern so lange wie möglich ersparen, ihnen nicht die Kindheit stehlen – war stärker als das Vertrauen in die Fähigkeiten und den Lernwillen der Kinder. Der später Einschulungstermin bedeutete jedoch auch, dass viele der SpringerInnen – vor allem Juli- und August-Kinder – gar nicht so viel jünger waren wie allgemein vermutet.

Die allgemeine Abneigung gegen die frühe Einschulung war in den 80er Jahren sowohl bei den Eltern als auch den LehrerInnen ausgeprägt. Deshalb handelte es sich beim Springen in den ersten beiden Schuljahren wahrscheinlich relativ häufig darum, eine gut gemeinte (Fehl)Entscheidung in bezug auf den Einschulungstermin zu korrigieren.

Es sieht allerdings so aus, als ob sich in der negativen Einstellung zur frühen Einschulung ein Wandel vollzieht. In mehreren Bundesländer wurde der Stichtag 31.12., nach dem bis Ende der 90er Jahre praktisch *KEIN* Kind eingeschult werden durfte, gestrichen (In Baden-Württemberg existierte dieser Stichtag

---

[4] Lesen: 94% Mädchen; 84% Jungen; Rechnen: 78% Mädchen, 87% Jungen; früh eingeschult: 3% Mädchen, 8% Jungen

schon seit Jahren nicht mehr, dort wurde die Möglichkeit aber kaum genutzt). Bei jungen Kindern – sogenannten Kann-Kindern und noch jüngeren – wird zunehmend stärker der Entwicklungsstand als das bisher übliche „Entstehungsdatum" (Sennlaub 1995, S. 10) berücksichtigt. Allerdings liegt auch hier noch kein neueres Zahlenmaterial vor.

Springen in der Sekundarstufe

War das Springen in der Grundschule schon selten genug, so war es in den folgenden Jahren an Gymnasien und Gesamtschulen noch seltener. Im Saarland sprangen 12 (32% der SpringerInnen), in Bayern 34 (29%), in Niedersachsen 32 (10%) SchülerInnen.[5] Bei den absoluten Zahlen sind die unterschiedliche Größe der Bundesländer und die erfassten Zeiträume zu berücksichtigen, aber auch das ändert nichts an der extremen Seltenheit des Springens.

Seit Beginn der 90er Jahre wurde in Bayern, Nordrhein-Westfalen und Hamburg versucht, die Anzahl der SpringerInnen in der Sekundarstufe zu erhöhen. Das Angebot wurde sehr viel seltener angenommen, als es sich die Initiatoren erhofft hatten. In Nordrhein-Westfalen z. B. nahmen zwischen Februar 1992 und 1994 47 Schulen mit SchülerInnen im Sekundarbereich I und II an einem Erfahrungsaustausch von Schulen teil, die das Überspringen von Mitte Klasse 10 nach Mitte Klasse 11 oder der ganzen 11. Klasse fördern wollten. In der 11. Klasse wollte fast niemand springen, geeignete SchülerInnen zogen es vor, das Jahr an eine Schule im Ausland zu verbringen. In Klasse 10 machten im ersten Jahr 23% der Angesprochenen von dem Angebot Gebrauch, im dritten Jahr waren es 6.5%.

In Niedersachsen gibt es seit dem 1.2.2000 die Möglichkeit, im 10. Jahrgang eine Klasse zu bilden, die dann gemeinsam springt. Es wird spannend sein zu beobachten, wie das Angebot von den betroffenen Schülerinnen und Schülern langfristig angenommen werden wird. Dieses Angebot hat, wie jede Maßnahme, Vor- und Nachteile.

Zu den Vorteilen gehört unzweifelhaft, dass die Jugendlichen weniger isoliert sind. Auch können sie gemeinsam fehlenden Stoff erarbeiten, sich gegenseitig stützen. Der Unterricht kann so angelegt werden, dass diese besonders begabten SchülerInnen richtig gefordert werden, sich nicht langweilen und gezielt „das Lernen lernen".

Andererseits können diese Klassen nur an sehr großen Schulen eingerichtet werden, oder an solchen mit einem großen Einzugsbereich oder angeschlossenem Internat. Ist für diese Klassen eine bestimmte Klassengröße vorgeschrie-

---

[5] Für Niedersachsen beziehen sich die Zahlen nur auf Gymnasien, von den damals ca. 30 Gesamtschulen wurde kein Springen gemeldet.

ben, so besteht die Gefahr, ein oder zwei eigentlich nicht geeignete SchülerInnen aufzunehmen, um die Klasse bilden zu können. Bei einem Schulversuch mit D-Zug-Klassen in Bayern in den 70er Jahren verließen etwa 20-25% der SchülerInnen der Klasse im Lauf der Zeit wieder (Jäger 1972).

Bisherige Erfahrungen zeigen, dass, gemessen an der Anzahl der theoretisch Geeigneten, ein Programm, das das Springen fördert, um so erfolgreicher sein wird, je früher es einsetzt. Diese Prognose wird auch durch eine US-amerikanische Untersuchungen unterstützt. So wurden die hoch begabten, etwa 12-16jährigen TeilnehmerInnen an einer Governor's Summer School nach ihrer Meinung zur Akzeleration befragt. Sie hielten diese Möglichkeit für eine ausgezeichnete Idee. Befragt, ob sie es für sich in der Vergangenheit gut gefunden hätten oder in ihrer augenblicklichen Situation gut finden würden, sagten alle mit Nachdruck „nein", mit zunehmendem Alter um so nachdrücklicher, und unabhängig davon, wie sozial angepasst oder unzufrieden sie mit der Schule waren (zitiert nach Southern 1992).

Versetzt man sich in die Situation von potentiell leistungsstarken Jugendlichen dieser Altersstufe, so werden die Gründe verständlich:

- je länger sie in der Schule sind, um so stärker haben sie sich daran gewöhnt, mit einem Minimum an Einsatz die sie bzw. ihre Eltern befriedigenden Noten zu erreichen. Einige SchülerInnen könnten sich nicht mehr anstrengen, auch wenn sie wollten.
- Sie betreiben intensiv außerschulische Aktivitäten (Sport, Musik, Programmieren, Schach, Jobs) und sehen wenig Anlass, sie wegen des Springens einzuschränken. Sie können nur schwer abschätzen, wie sehr und lange sie diese Aktivitäten einschränken müssen.
- Sind die sozialen Beziehungen zur Klasse gut, wollen sie bei ihren FreundInnen bleiben und nicht als StreberInnen ausgegrenzt werden. Sind sie schlecht, befürchten sie, dass sie in der höheren Klasse wegen ihres Alters und des Vorwurfs, ein Streber zu sein, noch stärker ausgegrenzt werden.
- Es gibt keine Garantie, dass die Noten nicht doch, wenn auch wenig, schlechter werden. Solange es für bestimmte Fächer einen Numerus Clausus gibt, können dieses Risiko nur diejenigen eingehen, die nicht oder nicht in Numerus-Clausus-Fächern studieren wollen (z. B. Musik), denen also die Noten relativ gleichgültig sind.
- In der 11. Klasse ein Jahr im Ausland zu verbringen ist für deutsche SchülerInnen attraktiver und risikoloser, was sowohl die Noten als auch die Akzeptanz durch die MitschülerInnen betrifft.

Als Fazit für das Springen in der Sekundarstufe I kann gesagt werden, dass es zwischen der ersten Klasse des Gymnasiums (je nach Bundesland die 5. oder 7.) und der 11. Klasse geeigneten SchülerInnen angeboten werden sollte und dass jede Schülerin und jeder Schüler, die/der von sich aus springen möchte, Unterstützung bekommen sollte. Auf Grund der bisherigen Erfahrungen ist es jedoch eher unwahrscheinlich, dass diese Möglichkeit von einer größeren Anzahl von SchülerInnen ergriffen wird. Die Situation könnte sich in der 10. und 11. Klasse dadurch ändern, dass es für das Springen einen Bonus gibt, der bei der Wahl eines Studienfaches einbezogen wird. Dadurch könnte das Risiko eines etwas schlechteren Notendurchschnitts ausgeglichen werden.

Die Situation nach dem Springen

Das Springen wurde von den Erwachsenen bisher weitgehend abgelehnt, weil direkt nach dem Springen oder zu einem späteren Zeitpunkt Probleme befürchtet wurden. Dabei ist unklar was unter einem relevanten „Problem“ verstanden wird. Was die eine Lehrerin als völlig normales Verhalten eines relativ jungen Kindes sieht, wird von einer anderen für nicht mehr annehmbar gehalten. Zum Teil sieht auch die Schule Probleme, die von den Betroffenen nicht so empfunden werden, umgekehrt kann das genauso der Fall sein.

Die Ergebnisse der deutschen Untersuchungen sind zwar bisher, soweit es Probleme nach dem Springen betrifft, nicht befriedigend. Trotzdem deuten alle bisherigen Befunde darauf hin, dass die allgemein gehegten Befürchtungen nicht zutreffen.

Alle bisherigen Untersuchungen stimmen darin überein, dass das Aufholen des Stoffes fast nie ein Problem darstellte, gleichgültig zu welchem Zeitpunkt gesprungen worden war. In Bayern (Reitmajer 1988, 1989) und Hamburg (Prado und Schiebel 1996) gingen die Noten zwar im Durchschnitt um eine halbe zurück, allerdings wird in beiden Fällen von den Autoren ausdrücklich gesagt, dass die Ursache für den Rückgang nicht klar sei. Um eine Entscheidungshilfe sein zu können, müsste dieser Durchschnitt wesentlich genauer aufgeschlüsselt werden: wie viele SchülerInnen verbesserten ihre Leistungen, weil sie endlich motiviert waren, wie viele blieben gleich und wie viele wurden deutlich schlechter – und warum? Wie waren die Noten vorher? Wurden im Vorfeld Tests als Entscheidungshilfe herangezogen?

In Niedersachsen (Heinbokel 1996) wurden von den Schulen kaum Leistungsprobleme und nicht ein einziger Wiederholer gemeldet.[6]

Die Eingliederung der SchülerInnen in den Lernprozess der neuen Klasse erfolgte meist problemlos, oft waren sie nach kurzer Zeit wieder im oberen Drittel der Klasse, manchmal wieder an der Klassenspitze, manchmal langweilten sie sich nach kurzer Zeit genauso wie vorher.

---

[6] Im Vorwort zum niedersächsischen Schulrecht wurde allerdings bis 1995 noch mit der Begründung vor dem Springen gewarnt, SpringerInnen würden später häufig sitzen bleiben (Habermalz und Knudsen, 1995).

Die meisten Kinder stiegen mit Leichtigkeit in den Stoff der neuen Klasse ein. Es ist keineswegs so, dass sie mit dem Springen anfangen, den Stoff aufzuarbeiten – außer in Einzelbereichen wie z. B. der Schreibschrift, dem kleinen Einmaleins oder einer neuen Fremdsprache –, sondern sie sind ihren MitschülerInnen in einem oder in vielen Fächern weit voraus bzw. holen sie den Stoff extrem schnell auf. Da sie – sofern sie das Lernen nicht verlernt haben – außerordentlich leicht begreifen und Gelerntes behalten, trifft das o. g. auch auf das Gymnasium zu. Ein Mädchen, das die 11. Klasse übersprang, brauchte nur eine Einführung in die Integral- und Differentialrechnung. Ein anderes Mädchen, das – auf eigenen Wunsch! – in Klasse 10 zum dritten Mal sprang, holte an einem Wochenendende den Stoff in Mathematik nach, mit Sprachen, ob Mutter- oder Fremdsprache, kam sie mühelos klar, in Chemie wurde ein neues Thema eingeführt, das für alle neu war. Das bedeutet, dass das Springen häufig nur noch eine formale Bestätigung dessen ist, was vorher stattfand. Das trifft, wie gesagt, besonders auf die Grundschulzeit, aber auch auf das Gymnasium zu.

Auf der Abschlussveranstaltung zum Schulversuch in Hamburg (Springen von Klasse 10 nach 11) wurde berichtet, dass einige SchülerInnen mit Nachhilfe etwa ein halbes Jahr gebraucht hatten, um den Stoff aufzuholen. Die SpringerInnen waren getestet worden, 8 von ihnen, das entspricht einem Drittel, hatten einen IQ von <114. Offenbar war von den LehrerInnen auch hoch motivierten SchülerInnen mit guten Noten das Springen empfohlen worden. Dass sie entsprechend lange für das Aufholen von Stoff brauchten, überrascht nicht und führt dazu, dass das Springen von den sie betreuenden LehrerInnen offenbar doch für eine schwierige und riskante Sache gehalten wird (Prado 1996).

Schwieriger ist die Beurteilung soweit sie die soziale Integration betrifft. Das Überwechseln in die neue Klasse kann in vielen Aspekten mit der Eingewöhnung nach einem Umzug verglichen werden. Manche Kinder schließen leicht und schnell Freundschaften, andere tun sich schwer damit. Manche sind traurig darüber, gute FreundInnen zurück lassen zu müssen, andere sind heilfroh, eine Klasse verlassen zu dürfen. Manche werden von der neuen Klasse freundlich aufgenommen und erhalten Hilfe, andere werden abgelehnt, weil es Cliquenwirtschaft gibt, das neue Kind einen anderen Dialekt oder eine andere Sprache spricht, vom Land in die Stadt zieht oder umgekehrt, eine andere Religion oder Hautfarbe hat. Manche sind der neuen Klasse in einigen oder allen Bereichen voraus oder zurück weil sie andere Bücher hatten oder Situation der Klasse einfach ganz anders war. Eine wichtige Rolle spielen die Vorerfahrungen: Waren die Erlebnisse in der alten Klasse mit den Kindern und den LehrerInnen positiv, so wird die Integration leichter sein, als wenn die Vorerfahrungen negativ waren. Niemand würde alle späteren Probleme eines Kindes auf den Umzug schieben oder sogar grundsätzlich vom Umziehen abraten.

Die gleiche Freundlichkeit, Rücksichtnahme und Hilfsbereitschaft, die einem zugezogenen Kind zugestanden wird, sollte einem Kind auch nach dem Springen gezeigt werden. Viel mehr ist oft nicht nötig.

In einigen Bereichen ist die Situation für ein hoch begabtes Kind doch etwas anders.

Auf Grund ihrer Entwicklung und ihrer Interessen haben Hochbegabte häufig ältere Freundinnen und Freunde, so dass sie in einer Gruppe von älteren Kindern besser aufgehoben sind als bei Gleichaltrigen. Damit das gut geht, setzt es zum einen voraus, dass vor allem von Erwachsenen nicht ständig der Altersunterschied betont wird, weder im positiven noch im negativen Sinne („Seht mal, die kann das und ihr nicht, obwohl sie doch ein Jahr jünger ist!" – „Das kannst du nicht? Offenbar bist du doch überfordert."). Nach dem Springen befragte Mädchen und Jungen berichteten, dass LehrerInnen, die nichts über ihr Alter und das Springen wussten, sie meistens ganz „normal", d. h. wie alle anderen auch behandelten. Zum anderen sollten sie, wenn sie das wollen, an allen Aktivitäten der älteren MitschülerInnen teilnehmen dürfen, auch wenn das vielen Eltern vor allem während der Pubertät schwer fällt. Verbote grenzen sie aus und machen es ihnen schwerer, Freundschaften zu schließen.

Manche Hochbegabte weichen so sehr in ihren Interessen von ihren MitschülerInnen ab, dass es ihnen auch nach dem Springen noch schwer fällt, Freundschaften zu schließen. Können sie außerhalb der Schule eine Gruppe finden, die ihre Interessen teilt, so erleichtert es ihre Situation, der Schulalltag wird erträglich.

Während in den Totalerhebungen der drei Bundesländer kaum von emotionalen bzw. sozialen Problemen die Rede ist, ergab die Auswertung die Elternfragebögen (Heinbokel 1996) ein anderes Bild. In dieser Stichprobe zeigte mehr als ein Drittel der Kinder, die in der Grundschule sprangen, vor dem Springen Anzeichen von Störungen. Die Kinder zogen sich in sich zurück, sie weigerten sich, morgens aufzustehen, weinten, wenn von der Schule die Rede war, sie wurden aggressiv gegenüber ihren Geschwistern und gegenüber sich selber, nässten wieder ein, kauten die Nägel ab, waren häufig krank oder erfanden Krankheiten, um nicht in die Schule zu müssen. Manche Mütter brauchten morgens eine Stunde, um ihr Kind zu überreden, in die Schule zu gehen. Kein Kind zeigte alle diese Symptome, die meisten jedoch mehrere. Das bedeutet keineswegs, dass SpringerInnen häufiger Probleme haben als Hochbegabte, die nicht springen oder als andere Kinder; es bedeutet vielmehr, dass das Springen von den Eltern, der Schule oder von beiden abgelehnt wurde und damit so lange gewartet wurde, bis nichts anderes mehr ging. Nach dem Springen besserte sich die Situation erheblich, in einigen Fällen verschwanden psycho-somatische Auffälligkeiten vollständig. Die gleichen Erfahrungen wurden in Köln im Rahmen eines Schulversuchs gemacht, im dem versucht wurde, die Situation hoch begabter Grundschulkinder durch verschiedene Maßnahmen zu verbessern (Stadt Köln 1993). Dazu gehörte u. a. das Überspringen von Klassen. Als Ergebnis wurde festgestellt:

- Die soziale Integration verlief sehr unterschiedlich (wie bei jedem Klassen- oder Schulwechsel): einige Kinder waren nach kürzester Zeit in den Klassenverband integriert, die meisten brauchten einige Monate; ganz wenige blieben auch in der neuen Klasse AußenseiterInnen, weil ihre Interessen zu sehr von denen der MitschülerInnen abwichen. Aber auch in diesen Fällen führte die Maßnahme aus Sicht der Kinder und deren Eltern zu einer Verbesserung des Wohlbefindens und der Lernmotivation.

- Die Eingliederung in den Lernprozess der Klasse dagegen erfolgte meist problemlos: oft gehörten die ÜberspringerInnen nach kurzer Zeit wieder zu den Leistungsstärksten.
- Psycho-somatische Symptome (z. B. Enuresis) traten nach der Vorversetzung deutlich seltener auf. Zum Teil verschwanden sie schlagartig nach der endgültigen Entscheidung für das Springen.
- Verhalten, das vor dem Überspringen als emotionale oder soziale Unreife interpretiert worden war, konnte nach dem Überspringen nicht mehr beobachtet werden (...) (Stadt Köln 1993, S. 63)

Die überwiegend positiven Ergebnisse bedeuten nicht, dass Springen die einzige oder beste Lösung für hoch begabte, unterforderte Kinder ist. Allerdings wurden den Kindern, die Störungen entwickelten, in den meisten Fällen in der Schule keine ausreichenden bzw. angemessenen Alternativen angeboten. Die Elternfragebögen (Heinbokel 1996) ergaben auch, dass diejenigen Lehrerinnen, die sich bemühten zu differenzieren, eher selber das Springen vorschlugen als diejenigen, die nichts taten und nur meinten, die Kinder müssten sich anpassen. Wahrscheinlich hatte die erste Gruppe von Lehrerinnen gemerkt, dass in dem konkreten Fall die Möglichkeiten der Differenzierung unzureichend waren.

Für die 80er Jahre muss gesagt werden, dass ein Teil der Probleme vor und nach dem Springen durch das Verhalten der Umwelt produziert wurde. Nicht wenige PädagogInnen waren der Meinung Hochbegabung sei in erster Linie ein Produkt ehrgeiziger Eltern; die Kinder müssten und könnten sich selber helfen, man müsse sie vor ihren Eltern schützen, Genie und Wahnsinn lägen bekanntlich eng beieinander, wer zu frühes Lesenlernen (Genie!) verhindere, verhindere damit auch den Wahnsinn (das wurde noch 1995 der Mutter eine Kindergartenkindes von einem Psychologen mitgeteilt), etc. Auch viele Eltern meinten, ihr Kind bremsen, es anpassen zu müssen, u. a. auch um sich vor den oben genannten Vorwürfen zu schützen. Wer diese Überzeugungen teilt, geht mit einem Erstklässler, der auf dem Niveau der 4. Klasse liest und rechnet, anders um, als wenn er davon ausgeht, ein hoch begabtes Kind vor sich sitzen zu haben, das sich entsprechend seinen Fähigkeiten und Interessen entwickeln darf. „An die Ausgangslage der Kinder anknüpfen" (Burbat 1984) ist eine Forderung, die für alle Kinder gelten sollte, bisher aber eher für Kinder mit Defiziten zu gelten schien. Natürlich gibt es Eltern, deren Ehrgeiz die Fähigkeiten ihres Kindes übersteigt. Solange jedoch Hochbegabung in der Aus- und Weiterbildung von LehrerInnen nicht vorkommt – und das Wissen ist nach wie vor sehr gering –, sind sehr viele von ihnen nicht in der Lage zu unterscheiden, ob besondere Leistungen ein Ergebnis von Hochbegabung oder von Leistungsdruck durch Eltern sind.

Wenn Kinder nicht springen wollen

Manchmal lehnen Kinder es ab zu springen, obwohl sie sich sehr langweilen und die Erwachsenen die Mitarbeit in einer höheren Klasse für die beste Lösung halten. Die Gründe können sehr unterschiedlich sein:

- eine grundsätzliche Angst vor neuen Situationen,
- Befürchtungen, es nicht zu schaffen oder zumindest nicht mehr so gute Noten zu haben, in höheren Klassen Sorge wegen des Numerus Clausus,
- die Angst, alte Freundinnen oder Freunde zu verlieren oder keine neuen zu finden,
- die Sorge, nicht mehr soviel Freizeit zu haben.

Sollte Druck ausgeübt werden, wenn ja, wie viel? Diese Frage kann nur genauso individuell beantwortet werden wie die Frage, ob ein Kind ein Instrument lernen, Sport treiben oder Gemüse essen muss. Zumindest dann, wenn die aufnehmende Klasse einen positiven Eindruck macht und das Kind nicht allzu ängstlich ist, sollte ein gewisser Druck ausgeübt werden, sich die neue Klasse einmal anzusehen, eventuell in dem Fach, in dem die Unterforderung besonders groß ist oder für eine Probezeit in allen Fächern. Es gibt sehr flexible Lehrerinnen, die ein Kind eine Zeit lang nach Wunsch zwischen der alten und der neuen Klasse pendeln lassen. Dieser Zeitraum sollte nicht zu lange dauern – die meisten Kinder sind auch froh, wenn sie wissen, wohin sie gehören –, die Entscheidung der Kinder sollte akzeptiert werden, auch wenn sie gegen das Springen ausfällt. In einigen Bundesländern wie z. B. Niedersachsen ist das Schulgesetz in Bezug auf das Springen inzwischen so offen, dass das Springen später mit Ausnahme der 12. und 13. Klasse jederzeit noch möglich ist.

Andere Lösungen – mehr Freiraum während der Freiarbeit, offener Unterricht, innere Differenzierung, teilweise Freistellung vom Unterricht für andere Projekte, außerschulische Angebote – werden in Grundschulen relativ oft angeboten, sind aber erfahrungsgemäß für potentielle SpringerInnen nicht ausreichend.

Wiederholen und mehrfaches Springen

Die größte Sorge der Kinder und der Eltern ist es, dass das Kind es nicht schafft und so sehr versagt, dass es sitzen bleibt. Diese Sorge ist weitgehend unbegründet, dazu kam es bisher extrem selten. Von keinem der Bundesländer, von denen Totalerhebungen vorliegen, wurden Leistungseinbrüche, geschweige denn ein Wiederholen gemeldet.

Im Einzelfall kann es selbstverständlich doch dazu kommen. Aus den Elternfragebögen ging hervor, dass von den 103 Kindern und Jugendlichen, über die Fragebögen vorliegen, vier Jahre später fünf Jungen und ein Mädchen eine Klasse wiederholten[7] (Heinbokel 1996). Alle waren in der Grundschule gesprungen, zwei Jungen und ein Mädchen wurden in der 9. Klasse interviewt. Alle drei waren der Ansicht, dass das Wiederholen nichts mehr mit dem Springen zu tun hatte, dass sie ohne das Springen wahrscheinlich auch wiederholt hätten, einer der Jungen meine, vermutlich sogar noch eher. Im Fall des Mädchens hatten sich die Eltern scheiden lassen und sie hatte deswegen zeitweilig nur wenig Energie für die Schule übrig gehabt, eine sechs in Latein konnte nicht ausgeglichen werden. In der neuen Klasse fühlte sie sich emotional sehr wohl, intellektuell wieder unterfordert. Der Bruder, der nicht gesprungen war, wiederholte das gleiche Jahr, sie hatte im Gegensatz zu ihm beim Abitur kein Jahr verloren.

Auch das Überspringen von mehr als einer Klasse bzw. wiederholtes Springen wurde in den Stichproben der drei Bundesländer nicht gefunden, in den Elternfragebögen kam es mehrfach vor. Ein Junge war in einer Montessori-Schule von der 1. in die 3. Klasse gesprungen, eine Mädchen hatte die 1., 4. und 10. Klasse übersprungen. Eine Mutter meinte nach dem zweiten Springen ihrer Tochter, das bringe überhaupt nichts, ihre Tochter sei nach wie vor unterfordert. Beim zweiten und weiteren Springen können die Schülerinnen sehr viel besser mitentscheiden, weil sie eine Vorstellung davon haben, was auf sie zukommt, zum Teil geht es auch von ihnen aus. Ob das eine richtige Entscheidung ist oder ob es andere Lösungsmöglichkeiten für Unterforderung gibt, kann nur im Einzelfall entschieden werden. Deutlich mehr Sorge als um das erste Springen ist offenbar nicht nötig. Miraca Gross (1993) fand in einer Untersuchung an 15 australischen höchst begabten Kindern, dass sich diejenigen sozial am wohlsten fühlten, die mehrfach übersprungen hatten und in ihrem leistungsstärksten Fach – fast immer Naturwissenschaften – schon an der Universität studierten, d. h. regelmäßig mit Menschen zusammen waren, die für sie intellektuelle Peers waren.

Da hoch begabte Kinder intellektuell, emotional und körperlich sehr unterschiedlich weit entwickelt sein können, brauchen sie vielleicht – mehr noch als andere Kinder – ebenso unterschiedliche Peer-Gruppen: für ihre intellektuellen, emotionalen und sportlichen Bedürfnisse. Theoretisch wäre das am leichtesten in Schulen oder Klassen für Hochbegabte zu lösen, aber auch nur theoretisch. Das wäre für die Mehrzahl der hoch begabten Kinder nur über Internate zu er-

[7] Diese Zahl erscheint relativ hoch. Allerdings ist zu bedenken, dass ein großer Teil der Fragebögen von Mitgliedern der Deutschen Gesellschaft für das hoch begabte Kind stammen. Anlass für die Mitgliedschaft sind überdurchschnittlich häufig Probleme mit der Schule und mit den sozialen Beziehungen der Kinder, so dass die Stichprobe weder typisch für „die“ Springer noch für „die“ Hochbegabten ist.

reichen. Ganz abgesehen davon, dass das nicht für alle geeigneten Kinder finanzierbar wäre: nicht alle Kinder wollen in ein Internat. Und nicht alle haben Lust, aus ihren Interessen und Fähigkeiten das Optimum herauszuholen, das ist eher ein Wunsch der Erwachsenen. Nicht jeder Mensch, der in der Lage ist, 100 m in 10 Sekunden zu laufen, hat dazu auch Lust – schon gar nicht täglich.

Was beim Springen zu beachten ist

1. SchülerInnen, für die das Springen vorgeschlagen wird, sollten von ihren intellektuellen Voraussetzungen her im oberen Bereich der aufnehmenden Klasse liegen.

2. Zeigen die Schülerinnen nur in einem Bereich unterdurchschnittliche Leistungen im Vergleich zur aufnehmenden Klasse, können die Defizite durch Unterstützung aufgefangen werden. Wenn jedoch die überdurchschnittlichen Fähigkeiten nur in einem Fach deutlich werden, dann sind eine fachbezogene Akzeleration bzw. außerschulische Förderung vorzuziehen.

3. LehrerInnen sind manchmal unnötig pessimistisch in bezug auf die „emotional-soziale Reife“ von SchülerInnen. Bei Hochbegabten verwechseln sie möglicherweise schlechtes Benehmen, das von der Unzufriedenheit mit unangemessene Lern- und soziale Bedingungen stammt, mit Unreife oder Verhaltensstörungen. Die Beurteilung der emotional-sozialen Reife sollte deshalb die Beurteilung der Eltern und einer erfahrenen Diplompsychologin mit einbeziehen.

4. Die SchülerInnen sollten keine ernsthaften emotionalen und sozialen Probleme haben. Außerdem sollten sie Durchhaltevermögen und hohe Motivation zeigen. Falls Probleme jedoch durch vorhergehende lang anhaltende Unterforderung bzw. durch den Mangel an entwicklungsgleichen FreundInnen verursacht wurden, können sie durch Akzeleration behoben werden.

5. Die Körpergröße sollte nur insofern in Betracht gezogen werden, wenn das Kind sehr an Mannschaftssport interessiert ist und später sportliche Wettbewerbe eine Rolle spielen könnten.

6. Es sollte soweit wie möglich sichergestellt werden, dass die SchülerInnen nicht unter Druck gesetzt werden zu springen. Die Eltern sollten dem Springen positiv gegenüberstehen, aber die SchülerInnen müssen es selbst wollen, sie sollten die letzte Entscheidung treffen. Das gilt auch schon für die Grundschule.

7. Die aufnehmenden LehrerInnen sollten dem Springen positiv gegenüberstehen und bereit sein, den SchülerInnen bei der Eingewöhnung zu helfen. Sind sie ablehnend oder pessimistisch, sollte überlegt werden, ob sich das

Springen zeitlich verschieben lässt, ob eine Parallelklasse gefunden werden kann, oder ob es sinnvoll ist, die Schule zu wechseln.

8. Der beste Zeitpunkt für das Springen sowohl im Laufe der Schulzeit als auch im Laufe des Schuljahres ist der, zu dem die Unterforderung so deutlich wird, dass das Springen als sinnvolle Alternative erscheint. Eine grundsätzliche Verschiebung auf einen späteren Zeitpunkt ist demotivierend und fördert nicht das Sozialverhalten, sondern in erster Linie Schulmüdigkeit.

9. Die aufnehmenden LehrerInnen sollten informiert sein, wo die SchülerInnen noch besondere Bedürfnisse oder Schwächen haben. Auch die MitschülerInnen, u. U. auch die Eltern(vertreterInnen), der aufnehmende Klasse sollten vorher von der Klassenlehrerin auf angemessene Weise informiert werden, damit die SpringerInnen als „Neue“ akzeptiert werden.

10. Jedes Springen sollte probeweise stattfinden. Eine Probezeit von sechs Wochen sollte ausreichend sein. Die SchülerInnen sollten wissen, dass sie während der Probezeit jederzeit in die alte Klasse zurück dürfen. Während dieser Zeit sollte es für die SchülerInnen und die aufnehmenden LehrerInnen Beratungsmöglichkeiten geben.

11. Es sollte darauf geachtet werden, dass mit dem Springen nicht zu viele Erwartungen verbunden werden. Die SchülerInnen sollten nicht das Gefühl bekommen, dass sie versagt haben, wenn es nicht gut geht. Andererseits sind einige Hochbegabte in ihrer intellektuellen Entwicklung so weit, dass sie auch nach dem Springen wieder unterfordert sind. Für einige Hochbegabte können zusätzliche (binnendifferenzierende/ außerschulische) Angebote oder wiederholte Akzeleration notwendig werden.

12. Die Entscheidung über das Springen sollte auf Fakten und nicht auf Mythen beruhen. Die Forschungsliteratur zeigt, dass Akzeleration zur Verbesserung der Motivation und dadurch auch der Leistungen beitragen kann. Es wurden keine generellen negativen Effekte in bezug auf die soziale und emotionale Entwicklung gefunden. Falls es Eingewöhnungsprobleme gab, waren sie in der Regel gering und kurzfristig. Wird dagegen das Springen gegen den Wunsch der SchülerInnen abgelehnt, kann das zu einer schlechten Arbeitshaltung, Apathie, mangelnder Motivation und Fehlanpassung führen. (unter Verwendung von Feldhusen u. a. 1986; Kraus 1986; Rimm u. a. 1992a; 1992b; in: Heinbokel 1996).

Das Überspringen von Klassen kann ein Mittel sein, ein Kind (wieder) in eine Gruppe zu integrieren. Wenn auf Grund sehr unterschiedlicher Begabungen sehr intensiv differenziert werden muss, kann das zu Spannungen in der Klasse führen: nur wenigen Kindern gefällt es, ständig herausgehoben und vorgeführt zu werden, die Klasse ist ärgerlich wegen der Dauerextrawürstchen, die Lehrerin gestresst wegen der vielen zusätzlichen Arbeit. In der höheren Klasse sind nach dem Springen die Unterschiede zwischen dem Lernvermögen des Kindes und seiner Mitschülerinnen nicht ganz so groß, so dass es weniger zu Spannungen kommt.

Das Überspringen von Klassen ist nicht an besondere äußere Gegebenheiten gebunden und an allen Schulen leicht durchzuführen. Es ist nicht elitär, da die Kinder danach in der gleichen sozialen Gruppe sind wie vorher. Wurden sie spät eingeschult, sind sie auch nicht übermäßig viel jünger. Wenn das richtige Kind im richtigen Moment in die höhere Klasse wechselt und von den Erwachsenen angemessen unterstützt wird, ist das Springen allen Erfahrungen und Untersuchungen zufolge weder emotional noch intellektuell eine besondere Belastung. Die Frage, mit der sich vor allem die Fachleute – PädagogInnen und PsychologInnen – auseinandersetzen müssen, lautet: Welches ist das richtige Kind? Und wann ist der richtige Moment? Neben den Forschungsergebnissen sind wie bei allen pädagogischen Fragen hier langjährige Erfahrungen von Fachleuten ein wichtiger Entscheidungsfaktor.

Was nützt das Überspringen?

Was nützt das Überspringen? So lautete die Frage für diesen Aufsatz. Die wesentlichen Punkte wurden in diesem Aufsatz dargestellt, mögliche Probleme wurden benannt. Die wichtigsten seien hier noch einmal aufgelistet:

1. Die Schülerinnen und Schüler sind nach dem Springen – manchmal zum ersten Mal, manchmal wieder – zufriedener mit der Schule.

Sie haben nicht unbedingt besonders gute Noten, aber das scheint für viele Kinder und Jugendliche und deren Eltern weniger wichtig zu sein als eine größere Zufriedenheit mit einem Bereich, der einen wesentlichen Teil ihre Lebens ausmacht.

2. Die „richtige" Gruppe in der Schule erleichtert die soziale, emotionale und intellektuelle Integration.

Da die SpringerInnen entweder auf Grund einer besonders hohen Begabung oder – in der Grundschule – einer verspäteten Einschulung ihren MitschülerInnen intellektuell voraus sind, sind sie nach dem Springen in einer Klasse, in der sie eher intellektuelle und damit auch emotionale Peers finden. Das erleichtert die soziale Integration erheblich und führt, wie Untersuchungen belegen (Stadt Köln 1993; Heinbokel 1996), dazu, dass sich die psycho-soziale Situation der Kinder und Jugendlichen oft ohne weitere psychologische oder pädagogische Eingriffe verbessert.

3. Schülerinnen und Schüler, die in der für sie „richtigen" Klasse sind, lernen zu lernen. Auf Dauer lösen nur diejenigen Noten Zufriedenheit aus, für die ein gewisses Maß an Anstrengung nötig war. Für alle SchülerInnen gilt, dass nur ein Motiv stark genug (ist), dass es über viele Jahre hinweg als

> Treibsatz für immer neue Lernanstrengungen wirken kann: das Erlebnis des Erfolgs, (...). Wenn wir also ein Kind zum Arbeiten und Lernen bringen wollen, müssen wir es auch Erfolge erleben lassen. (...) Eine Maßnahme nur darf nicht dazugehören: die Anforderungshürde so tief zu senken, dass sie mühelos zu bewältigen ist. Gerade für die Kinderfreunde unter uns ist die Versuchung, diesen Fehler zu begehen, groß. Niemand erlebt Thorndikes „Lustgefühl", wenn er sich nicht zuvor angestrengt hat. (...) So lautet das Motto auch fürs Lernen: erst Anstrengung, dann Erfolg (Sennlaub 1995, S. 30).

Das oben Gesagte bedeutet, dass Ratschläge wie die folgenden, in denen grundsätzlich vom Springen abgeraten wird, eher schaden als dass sie unterforderten Schülerinnen und Schülern nützen.

Eltern for Family 8/1999

Meine Tochter kommt jetzt in den dritte Klasse. Gegen Ende des vergangenen Schuljahres hatte sie bereits keine Lust mehr, in die Schule zu gehen. Sie sagte, sie würde ja sowieso nichts Neues lernen. Soll ich sie eine Klasse überspringen lassen, damit sie in der Schule wieder gefordert wird?

„In der Grundschule nicht!"

(Klaus Wenzel, Leiter der Abteilung Schul- und Bildungspolitik im Bayrischen Lehrer- und Lehrerinnenverband und Vater von drei Kindern)

Fachmann ohne Erfahrung mit Akzeleration	*Forschungsergebnisse*
Prinzipiell bin ich dagegen, dass ein Kind in der Grundschule eine Klasse überspringt. In diesem Alter ist es sehr wichtig, dass das Kind lernt, sich in eine Klassengemeinschaft einzugliedern und seine sozialen Beziehungen innerhalb der Gruppe zu festigen. Beim Überspringen muss es die gewohnte Klasse verlassen.	Sowie sich herausstellt, dass ein Kind im Unterricht *langfristig erheblich* unterfordert sein wird, sollte die Frage des Springens überdacht werden – auch und gerade in der Grundschule. Je länger ein Kind unterfordert ist, um so mehr Probleme können sich entwickeln und verfestigen, um so schwerer greifen spätere Hilfsangebote und Therapien. Fehlende Gesprächspartner für die eigenen Interessen fördern nicht die soziale Integration. Die gewohnte Klasse ist nicht per se gut.
Die Eltern sollten daher lieber mit der Lehrerin sprechen und überlegen, wie ihr Kind im bisherigen Klassenverband gefördert werden kann.	Eltern versuchen erfahrungsgemäß ihr Kind möglichst lange in der Klasse zu belassen, in der es durch Zufall landete. Die genannten Überlegungen finden in der Regel statt, so dass der Rat an dieser Stelle nicht hilfreich ist.

So kann die Lehrerin begabten Schülern zum Beispiel zusätzliches „Lernfutter“ mitbringen – attraktiver Zusatzstoff, den die lernstarken Kinder als Belohnung bearbeiten dürfen.	SchülerInnen, die für das Springen in Frage kommen, sind ihren Mitschülerinnen in der Regel *erheblich* voraus. • Es ist schwierig, für sie über Jahre hinweg „attraktiven Zusatzstoff“ zu finden. – • Die Kinder sehen nicht ein, warum sie stundenlang Aufgaben lösen müssen, die sie als „unattraktiv“ weil zu leicht erleben, um als „Belohnung“ noch mehr arbeiten zu müssen. • Mache Kinder nehmen den Zusatzstoff nicht an, weil er entweder ihren Interessen nicht entspricht, nicht anspruchsvoll genug ist oder weil sie nicht aus der Gruppe herausgehoben werden wollen.
Oft kann es auch hilfreich sein, das begabte Kind mit schwächeren Schülern zusammensetzen, damit es ihnen helfen kann. Dieses Helfersystem fördert nicht nur das soziale Lernen, sondern stärkt auch die Persönlichkeit.	In der Schule sollten *alle* Kinder ihre sozialen Fähigkeiten entwickeln. Helfen als Ersatz für intellektuelles Lernen fördert weder das soziale Lernen noch stärkt es die Persönlichkeit, sondern vermehrt die Unzufriedenheit mit der Schule.
Zusätzlich können die Eltern ihr Kind auch außerschulisch fördern, zum Beispiel durch gute Lernspiele am Computer, Sport- und Musikunterricht oder durch gemeinsame Museumsbesuche. Sie sollten dabei aber nicht zuviel Ehrgeiz entwickeln, denn Ihr Kind muss noch genügend Zeit haben, mit anderen Kindern zu spielen, Sport zu treiben und seine Freizeit genießen.	Zusätzliche Förderung am Nachmittag ist kein Ersatz für stundenlange tödliche Langeweile am Vormittag. Außerdem sind berufstätige Eltern damit überlastet. Richtig angeboten *sind* Computer, Sport- und Musikunterricht und Museumsbesuche Freizeitangebote, die genossen werden. Nicht zuviel Genuss?
Ich halte das Überspringen nur für sinnvoll, wenn wegen ungünstiger äußerer Bedingungen (z. B. große Klasse, fehlende Lehrerstunden) eine Zusatzförderung im Unterricht nicht möglich ist.	Warum sollten Kinder nur aus einer Negativsituation heraus (zu große Klassen, fehlende Lehrerstunden) springen? Bei günstigen Bedingungen (das Kind ist ausgelastet und fühlt sich wohl) taucht die Frage des Springens sowieso selten auf.

Bei der Entscheidung sollte man unbedingt den Schulpsychologen zu Rate ziehen.	Unerfahrene LehrerInnen sollten Fachleute zu Rate ziehen. LehrerInnen, die Erfahrungen mit Hochbegabung haben (Fortbildung, Literatur, Umgang mit den Kindern), können entscheiden, wann ein Springen angemessen ist, wann nicht und wann zusätzliche Beratung durch Fachleute nötig ist.

Literatur

Benbow, Camilla P. (1992): Progress in Gifted Education – Everywhere but here!, in: Gifted Child Today, 15 (2), S. 2-8

Burbat, Christa (1984): Schule muss an die Ausgangslage der Kinder anknüpfen, in: Erziehung und Wissenschaft Niedersachsen, 12, S. 16

Feldhusen, John F. / Proctor, Theron B. / Black, Kathryn N. (1986). Guidelines for Grade Advancement of Precocious Children, in: Roeper Review, 9 (1), S. 25-27

Gross, Miraca M. (1993). Exceptionally Gifted Children, Routledge, London

Habermalz, Wilhelm und Knudsen, Holger, (Hrsg.) (1995). Schulrecht, Ausgabe für das Land Niedersachsen. G 5, Schulrecht Nds. Erg.-Lfg. 81, November, S. 19.

Heinbokel, Annette (1995). Hochbegabung und das Überspringen von Klassen, Schulverwaltung Niedersachsen, 6/7, S. 133 f

Heinbokel, Annette (1996). Überspringen von Klassen. Münster, Lit Verlag

Jäger, Hermann (1972): Das „Fürther Modell", Bericht über Aufbau und Erfahrung mit dem Leistungszug, unveröffentlichtes Manuskript

Klein, Helmut (1986). Stand, Probleme und Entwicklungstendenzen der Förderung besonders begabter Kinder und Jugendlicher in der DDR. In Bundesminister für Bildung und Wissenschaft (Hrsg.) Hochbegabung – Gesellschaft – Schule (S. 51-66) Bad Honnef : K. H. Bock Verlag

Kraus, Josef (1986): Hochbegabte, in: Honal, W. H. (Hrsg.). Handbuch der Schulberatung, Moderne Verlagsgesellschaft, Landsberg / Lech, S. 1-23

Ministerium für Bildung, Wissenschaft und Weiterbildung Rheinland-Pfalz (Hrsg.) (1997). Entwicklung und Erprobung von Modellen der Begabtenförderung am Gymnasium mit Verkürzung der Schulzeit, Abschlußbericht. Mainz: v. Hase und Köhler Verlag

Prado, Tania M. und Schiebel, Wolfgang, (1996). Entwicklung und Erprobung eines Modells zur Förderung besonders begabter Schülerinnen und Schüler durch Fördermaßnahmen zur Verkürzung der Schulzeit, Ergebnisse – Kurzzusammenfassung. Unveröffentlichtes Papier. Hamburg: Universität Hamburg, Psychologisches Institut II.

Reitmajer, Valentin, (1988). Überspringen einer Jahrgangsstufe am Gymnasium als Fördermaßnahme für besonders begabte Schülerinnen und Schüler. München: Staatsinstitut für Schulpädagogik und Bildungsforschung.

Reitmajer, Valentin, (1989). Überspringen einer Jahrgangsstufe in der Grundschule als Fördermaßnahme für besonders begabte Schülerinnen und Schüler. München: Staatsinstitut für Schulpädagogik und Bildungsforschung.

Rimm, Sylvia B. / Lovance, Katherine J. (1992a): The Use of Subject and Grade Skipping for the Prevention and Reversal of Underachievement, in: Gifted Child Quarterly, 36 (2), S. 100-105

Rimm, Sylvia B. / Lovance, Katherine J. (1992b): How Acceleration may Prevent Underachievement Syndrome, in: Gifted Child Today, 15 (2), S. 9-14

Rost, Detlef H. (Hrsg.) (1993): Lebensumweltanalyse hoch begabter Kinder, Hogrefe, Göttingen

Sennlaub, Gerhard (1995): Mach's gut, AOL-Verlag, Lichtenau
Stadt Köln, Dezernat für Schule, Weiterbildung und Sport (Hrsg.) (1993): Entwicklung und Erprobung von Konzepten der Lehrer-, Eltern- und Schulumfeldberatung zur integrierten und individualisierten Förderung besonderer Begabungen im Grundschulbereich, Abschlußbericht über einen Modellversuch, Köln
Southern, W. Thomas / Jones, Eric D. (1992): The Real Problems with Academic Acceleration, in: Gifted Child Today, 15 (2), S. 34-39

Ulrike Stedtnitz

Das Schulische Enrichment Modell SEM - Begabungsförderung ohne Elitebildung[1]

In den USA von den Professoren Sally Reis und Joseph Renzulli entwickelt, fasst ein innovativer und praktischer Ansatz zur Begabungsförderung auch hier zu Lande Fuß. Dabei werden einige der hartnäckigen Probleme, aufgrund derer viele herkömmliche Fördermodelle nur wenig zu überzeugen vermochten, elegant umschifft.

„Es gibt niemand Besonderes, es gibt nur Leute, die etwas Besonderes tun“ – dies sagte Ralph Krüger, der Schweizer Eishockeytrainer, 1999 nach dem sensationellen Sieg der Schweiz über Russland. In vielen herkömmlichen schulischen Modellen zur Begabungsförderung sind Schüler schon ab einem recht willkürlich bestimmten Intelligenzwert – in der Regel IQ 130 – jemand Besonderes. Fachleute in den USA, und nicht nur dort, bezweifeln allerdings zunehmend die Wirksamkeit von Förderprogrammen, zu denen Schüler ausschließlich aufgrund von hohen Schulleistungen oder Intelligenztestwerten Zugang gewinnen. Statt dessen lenkt sich das Augenmerk der Fachleute in den letzten Jahren immer mehr auf die Beschaffenheit eines Umfelds, das Hochleistungen erst möglich macht. Eine überraschende Erkenntnis ist, dass sich viele der ursprünglich auf Förderprogramme beschränkten Maßnahmen auch in öffentlichen Regelschulen als äußerst brauchbar erwiesen haben.

Das Schulische Enrichment Modell SEM ist ein kostengünstiges Maßnahmenpaket (Abb.1 und 2) für die gezielte Entwicklung der Fähigkeiten und Stärken aller Schüler, auch derjenigen mit Teilleistungsstörungen oder Lernschwierigkeiten.

---

[1] Der Text wurde leicht adaptiert aus: Stedtnitz, U. Begabungsförderung ohne Elitebildung. Das Schulische Enrichment Modell. Neue Zürcher Zeitung, Beilage Bildung und Erziehung, 18.9.2001.

Abb.1: Das Schulische Enrichment Modell SEM[2]

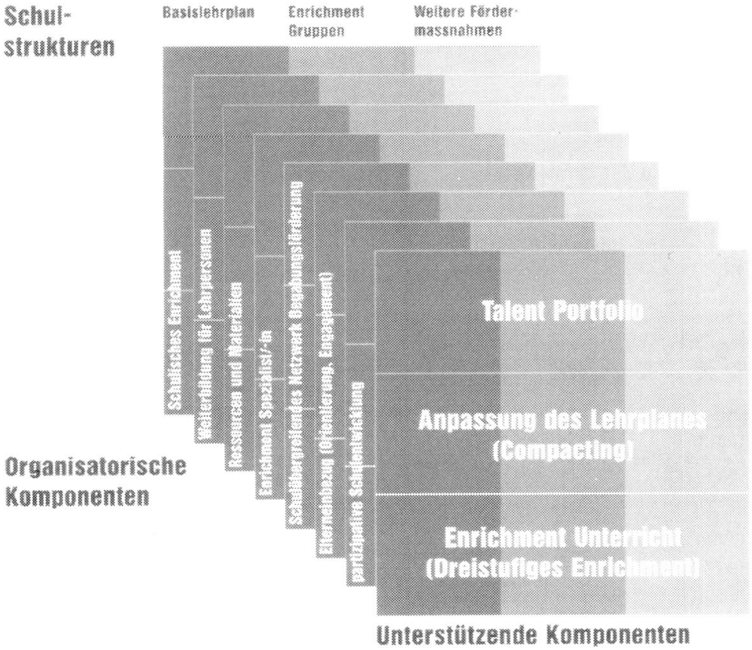

[2] Die Illustrationen dieses Beitrags stammen aus: Renzulli, J.S., Reis, S.M. und Stedtnitz, U. Das Schulische Enrichment Modell SEM. Begabungsförderung ohne Elitebildung. Aarau: Bildung Sauerländer, 2001.

Abb.2: Fördermaßnahmen zur Talententwicklung

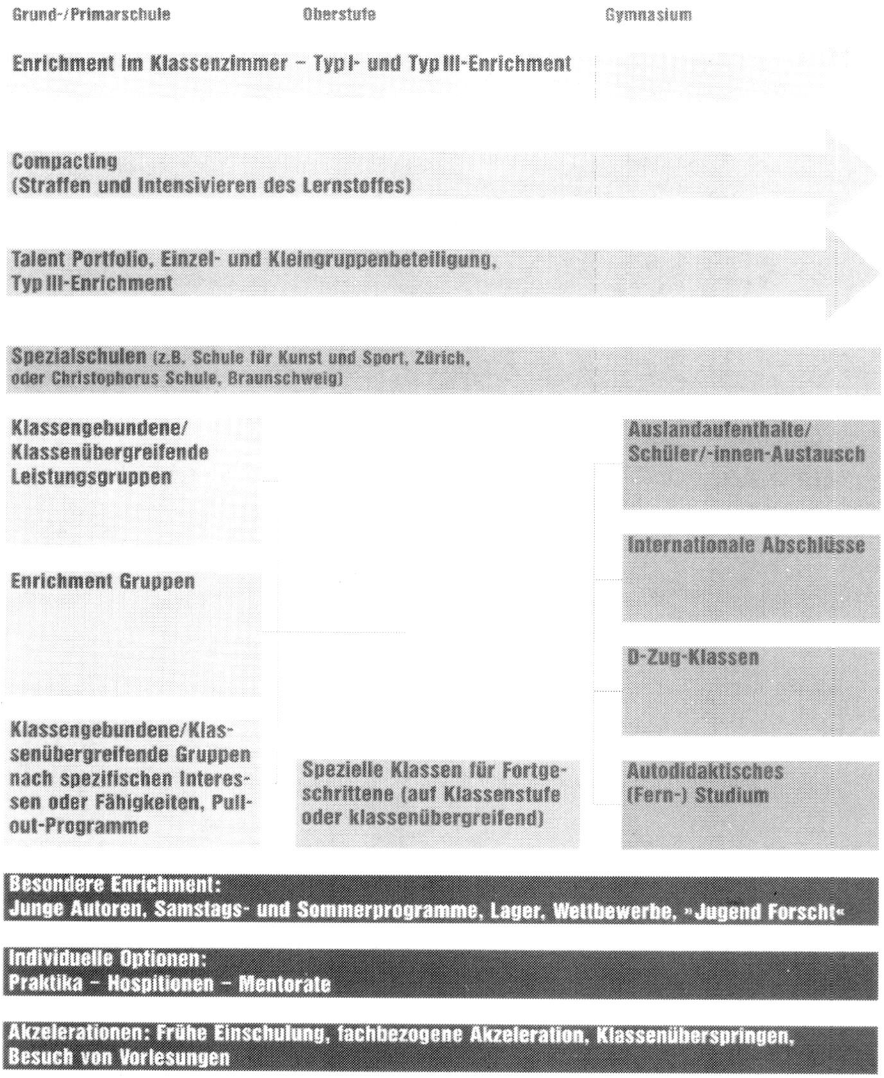

Das Modell hat sich auf allen Stufen und in Schulen jeglicher Größe bewährt. Dass auch der kulturelle Transfer glückt, davon zeugen die spanische, japanische, chinesische und nun auch deutsche Adaption des Grundlagenbuchs über das SEM. Die konzeptionellen Wurzeln des Modells liegen in neuen Sichtweisen menschlicher Fähigkeiten wie bei Sternberg (Yale) oder Gardner (Harvard)

und bei dem von Piaget, Bruner und Dewey mitbegründeten konstruktivistischen Ansatz.

Im Herbst 2000 organisierte das schweizerische Netzwerk für Begabungsförderung in Zusammenarbeit mit der Schweizerischen Koordinationsstelle für Bildungsforschung in Aarau einen ersten Grossanlass mit Renzulli und Reis. Nicht erst seitdem ist das SEM nun im deutschsprachigen Raum ein Thema. Öffentliche Schulen in etlichen schweizerischen Kantonen arbeiten bereits mit Elementen des Modells, bereits gibt es in Stäfa bei Zürich mit „clix" auch eine erste SEM-Privatschule. Tagungen mit Renzulli und Reis in Deutschland sind im Herbst 2002 und im Frühling 2003 geplant.

Mit dem SEM etabliert sich eine neue Sichtweise in der Begabungsdiskussion (Abb. 3).

Abb.3 Gegensätze in der Begabungspädagogik

von der traditonellen (konservativen)	zur neuen (liberalen) Sicht
begabte Lernende identifizieren	hoch leistendes Verhairten identifizieren im Rahmen umfassender Begabungsförderungsprogramme
formale Identifikation mit dem Etikett (hoch) begabt	flexible Identifikation, Entwicklung von leistungsorientierten Verhaltensweisen
Gruppierung nach Fähigkeit	Gruppierung nach Interessen, Motivation, Lernstilen und Aufgaben
finanzielle Unterstützung pro Kopf	finanzielle Unterstützung pro Schule
spezielle Lehrpersonen für hoch begabte Schülerinnen und Schüler	Spezialistinnen/Spezialisten für das Schulische Enrichment Modell SEM
Alltagswissen: Die Gesellschaft kann profitieren, wenn sie die Fähigsten bestimmt	Alltagswissen: Jede Schülerin und jeder Schüler ist speziell, wenn man ihr/ihm die Gelegenheit gibt, in einem Spezialgebiet Spezialistin oder Spezialist zu sein
Es gibt nichts Ungleicheres als die Gleichbehandlung von Ungleichen	Hochleistung ist die Art und Weise, wie Lernende auf zunehmend komplexere Herausforderungen, Ressourcen und Ermutigungen reagieren

Nicht mehr die Definition und das Auffinden sogenannter „Hochbegabung" steht im Vordergrund. Vielmehr geht es um kreativ-produktive Hochleistung und die Frage, wie eine solche schon bei Schülerinnen zustande kommt. Es hat sich gezeigt, dass sich hervorragende Leistungen in der Regel durch die Interaktion von überdurchschnittlichen (aber nicht unbedingt weit überdurchschnittlichen) Fähigkeiten, von Kreativität und von intensivem Engagement für ein bestimmtes Fachgebiet ergeben (Abb. 4 und 5).

Abb.4 Die Drei-Ringe-Definition von Hochleistung

Abb.5 Hochleistungsverhalten: Eine Taxonomie von Verhaltensmerkmalen

Überdurchschnittliche Fähigkeiten

Allgemeine Fähigkeiten (»Allgemeinintelligenz«)

Abstraktes Denken, verbales und nummerisches Schlussfolgern, räumliches Denken, Gedächtnisfähigkeit und Sprachflüssigkeit

Anpassung an und Beeinflussung von neuen Erfahrungen

Automatisierung der Informationsverarbeitung

Spezifische Fähigkeiten

Der Einsatz von verschiedenen Kombinationen der allgemeinen Fähigkeiten in einem oder mehreren spezifischen Wissens- oder Tätigkeitsbereichen

Die Fähigkeit, formelles oder informelles Wissen, Techniken, Strategien und logistisches Wissen zu erwerben oder sinnvoll einzusetzen

Die Fähigkeit, relevante und irrelevante Informationen zu unterscheiden, die ein bestimmtes Problem oder einen bestimmten Studien- oder Leistungsbereich betreffen

Engagement

Die Fähigkeit, ein hohes Ausmass an Interesse, Begeisterung, Faszination und Engagement in Bezug auf einen bestimmten Problembereich, ein Wissensgebiet oder eine Form menschlichen Ausdrucks zu entwickeln

Ausdauer, Beharrlichkeit, Entschlossenheit, harte Arbeit und Hingabe

Selbstvertrauen, Ich-Stärke und das Vertrauen in die eigene Fähigkeit, wichtige Aufgaben durchführen zu können. Leistungsmotivation und Mangel an Minderwertigkeitsgefühlen

Die Fähigkeit, wesentliche Herausforderungen und Problemstellungen innerhalb eines bestimmten Bereichs auszumachen

Für die eigene Arbeit einen hohen Standard setzen

Kreativität

Vorstellungsreichtum, Flexibilität und Originalität im Denken

Offenheit für Erfahrungen

Neugierig, abenteuerlich und geistig spielerisch

Sensibel für Details, für ästhetische Merkmale von Ideen und Dingen

Menschen mit einer brennenden Liebe zu ihrem Thema sind diejenigen, die sportliche Abläufe neu optimieren, innovative Unternehmen schaffen, ganze Wissensdomänen neu definieren und generell die Grenzen menschlicher Aktivität maßgeblich erweitern. Die Begeisterung für ein bestimmtes Thema, die Erwachsene zu ihren besten Leistungen antreibt, lässt sich auch schon bei Schülerinnen ausmachen. Und nicht nur bei wenigen: Unter günstigen schulischen Bedingungen, so zeigen empirische Untersuchungen der Universität Connecticut, unterscheiden sich eigenständige Projekte von Schülern mit sehr hohen und mit nur leicht überdurchschnittlichen Intelligenztestwerten qualitativ in keiner Weise.

In Schulen, die mit dem SEM arbeiten, wird allen Schülern regelmäßig eine Vielzahl von Anreizen über den Basislehrplan hinaus angeboten – teilweise von Erwachsenen aus der Berufswelt. Das Herzstück des Modells sind eigenständige Projekte für diejenigen Schülerinnen, die sich intensiv engagieren wollen. Daneben erhalten alle Schüler und punktuell auch Einzelne gezieltes Training in Fertigkeiten, die für die Bearbeitung anspruchsvoller Projekte wesentlich sind: wirksame mündliche und schriftliche Kommunikation, Untersuchungsmethoden, Recherchen, ethische Überlegungen, sozial-emotionale Kompetenzen und weitere mehr.

Eines der innovativsten Elemente innerhalb des SEM sind Enrichment Gruppen für alle Schüler. Konkret kann das heißen, dass die ganze Schule für zwei Wochenstunden interessenbasierte Gruppen unter der Leitung von engagierten und begeisterten Fachleuten durchführt. Während dieser Enrichment Gruppen sollen die Kinder lernen, möglichst wie Fachleute zu denken und zu handeln, eine echte Problemstellung zu definieren und ein entsprechendes Produkt oder eine Dienstleistung umzusetzen. Die Vorbehalte gegenüber pädagogischen Laien als Gastmentoren werden dabei nachhaltig entkräftet. Bei Bedarf begleitet zusätzlich eine Lehrperson die Gruppen, es gibt auch in schwierigen Gegenden kaum disziplinarische Probleme.

Obwohl Elemente des SEM auch modular eingesetzt werden können, lässt sich das SEM am besten im Zug umfassender Schulentwicklung umsetzen, da ein tragendes Team von Lehrpersonen und die administrative Unterstützung wesentlich sind.

Im Hinblick auf eine noch unbekannte, aber ganz sicher komplexe und anspruchsvolle Zukunft können wir es uns schlichtweg nicht leisten, motivierte und engagierte Schüler auszugrenzen, nur weil ihnen einige IQ-Punkte fehlen. Alle Interessen, Talente und Stärken sollten willkommen sein, so unkonventionell sie auf den ersten Blick auch erscheinen mögen.

II. „Die werden hier richtig 'rangenommen." Beispiele der Arbeit mit Hochbegabten in der Schule

Erika Risse

Das hochbegabte Kind – gefördert oder unterfordert an einem normalen Gymnasium?

Wohin schicken Eltern ihr Kind, wenn sie feststellen, dass es in der Grundschule gute oder sogar sehr gute Schulleistungen hat und sie vermuten, dass es besonders begabt ist? In der Regel auf ein Gymnasium, und fast immer auf eine Schule, die in erreichbarer Nähe ist und auf die auch die Freundinnen und Freunde gehen – also auf ein ganz normales Gymnasium, von dem man annimmt, dass es sich um die leistungsstarken, die begabteren und die besonders begabten Kinder kümmert.

Der folgende Beitrag soll einige wesentliche Aussagen zur Begabtenförderung auf den Prüfstein der „real existierenden" Schulpraxis stellen, dies unter den Gesichtspunkten der Umsetzbarkeit und der Akzeptanz im öffentlichen Schulwesen. Allgemeine Aussagen zur Begabtenförderung werden an den Forderungen an eine neue Lernkultur, die individualisiertes Lernen in den Mittelpunkt stellt, und an der Schulrealität eines Gymnasiums in Nordrhein-Westfalen, dem Elsa-Brändström-Gymnasium Oberhausen, exemplarisch gespiegelt.

Die Schule, die hier exemplarisch als Spiegel „herhalten" soll, das Elsa-Brändström-Gymnasium Oberhausen, ist

- weder eine Spezialschule mit Spezialprofil,
- noch hat sie ein Internat für hochbegabte Kinder und Jugendliche,
- noch ist sie eine Privatschule, die nach eigenen Kriterien Kinder aufnehmen kann.

Sie ist ein öffentliches Gymnasium mit dem üblichen öffentlich verantworteten Bildungsauftrag, mit den üblichen organisatorischen und finanziellen Rahmenbedingungen; sie arbeitet nach den nordrhein-westfälischen Richtlinien und Lehrplänen. Die Schule ist ein Gymnasium im Zentrum einer Großstadt, Schülerzahl: 1.150 (5-zügig), Größe des Kollegiums: 75 Lehrerinnen und Lehrer.

Der Schwerpunkt im folgenden Beitrag liegt auf der Darstellung einer veränderten Lernkultur, die für alle Schülerinnen und Schüler, auch für die besonders begabten, einen angemessenen Forder- und Förderraum bietet.

Schulprogramm als Garant für die schulische Arbeit

Die Frage, ob eine Schule besonders begabte Kinder und Jugendliche wirklich fördert, sollte aus dem Schulprogramm einer Schule ersichtlich sein. Das Schulprogramm gibt mittlerweile in der Regel die Schwerpunkte für die Arbeit der Schule vor; auf das Schulprogramm hat sich die Schulgemeinde – in der Regel durch Abstimmung in der Schulkonferenz oder einem ähnlichen Gremium – geeinigt. Zu achten wäre also bei der Lektüre eines Schulprogramms darauf, ob es in der Beschreibung des Lernkonzepts der Schule nach unterschiedlichen Begabungen differenziert.

Am Elsa-Brändström-Gymnasium Oberhausen, also an der Schule, die hier besonders dargestellt werden soll, hat man sich seit einigen Jahren verpflichtet, für unterschiedliche Schülergruppen Förderprogramme zu erstellen, so auch für die Gruppe der besonders Begabten oder der Hochbegabten.

Im Schulprogramm des Elsa-Brändström-Gymnasiums (*ELSA*) steht, dass „vorhandene Fähigkeiten und Fertigkeiten zu entdecken, zu fördern und zu entwickeln" sind. Das haben wir uns in allen Klassen zur Aufgabe gemacht. Dennoch kann man sich der Erkenntnis nicht verschließen, dass es Kinder gibt, die in besonderer Weise spezielle Begabungen haben, z. B. im naturwissenschaftlichen, musischen oder in einem anderen Bereich. Sie sollen am Elsa-Brändström-Gymnasium ein Recht auf individuelle Förderung haben.

Im Rahmen einer integrierten Förderung sorgen wir dafür, dass die Kinder mit ihrer Begabung nicht allein bleiben, sondern in einer Gruppe Freunde finden, die ihnen gleichberechtigte Partner sind. Wir wissen, dass dies ein wesentlicher Baustein für ein „Haus des Lernens" ist, in dem auch diese Kinder sich wohl fühlen können. Mit diesem Ziel sind wir übrigens nicht allein, sondern sind seit mehr als zwei Jahren gemeinsam mit 5 weiteren Schulen Mitglied in einem „Lernnetzwerk zur Förderung besonderer Begabungen" bei der Bertelsmann Stiftung.

Die Förderung von Kindern mit besonderer Begabung findet am *ELSA* ausschließlich integriert statt, also nicht in einer gesonderten Klasse oder einem Zug. Eine Klassengemeinschaft besteht immer aus Kindern mit unterschiedlichen Begabungen. In ihr sollen auch die besonders begabten Kinder ihren Platz finden, aus gutem Grund. Wichtig für die persönliche Entwicklung *aller* Kinder ist, dass ihre sozialen Fähigkeiten neben den kognitiven und kreativen sich entfalten. Deshalb legen wir darauf großen Wert und leiten in diesem Zusammenhang die Kinder mit besonderen Begabungen gezielt an, Verantwortung für die Gemeinschaft zu übernehmen; dies wiederum ist eine Herausforderung für solche Kinder und Jugendliche (und damit auch eine spezielle Förderung). In einer Untersuchung von Marburger Wissenschaftlern (Rost u. a.) heißt es, dass besonders intelligente Kinder sich eher sozial geschickter verhalten und etwas fröhlicher sind. Das erreichen und erhalten wir aber nur, wenn wir die Kinder auch mit ihren spezifischen Begabungen ernst nehmen und ihnen Raum geben, sich zu entfalten.

Die bisher genannten Ziele beziehen sich auf das pädagogische Leitbild im Schulprogramm des Elsa-Brändström-Gymnasiums, das wir nach Vorschlägen aus der Schülerschaft mit „Unser Menschenbild" betitelt haben. Hier die Einleitung dazu:

Historisch gewachsene Menschenbilder gibt es viele. Es gibt kein einheitliches Menschenbild.

An unserer Schule legen wir Wert auf

- *die Entwicklung als Individuum in der Gesellschaft, also auch in der Schule*
- *die Entdeckung, dass der Mensch eine Einheit ist, Einheit von Verstand und Gefühl, von Körper und Geist, von Theorie und Praxis*
- *die Achtung der Menschenwürde*
- *Toleranz und Offenheit für andere und deren Anderssein*
- *Bereitschaft zur Interaktion*

Wenn dort steht „Toleranz und Offenheit für andere und deren Anderssein", so ist damit auch gemeint, dass unterschiedlich begabte Kinder und Jugendliche – soweit sie für das Gymnasium als Schulform geeignet sind – in ihrer Unterschiedlichkeit wahr genommen und geschätzt werden sollen.

Das Schulprogramm des Elsa-Brändström-Gymnasiums, das die Grundsätze des Leitbildes aufgreift, sieht dementsprechend die unterrichtliche und fachliche Förderung besonders begabter Kinder ausdrücklich vor (s. die Übersicht über das Schulprogramm in Anhang 1).

Unter dem Kapitel „Lernformen" heißt es im Weiteren:

LERNFORMEN:

Lernen findet in Dimensionen statt, die sich aus den Bedingungen und Traditionen unserer Schule ergeben haben.

Die in Nordrhein-Westfalen gültigen Richtlinien und Lehrpläne bilden den Rahmen für den Unterricht. Wie dieser Rahmen gefüllt wird, ist Sache der einzelnen Schule. So gestaltet jede Schule ihr eigenes Bild. Wenn dieses Bild und nicht nur der Rahmen im Mittelpunkt der Betrachtungen steht, haben wir ein lebendiges Haus des Lernens vor uns. Lernen vollzieht sich darin in unterschiedlichen Formen.

Zur Schule gehören Aneignung von Wissen und der Umgang damit. Dem *FACHUNTERRICHT* kommt daher eine tragende Rolle zu.

Unsere sich schnell entwickelnde Gesellschaft besteht aus Individuen, die sich ein Leben lang ihr Fachwissen, ihre Lernmethoden und ihre soziale Kompetenz in unterschiedlicher Weise aneignen. *OFFENE UNTERRICHTSFORMEN* ermöglichen es, vorhandene Fähigkeiten und Fertigkeiten zu entdecken, zu fördern und zu entwickeln. Dazu gehört die Förderung von Kindern und Jugendlichen auf unterschiedlichen Leistungsebenen: Wir fördern gleichermaßen *LANGSAMER LERNDENDE UND BESONDERS BEGABTE KINDER* mit unterschiedlichen Lernformen, wo immer dies möglich ist. Wir bemühen uns um die Integration ausländischer Schülerinnen und Schüler, selbst wenn sie noch nicht Deutsch sprechen.

Auf diesen Wegen befindet sich das Elsa-Brändström-Gymnasium vor allem mit seiner *FREIARBEIT UND PROJEKTARBEIT.*

Der Fachunterricht und der Offene Unterricht werden wesentlich durch die an der Schule handelnden Personen bestimmt. Da Schulzeit Lebenszeit ist, wird die *GESTALTUNG DES SCHULLEBENS* ein Grundprinzip des schulischen Handelns. Die Form dieses Handelns bestimmen alle an der Schule aktiven Personen. Die Inhalte der Aktivitäten gehen dabei oft über den Fachunterricht hinaus.

Viele Projekte erweitern die Schule nach außen. Die *ÖFFNUNG DER SCHULE* wird zur Selbstverständlichkeit, wenn Experten von außen hereinkommen, die Schülerinnen und Schüler das Schulgebäude verlassen und das Lernen auf diese Weise nicht am Schultor endet. Genauso wirkt das Umfeld zurück auf die Schule. Die Bedingungen dieses Umfeldes werden zu einem Baustein des Schulprofils.

Im Folgenden soll erläutert werden, wie bei der Umsetzung dieser programmatischen Aussagen auch besonders begabte Kinder und Jugendliche zu ihrem Recht kommen.

Das Lernarrangement am Elsa-Brändström-Gymnasium: Umsetzung des Schulprogramms

Wenn mit den angeführten Aussagen des Schulprogramms ernst gemacht werden soll, bedeutet dies, dass der Unterricht und damit die Lernkultur am *ELSA* sich vom üblichen Unterricht radikal unterscheiden müssen. Die Individualisierung der Lernprozesse muss einen erheblich größeren Raum einnehmen. Dies erreichen wir vornehmlich durch

- offenen Unterricht (Freiarbeit und Projektarbeit) in den Jahrgängen 5 bis 10 mit zwischen 4 und 6 Wochenstunden
- die Möglichkeit, mit außerschulischen Partnern zu kooperieren
- eine individuelle Leistungsbeobachtung sowohl in der Reflexion des eigenen Lernprozesses (z. B. durch Lerntagebücher) als auch durch eine individuelle Dokumentierung des Erreichten (durch speziell entwickelte Anlagen zum Zeugnis).

Diese Verfahren sind nicht auf die Gruppe der besonders begabten Schülerinnen und Schüler beschränkt, durch das Prinzip der Individualisierung profitieren diese aber genauso wie andere für ihre eigene Lernsituation davon.

Offener Unterricht (Freiarbeit und Projektarbeit) stellt keine Beliebigkeit im Angebot dar. Vielmehr muss jederzeit Rechenschaft gegenüber Eltern und Schülern abgelegt werden können. Es müssen individuelle Lernbiografien verbindlich ausgehandelt und festgelegt werden, das Arbeitsmaterial ist neben dem Lehrer Impulsgeber und „Begleiter"; feste Lernreflexions-Phasen werden in den Lernprozess eingebaut. Dies alles geschieht vor dem Hintergrund eines Curriculums, das im Rahmen der allgemein in NRW geltenden Richtlinien und Lehrpläne und vor dem Hintergrund des schulspezifischen Schulprogramms entwickelt wurde. Dieses Curriculum ist jedoch so flexibel, Akzentsetzungen und Abweichungen zuzulassen, wo dies von den Beteiligten als sinnvoll und nutzbringend für den Lerner angesehen wird. Fachliches und fachmethodisches Lernen stehen dabei genauso im Zentrum von Schule wie die Möglichkeiten, soziale und emotionale Kompetenzen zu erwerben.

Schulen, die fachliches und überfachliches Lernen ernst nehmen, die Unterricht in weiten Bereichen individualisieren, Öffnung von Schule und die Kooperation mit außerschulischen Partnern ermöglichen und die Gestaltung des Schullebens zum Aufbau eines gedeihlichen Lernklimas nutzen, sind Schulen, in denen die Förderung unterschiedlicher Begabungen, also auch die besonders begabter

Kinder und Jugendlicher, gelingen kann. Wesentlich ist die Institutionalisierung solcher Maßnahmen und damit die Schaffung von Verbindlichkeit bei der Umsetzung dieser Lernkultur.

Am Elsa-Brändström-Gymnasium hat die Schulkonferenz 1997 mit ihrem Schulprogramm für diese Verbindlichkeit gesorgt, indem dort das für alle verbindliche Lernarrangement festgeschrieben wurde. So sind die Elemente eines methodisch differenzierten Unterrichts und offene Lernformen wie Freiarbeit und Projektarbeit feste Bestandteile einer innerschulischen Lernkultur. Diese hat das Ziel, dass Kinder und Jugendliche zunehmend selbstbestimmt lernen, weil so u. a. eine größere Effektivität und eine höhere Lernmotivation entstehen und nachhaltiger gelernt wird.

Wenn Kinder und Jugendliche selbstbestimmt lernen,

- übernehmen sie Verantwortung für ihren Lernprozess
- bestimmen die Inhalte zu einem großen Teil selbst
- schaffen ihr individuelles Lernarrangement (mit Methode, Zeit, Lernort und Partner)
- entscheiden über das Produkt und die Präsentation
- werden Lehrerinnen und Lehrer zunehmend zu Beratern und Moderatoren
- wird die Schule zu einem „Haus des Lernens".

Im offenen Unterricht arbeiten die Kinder und Jugendlichen zu selbstgewählten Themen in selbstgewählten Gruppen (auch jahrgangsübergreifend) in der Schule oder an anderen Lernorten. Die Selbststeuerung dieser Lernprozesse nimmt entsprechend dem Alter und der Fähigkeiten zu; entsprechend ist das angebotene Selbstlernmaterial zunehmend anspruchsvoller. Es können aber auch schon die Jüngeren mit „Lernverträgen" eigene kleine Projekte in Absprache mit den Fachlehrern planen und durchführen.

Die Einbindung von außerschulischen Partnern in den Unterricht im Sinne einer Schulöffnung bietet u. a. Ressourcen, die die Schule nicht hat, um eine Vielzahl an Angeboten zum außerunterrichtlichen Lernen zu machen. Andere Lernorte werden kontinuierlich in den Offenen Unterricht und den Fachunterricht einbezogen, so werden die Stadtgärtnerei, das Museum, die Universität, das Kinderheim, das Altenheim, die Asylbewerber-Unterkunft oder andere Institutionen am Ort zur Unterrichtsstätte, in denen nicht mehr nur Lehrer als Experten für Wissen, sondern Partner aus der Gemeinde oder aus den Instituten zur Verfügung stehen. Die Partner sind seit Beginn des Konzepts *Gestaltung des Schullebens und Öffnung von Schule* (NRW 1986) Teil einer umfassenden „Bildungsallianz", die den Unterricht und das individuelle Lernen im Offenen Unterricht an der Schule zunehmend mehr bestimmt haben und bestimmen.

Im Schulprogramm heißt es in diesem Zusammenhang:

„Zum Schulleben gehören der Unterricht und andere aus dem Unterricht erwachsende bzw. über den Unterricht hinaus gehende Aktivitäten. Gerade das *Praktische Lernen* erfordert das Aufsuchen anderer Lernorte, ...“

Wie sieht folglich konkret der individualisierte Stundenplan von Schülerinnen und Schülern am *ELSA* aus? Hier zwei Beispiele (s. Anhang 2):

Kevin und Lisa gehören zu den besonders begabten Schülerinnen und Schülern an der Schule. Sie gehen in Klassen der Jahrgangsstufen 9 und 10. Das Besondere ist, dass sie jahrgangsübergreifend parallel am Projektunterricht teilnehmen können, der im Stundenplan für die Jahrgänge 8 bis 10 einen gemeinsamen Block bildet; beide suchen mittwochs für ihre derzeit laufenden Projekte andere Lernorte auf: die Gedenkhalle der Stadt Oberhausen bzw. das Bürgerfunkstudio des örtlichen Lokalfunks, dort arbeiten sie gemeinsam mit einem selbst gewählten Team an besonderen Projekten, für die sie die Gegebenheiten dieses Lernorts brauchen. Auch später arbeiten sie im Rahmen ihres ganz normalen Unterrichts im Klassenverband offensichtlich projektorientiert, da der Unterricht z. T. im Schulgarten bzw. in der Aula stattfindet. Freiwillig besuchen sie später – im Anschluss an ihren Unterricht nach Plan – noch weitere schulische Angebote: Kevin geht zur „Demokratie-Kultur-Gruppe“, einer Steuergruppe der Schule mit Schülervertretern, Eltern und Lehrern, die sich um die Schulentwicklung kümmert, Lisa besucht die „Ideen-Werkstatt“, in der sich interessierte und besonders begabte Schülerinnen und Schüler aller Jahrgangsstufen zusammenfinden, um Ideen zu gemeinsamen Projekten zu entwickeln, z. B. zur Gründung einer eigenen Schülerfirma oder zur Herausgabe einer Zeitung zu einem bestimmten Thema. Kevin hat vorher noch im Wahlpflichtbereich II die Möglichkeit, den Unterricht in einem von ihm gewählten Fach „Internationale Zeitung“ zu besuchen, wo er gemeinsam mit anderen interessierten Jugendlichen seiner Jahrgangsstufe und mit Schülerinnen und Schülern aus 7 Partnerschulen überall auf der Welt eine mehrsprachige Schülerzeitung erstellt, die mindestens zweimal im Jahr in einer Online-Version und als gedrucktes Exemplar erscheint.

Medien spielen in den individuellen Lernprozessen eine ganz besondere Rolle; dabei wird darauf geachtet, dass die Kinder zunehmend lernen, die richtigen Medien an der richtigen Stelle einzusetzen. Eine Nutzung von Medien um der Medien willen gibt es nicht. Alte und neue Medien stehen nebeneinander: die Vertrautheit mit dem Lesen wächst in der Nähe zur selbst verwalteten Schülerbibliothek, aber auch mit einer fest etablierten monatlichen Lesestunde für die Jüngeren, einer Lesenacht im 5. Schuljahr und anderen Aktionen. Audiovisuelle Medien und der Computer werden kontinuierlich mehr in die tägliche Unterrichtsarbeit einbezogen, haben aber auch in eigenen Fachbereichen des Wahlpflichtangebots ihren Platz, so in der „Medienlehre” oder der „Internationalen Zeitung”. Im Computer-Kurs für Senioren erfahren die Schülerinnen und Schüler als „Lehrer” ein andere Perspektive und Dimension des Lernens. Die Vielfalt der Projekte im Offenen Unterricht macht die Nutzung unterschiedlicher Medien zur Selbstverständlichkeit.

Dies seien nur einige Einblicke in das Lernarrangement, wie es Schülerinnen und Schülern in ihrer Alltagsarbeit am *ELSA* begegnet.

Dass eine solche Lernkultur auch andere oder alternative Formen der Bewertung braucht, ist offensichtlich. Die Frage von Leistung und Leistungsbewertung darf nicht vernachlässigt werden. Dabei wird immer wieder deutlich, dass darunter mehr zu verstehen ist als die Bewertung rein fachlicher und kognitiver Kompetenzen. Soziale und emotionale Lernerfolge sollten gerade auch bei besonders begabten Schülerinnen und Schülern gefördert und gefordert werden. Mir fehlt allerdings immer noch die Wertschätzung dieser Leistungskomponenten im schulischen Alltag, denn mit der üblichen Notenskala finden nur die fachlichen Leistungen ihre Bewertung. Sie erhalten damit ihren großen Wert im Alltag des Übergangs- und Berechtigungssystems von Schule. Meine Erwartung z. B. an die Wissenschaft wäre, dass in Kooperation mit Schulen Formen der Leistungsbewertung entwickelt werden, die überfachliche Leistungen neben den fachlichen angemessen honorieren.

Schülerinnen und Schüler können dabei selbst eine gute „Vorarbeit“ leisten, z. B. indem sie lernen, ihre Lernprozesse und ihre gesamte Leistung selbst zu beobachten, einzuschätzen und zu bewerten; die Aufgabe des Lehrenden wäre es, dazu Stellung zu beziehen. So ist es vorgesehen in Lerntagebüchern oder Portfolios als Lernprozess-Begleiter, z. B. dem „Portfolio der Sprachen“, das europaweit und auch in einigen Ländern der Bundesrepublik Deutschland bereits in der Erprobung ist. Solche Portfolios u. ä. dienen nicht zuletzt der Reflexion von Gelerntem unter fachlichem und methodischem Aspekt.

Am Elsa-Brändström-Gymnasium arbeiten wir mit unterschiedlichen Schüler-Selbsteinschätzungs-Modellen. Der Lernprozess wird von den Schülerinnen und Schülern bei geforderter größerer Eigenständigkeit in vielfältiger Weise selbst neben der herkömmlichen Benotung durch die Fachlehrer begleitet und eingeschätzt: In den Eingangsklassen (Jahrgang 5 und 6) lernen die Kinder, in Lerntagebüchern ihr Können und ihr Lernverhalten zu reflektieren und zu dokumentieren. Bereits in Klasse 5 beginnen die Aufzeichnungen im „Portfolio Sprachen“, das in NRW durch das Landesinstitut für Schule und Weiterbildung zur Verfügung gestellt wurde. Bei Bedarf kommt die Dokumentation der individuell erworbenen Medienkompetenz in einem „Medien-Logbuch“ hinzu, das gemeinsam mit der Bertelsmann Stiftung und dem Landesinstitut entwickelt wurde. Die Naturwissenschaftler und die Geografen unserer Schule lassen die Schülerinnen und Schüler in einer themenbezogenen „Grünen Mappe“ ihren Lernzuwachs über mehrere Jahre hinweg festhalten. Eine im offenen Unterricht erbrachte Leistung fordert eine Varianz von Methoden der Leistungsüberprüfung. In der Projektarbeit kommt die „Selbstbewertung zur Projektarbeit" als Teil des Zeugnisses hinzu. Die Kriterien für die Beurteilung betreffen das „Was“ des Lernens genauso wie das „Wie“ und „Mit wem“, Gegenstand der Bewertung ist auch die adäquate Form eines Produkts. Ergebnisse von Praktika am Ort und im Ausland sowie internationale Fremdsprachen-Zertifikate bestätigen die Schule auf ihrem Weg genauso wie gute Ergebnisse bei landes- und bundesweiten

Wettbewerben: Schon in der Unterstufe nehmen mehr als die Hälfte der Schülerinnen und Schüler an Mathematik- und naturwissenschaftlichen Wettbewerben teil, einzelne messen sich dann auch im überregionalen Raum. Die Facharbeiten in der 12. Jahrgangsstufe beginnen in der Kombination mit einem Praktikum einen wichtigen wissenschaftspropädeutischen Stellenwert einzunehmen.

Eine wichtige Form der Selbst- und Fremdeinschätzung sind regelmäßige Präsentationen von Ergebnissen sowohl in Ausstellungen als auch – und vor allem – in Vorträgen, sei es auf eigenen Vortragsabenden, z. B. zur Vorstellung der besten Facharbeiten, von Projekten bei Elternabenden, oder als Autorenlesung im Rahmen des „Literatur-Cafés". Wesentlich ist, dass die Leistung ihren Stellenwert in einer „Ernstsituation" bekommt.

Von all dem profitieren alle Schülerinnen und Schüler in der ihnen gemäßen Weise. Wie finden in diesem Zusammenhang die besonders begabten Kinder und Jugendlichen ihr spezielles Lern-Plateau? Wie sieht das Angebot aus, das für sie am *ELSA* bereit gehalten wird?

Förderung besonders begabter Kinder und Jugendlicher

Zunächst einmal ist sicher deutlich geworden, dass durch den hohen Grad an individuellen Lernprozessen auch besonders begabte Kinder in Zeit, Ort, Methode, Inhalt und Partnerwahl ihren eigenen Lernweg suchen und finden können. Allerdings braucht es bestimmte Impulse und Angebote, die hier besonders fordern und fördern.

Die Gruppe der besonders begabten Kinder und Jugendlichen am ELSA

Bevor das Angebot vorgestellt wird, soll die Gruppe der besonders begabten Schülerinnen und Schüler, mit denen wir es am Elsa-Brändström-Gymnasium zu tun haben, vorgestellt werden. Wir beziehen uns dabei auf das Mehrfaktorenmodell von Franz Mönks, bei dem die drei Persönlichkeitsmerkmale „hervorragende Fähigkeiten", „Motivation" und „Kreativität" und die drei Sozialbereiche Familie, Schule und Freundeskreis ausschlaggebend sind. Erst bei einem guten Zusammenspiel dieser sechs Faktoren kann sich lt. Mönks eine Hochbegabung entwickeln und in besonderen Leistungen zum Ausdruck kommen. Als normales Gymnasium, das keine besonderen Ressourcen für die Förderung der Gruppe besonders begabter Schülerinnen und Schüler bekommt, bemühen wir uns um die Aufnahme solcher Kinder, die dem beschriebenen Modell am ehesten gerecht werden.

Schwierig gestaltet es sich, solche Kinder am Ende des 4. Schuljahres herauszufinden, da wir eine „Mischung“ unterschiedlich begabter Kinder, die für das Gymnasium empfohlen sind, erhalten wollen. Die Anmeldezahlen gehen jedes Jahr weit über das hinaus, was wir in unserer fünfzügigen Schule verkraften können. In Anlehnung an eine Tabelle von Mönks zur Identifikation von hochbegabten Kindern und Jugendlichen[1] haben wir deshalb einen Pool von Aufgaben und Verfahren entwickelt, die uns helfen durch Beobachtung der Kinder im Verlauf eines Tages die herauszufinden, die am besten zu uns passen und die Vielfalt der Begabungsstruktur bereichern. (Hier sei erwähnt, dass wir besonders verhaltensauffällige Schülerinnen und Schüler, die schon in unterschiedlichen Therapien behandelt wurden oder werden, nicht aufnehmen, da uns dafür das professionelle Personal fehlt.) Das Aufnahmeverfahren, wie wir es derzeit durchführen, ist allerdings noch in der Erprobung; hier eine Übersicht der Aufnahmekriterien, die zurzeit gilt, aber schulintern immer wieder verändert wird:

Kriterien für die Aufnahme:	**Beispiele für Beobachtungsverfahren:**
Kreativität	• Anfertigung einer Collage aus Zeitungsausschnitten • ein Bild malen (frei) • ein Bild vervollständigen • Malen nach Imagination • Plakate gestalten • Geschichten schreiben • Sinnesspiele • szenische Umsetzung von Bildern (Schattenwand, kleiner Videodreh, Hörspiel ...) • Rollenspiele nach vorgegebenen Situationen • eine eigene Spielszene entwerfen und vorspielen • Spielen einer Szene nach einer literarischen Vorlage • Verkleiden • •
Fachliche Leistung	• Zeugnisnoten beachten • Rechenspiele • Aufgaben aus der Mathematik-Olympiade • Kopfrechnen als Wettbewerb • Lesen mit verteilten Rollen (Theaterstück) • kurze Vorstellung eines Buches (nach bestimmten Kriterien)

[1] Begabungen erkennen – Begabte fördern, in: Beiträge anlässlich der Wissenschaftlichen Arbeitstagung des ABB e.V. in Rostock vom 22.-24.10.1999 (hrsg. von Helga Joswig)

	• Mind-Map zu einem selbst gewählten Thema erstellen und anschließend präsentieren • eine Unterrichts-Schnupperstunde in einem Fach, das die Kinder noch nicht kennen • ein Bild von mehreren Kindern malen lassen (nach bestimmten Kriterien) • •
Verbale Kompetenzen	• eine Geschichte zu bestimmten Stichwörtern schreiben • Wörterpuzzle (z. B. Fabeltiere, Gebilde) • ein Gedicht, ein Lied vortragen lassen • ein Gespräch führen • eine Fortsetzungsgeschichte schreiben • ein Archrostichon erstellen • Fishbowl mit kindgerechtem Thema • Geschichten zu einem bestimmten Thema erzählen lassen (z. B. Familie, Schule, Freunde, Freizeit) • Ertasten und Beschreiben verdeckter Gegenstände • Fragen zu einer Geschichte beantworten • •
Musische Kompetenzen	• ein kurzes klassisches Musikstück anhören und sich dazu äußern (verbal oder visuell) • falls ein Instrument gespielt wird: mitbringen und spielen • selber Musik machen – Instrumente werden gestellt • Musikstück mit Orff-Instrumentarium • Umsetzen von literarischen Vorlagen oder von Musik in Kunst • •
Motorik	• Hindernis-Parcours bewältigen • Bewegungstheater • Völkerball spielen • zu aktueller Popmusik tanzen • (psycho)motorische/ koordinative Aufgaben aus dem Sport • Entspannungsübungen • Wettkampfspiele mit Gewinnern und Verlierern

	• Sportliche Teamaufgaben („es geht nur gemeinsam“): die Gruppe löst – ohne Konkurrenz – ein gemeinsames „Bewegungsproblem“ • •
Anstrengungsbereitschaft und Ausdauer (s. auch andere Bereiche)	• Knobelaufgaben • Puzzle-Aufgaben • Ein Brettspiel entwerfen • eine Aufgabe aus der Freiarbeit (Jg. 5-7) bearbeiten lassen (nach freier Wahl) • Lesestunde: es wird leise ein Buch nach freier Wahl (aus der Schulbibliothek) gelesen • einem Vorleser / Geschichtenerzähler zuhören
Gruppenverhalten	• sich in 4-er-Gruppen gegenseitig vorstellen • Lösen von Aufgaben im Team: hören – verstehen – ordnen – verbalisieren • in einer kleinen Gruppe ein Theaterspiel vorbereiten und spielen • Spiele, die man nur gemeinsam gewinnen kann • gemeinsam kochen, Tisch decken, essen, spülen • Freizeitangebote für Gruppen machen: *Wie finden sich die Gruppen?* • Interaktionsspiele

Hinweis: Manche Beobachtungsverfahren lassen sich mehreren Kriterien zuordnen.

Außerdem werden – mit sehr viel Gewicht – beachtet:

- Gespräche mit Eltern und Kindern
- die Empfehlung der Grundschule (einschl. Lehrergespräch)

Zur Absicherung bei Entscheidungsunsicherheiten bzw. bei unterschiedlichen Auffassungen kann das Gutachten eines Psychologen zu Rate gezogen werden; es ist aber niemals alleinige Grundlage bei der Entscheidung zur Aufnahme eines Kindes.

Wir nehmen pro Jahrgang etwa 5-8 Kinder in eine Klasse auf, in der wir ein spezielles Förderprogramm anbieten. In den folgenden Jahren kommen durch Beobachtung noch weitere Kinder und Jugendliche dazu, die den oben angeführten Kriterien entsprechen und die dann in die Fördermaßnahmen aufgenommen werden.

Das Förderkonzept

Das Konzept der Begabtenförderung am Elsa-Brändström-Gymnasium beginnt mit der Eingangsklasse. Dabei werden in *einer* Klasse die schon vor der Einschulung nach dem oben beschriebenen Verfahren als besonders begabt festgestellten Schülerinnen und Schüler zusammengefasst, die Erfahrung hat uns gezeigt, dass so besonders begabte Kinder nicht vereinzelt bleiben, sondern auf „Gleichgesinnte" treffen können. Dies betrifft zu Beginn der Laufbahn am Gymnasium etwa bis zu 10 Schülerinnen und Schüler, die Zahl vergrößert sich aber in den folgenden Jahren. Es gilt für den 5. Jahrgang:

- Einrichtung einer eigenen Lerngruppe (integriert)
- Offener Unterricht (mit besonderem Material, das speziell für schnelle Lerner erstellt wurde)
- Fachunterricht teilw. in höheren Klassen
- Kinder-Uni im Bereich Mathematik (an der Universität Essen)
- Ermöglichung der Teilnahme an Sonderprogrammen außerhalb der Schule, z. B. in der Kinderfilm-Jury der Internationalen Kurzfilmtage Oberhausen

Im 6. Jahrgang ist es möglich, bereits mit der 2. Fremdsprache zu beginnen, eine Maßnahme, die in Zukunft sicher häufiger greifen wird, wenn die 1. Fremdsprache systematisch in der Grundschule beginnen wird. Die Fördermaßnahmen werden – immer unter genauer Beobachtung jedes einzelnen Kindes – im 7. Jahrgang fortgesetzt.

Nimmt ein Kind am Fachunterricht einer höheren Klasse teil, so wird mit dem Kind und seinen Eltern ein individueller Vertrag abgeschlossen. Hier ein Beispiel (Name des Kindes geändert):

Vertrag

zwischen

- o dem Elsa-Brändström-Gymnasium
- o den Eheleuten Müller, wohnhaft ...
- o dem Schüler Simon Müller (Klasse 6a)

Voraussetzung:

Simon ist ein guter Schüler im Fach Mathematik. Es ist davon auszugehen, dass er in diesem Fach noch mehr leisten könnte. Auch in den anderen Fächern zeigt Simon gute bis durchschnittliche Leistungen. Die Eltern, der Schüler und die Schule kommen deshalb überein ihn teilweise am Mathematikunterricht der nächsthöheren Klasse teilnehmen zu lassen.

Ziel:

Simon wird seinem Leistungsvermögen entsprechend gefördert. Die dazu notwendigen erhöhten Anforderungen dienen seinem Lernverhalten insgesamt. Bessere Leistungsergebnisse werden letztlich nur durch erhöhte Anstrengungsbereitschaft erzielt. Um diese nachhaltig zu erlernen muss Simon einer erhöhten Anforderung begegnen, die vermutlich über die im 6. Jahrgang vorhandene hinausgeht.

Leistungen der Schule:

Die Schule bietet Simon die Möglichkeit an zwei von drei Stunden am Mathematikunterricht der Klasse 7a (Mathematiklehrer: Herr X) teilzunehmen. Die beiden Mathematiklehrer (Frau Y und Herr X) sowie der Klassenlehrer (Herr Z) beobachten die Maßnahme und bleiben untereinander im Gespräch.

Für die Freiarbeit stellen beide Mathematiklehrer Aufgaben, die vorrangig erledigt werden müssen, wobei noch genügend Raum für andere freie Arbeiten bleiben muss.

Die beiden Mathematiklehrer finden zum Ende des Halbjahres in Absprache eine Zeugnisnote bzw. eine gemeinsame Bemerkung zur Leistung im Fach Mathematik.

Der Klassenlehrer nimmt regelmäßig Einblick ins Lerntagebuch des Schülers und macht dies kenntlich.

Leistungen des Schülers:

Simon ist verpflichtet regelmäßig entsprechend dem für ihn erstellten Stundenplan am Unterricht teilzunehmen. Klassenarbeiten haben grundsätzlich vor jedem Unterrichtswechsel Vorrang. Der Leistungsmessung in seiner Stammklasse hat er sich zu stellen, sollte aber möglichst auch Klassenarbeiten in der 7a mitschreiben.

Die von den Mathematiklehrern gestellten Aufgaben für die Freiarbeit haben grundsätzlich Vorrang vor anderen (selbstgewählten) Aufgaben.

Den versäumten Unterrichtsstoff in beiden Klassen hat Simon eigenständig zu erarbeiten, dafür trägt er selbst die Verantwortung. Er spricht jeweils mit einem Mitschüler seines Vertrauens ab, dass dieser ihn mit den versäumten Aufgaben, ggf. mit Material und den gestellten Hausaufgaben versorgt.

Alle Arbeiten werden pünktlich und zuverlässig erledigt.

Das Lerntagebuch wird in allen seinen Teilen regelmäßig geführt.

Leistungen der Eltern:

Die Eltern unterstützen Simon und machen ihm Mut in Phasen, die sehr viel Einsatz, Ausdauer und Arbeitskraft ihres Kindes erfordern. Sie achten auf Ordnung und sorgen für eine förderliche Lernatmosphäre zu Hause. Sie müssen vor allem konsequentes Verhalten und Durchhaltekraft zeigen.

Bei einem eventuellen Abbruch der Maßnahme findet vor einer endgültigen Entscheidung ein Gespräch mit der Schule statt.

Absprachen mit der Schule sind während der Maßnahme unerlässlich. Die Eltern nehmen regelmäßig Einblick ins Lerntagebuch ihres Kindes und machen dies kenntlich.

Die Eltern sorgen insbesondere für einen regelmäßigen Schulbesuch.

Zeitraum:

Diese Maßnahme ist zunächst befristet auf die Zeit des 2. Halbjahres im Schuljahr 2001/2002. Zum Ende des Halbjahres muss sie von allen Beteiligten evaluiert werden. Sie kann danach in gleicher oder modifizierter Form fortgesetzt werden.

Zum Verfahren:

Simons Stundenplan wird ab sofort wie folgt geändert:

Montag:	1. Std. Ma 7a statt Ma 6a
Freitag:	2. Std. Ma 7a statt Rel. 6a

Oberhausen, den

Unterschriften der Vertragspartner:

Schüler:	Eltern:
Mathematiklehrerin 6a:	Mathematiklehrer 7a:
Klassenlehrer:	Schulleitung:

Dieser Vertrag wird individuell für jeden betroffenen Schüler oder jede betroffene Schülerin ausgefertigt, z. B. muss nicht bei jedem Schüler auf die Notwendigkeit eines regelmäßigen Schulbesuchs hingewiesen werden, wie das im vorliegenden Vertrag der Fall ist.

Solche Maßnahmen setzen sich in den folgenden Klassen – altersgemäß abgewandelt – fort, allerdings werden dann auch schon häufiger „Studienkreise" gebildet, die besonders leistungsstarke Schülerinnen und Schüler auf das Überspringen einer Klasse vorbereiten, was aber in der Regel von den Jugendlichen nicht gern getan wird, da sie lieber in ihrer Stammgruppe bleiben wollen. Beliebter sind in der 8. Jahrgangsstufe:

- Projektunterricht, u. a. arbeiten an anderen Lernorten und mit außerschulischen Partnern
- Spezialprojekt: Ökologie (mit einem hohen praktischen Anteil im Schulgarten)
- Individuelle Projekte anstelle von Fachunterricht (mit Individualbetreuung), bei denen der Fachunterricht – nach genau vereinbarten Regeln – verlassen werden kann (Drehtürmodell); der einzelne Schüler bzw. die einzelne Schülerin trägt selbst die Verantwortung, dass keine Lücken im Lernstoff entstehen (vergleichbar mit dem Vertrag s. o.).

Im 9. und 10. Jahrgang setzen sich diese Maßnahmen fort, wobei die „Spezialprojekte" ausgeweitet werden auf die Bereiche „Soziales" und „Kultur", z. B. die Arbeit mit alten Menschen oder die Übernahme von Aufgaben in einem Museum oder Theater.

Die Betreuung der individuellen Projekte einzelner Schülerinnen und Schüler geschieht durch jeweils einen Lehrer oder eine Lehrerin, wobei die Betreuung in Beratung und Koordination besteht, nicht unbedingt in einer fachlichen Betreuung; diese kann vielmehr auch bei einem außerschulischen Partner liegen, z. B. bei älteren Schülerinnen und Schülern auch bei der Universität.

In der Oberstufe kommen – altersentsprechend – weitere Möglichkeiten der zusätzlichen bzw. anderen Lernarbeit hinzu; in der Jahrgangsstufe 11:

- Unterricht im Ausland (u. a. Austausch)
- Betriebspraktikum im Land einer Partnerschule
- Sprachenzertifikate (APIEL + DELF) – auch schon früher möglich
- Überspringen der Jahrgangsstufe bei entsprechenden Leistungen und in der Regel nach Besuch des Studienkreises oder einem Auslandsaufenthalt

In der Jahrgangsstufe 12 sind möglich:

- Teilnahme an Kursen in anderen Institutionen (z. B. Fraunhofer Institut am Ort)
- Facharbeit
- Betriebspraktikum
- Einsatz als Betreuung bei jüngeren Mitschülerinnen und Mitschülern während der Projektwoche
- Sprachenzertifikate (s. Jg. 11)

In der Jahrgangsstufe 13 setzen sich die Maßnahmen aus 11 und 12 fort und werden durch die Möglichkeit einer „Schnupper-Uni" und der Durchführung einer „besonderen Lernleistung" ergänzt, wie sie landesweit in der Gymnasialen Oberstufe möglich ist.

Neben all diesen Fördermaßnahmen gibt es schulische Angebote, die vor allem von den besonders begabten Schülerinnen und Schülern genutzt werden bzw. diesen insbesondere angeboten werden:

- Ideen-Werkstatt
- Arbeitsgemeinschaften
- Einbindung in die Mitwirkung und Mitgestaltung der Schule / Übernahme von Verantwortung im Schulleben
- Mitarbeit in Schul-Netzwerken (themenbezogene Zusammenarbeit mit anderen Schulen)
- Teilnahme an Wettbewerben

Auf Angebote von außerschulischen Institutionen wie Malschule, Musikschule, Computerkurse usw. werden die Schülerinnen und Schüler ausdrücklich hingewiesen.

Eine Gesamtübersicht über das Förderkonzept für die besonders begabten Kinder und Jugendlichen am *ELSA* s. Anhang 3.

Die Rolle der Lehrerinnen und Lehrer sowie der Schulleitung in einer anderen Lernkultur

Schulen mit einer neuen Lernkultur, zu der in dem hier beschriebenen Sinne auch die individuelle Förderung besonders begabter Kinder und Jugendlicher gehört, brauchen Lehrerinnen und Lehrer, die vor allem offen sind für neue Wege des Lernens. Sie werden zu Moderatoren des Lernens.

Die Schule braucht also Lehrerinnen und Lehrer,

- die Lernen „neu denken",
- die sich engagieren und ihren Beruf lieben,
- die das einzelne Kind im Mittelpunkt ihres Lehrerhandelns sehen, seine Person und seine Welt ernst nehmen,
- die sicher sind in ihrem Urteil und ihrer Diagnose, dabei Rat und suchen bei Unterstützungsagenturen,

die die einzelnen Stunden ihres Unterrichts „nicht so wichtig nehmen", sondern die sich als Teil eines Systems verstehen, andere Partner einbinden und sich selbst als Teil einer „Bildungsallianz" für das Kind verstehen.

Solche Lehrerinnen und Lehrer verstehen sich selbst als „Lerner"; sie bilden sich kontinuierlich weiter. Dankenswerterweise bieten die Länder, die Universitäten und andere Institutionen auch zum Thema der Begabtenförderung mittlerweile Fortbildungsmöglichkeiten. Auch Schul-Netzwerke bieten den Austausch im fachlichen und methodischen Bereich sowie Gelegenheit zur gegenseitigen Evaluation (Peer-Review).

Die Erfahrung lehrt, dass Lehrerinnen und Lehrer ihren Beruf meist gewählt haben, weil sie sich dazu berufen fühlten. Häufig haben verkrustete Strukturen des Systems oder mancher Einzelschule zu Resignation und zur inneren „Verabschiedung" geführt; eine andere Lernkultur kann dazu helfen, dass Kolleginnen und Kollegen sich wieder öffnen und das eigentliche Ziel ihres Lehrerhandelns (wieder)entdecken. Entsteht eine neue Lernkultur, verändern sich Personen; veränderte Personen bauen wiederum mit an einer neuen Lernkultur. Der einzelnen Schule kommt mittlerweile entgegen, dass sie sich ihre Lehrerinnen und Lehrer über „schulscharfe Verfahren" selbst auswählen können; so ist es möglich, auf solche Personen zurückzugreifen, die dem Konzept des individualisierten Lernens offen gegenüberstehen bzw. bereits Erfahrungen mitbringen.

Die Unterstützung durch Schulleitungen und Funktionsträger in den Schulen ist unerlässlich. Ohne die Schulleitung ist es in der Regel nicht möglich, Innovationen durchzusetzen. Dabei gilt aus meiner Sicht:

- Schulleitungen müssen Bewegungen zulassen und die „Agenten des Wandels" unterstützen.
- Sie müssen Verbindlichkeit und Verlässlichkeit bei Veränderungen schaffen sowohl für Schülerinnen, Schüler und Eltern als auch für Lehrerinnen und Lehrer.
- Sie sorgen für Klarheit und Transparenz nach innen und außen.
- Vor allem müssen sie Mut haben zu unkonventionellem Handeln; oft ist mehr erlaubt als man denkt.

Auch hier zeichnet sich ab, dass neue Schulleiterinnen und Schulleiter zunehmend mehr die Schulentwicklung und das System Schule im Blick haben.

Lehrerinnen und Lehrer am Elsa-Brändström-Gymnasium sorgen seit Jahren für eine Fortbildung im Sinne des Schulprogramms. Zum Bereich des Offenen Unterrichts wurde eine eigene Fortbildungsreihe entwickelt, die regelmäßig für neue Mitglieder des Kollegiums angeboten und mittlerweile sogar von Kolleginnen und Kollegen anderer Schulen wahr genommen wird. Arbeitsgruppen erwerben außerhalb der Schule Know-how, das sie an ihre Kolleginnen und Kollegen weitergeben. Zwei Kolleginnen erwerben derzeit das ECHA-Diplom an den Universitäten Münster/Nijmegen.

In Arbeitsgruppen – so auch zur Begabtenförderung – arbeiten sie mit Eltern- und Schülervertretern gemeinsam, um die Perspektive aller Betroffenen nicht aus dem Blick zu verlieren und von den anderen zu lernen. Auch der Blick der anderen Schulform, nämlich aus der Grundschule, ist wertvoll.

Das Schulprogramm gibt der Lehrerschaft und der Schulleitung Sicherheit und Legitimation im Handeln. Entscheidungen und Vorgehensweisen sind so – bei aller Flexibilität – immer in der Sache und von einer Leitlinie her vertretbar, folglich nicht willkürlich und beliebig.

Zusammenfassung

Das Elsa-Brändström-Gymnasium hat vor 14 Jahren begonnen, offene Lernformen einzuführen. Es ist noch immer auf dem Weg und erprobt kontinuierlich neue Ideen. Dabei lernen die beteiligten Kolleginnen und Kollegen vor allem auch von anderen Schulen in verschiedenen Schul-Netzwerken – national und international. Das *ELSA* hat für die besonderen Aufgaben kein besonderes Budget zur Verfügung, die Schule arbeitet nach den landesüblichen Vorgaben, legt diese aber im Interesse der selbst entwickelten Lernkultur aus, wie sie es im Schulprogramm beschrieben hat. Dabei hat sie die Unterstützung der Schulaufsicht, wünscht sich aber in vieler Hinsicht noch weitergehende Selbstständigkeit.

Zusammenfassend lässt sich sagen, dass es zur Entwicklung einer neuen Lernkultur ein anderes Denken über das Lernen von Kindern und Jugendlichen sowie eine große Offenheit bei Lehrerinnen und Lehrern braucht.

Gibt es eine solche veränderte Lernkultur, bietet sie Raum

- für individuelle Lernprozesse
- für mehr Demokratie, Mitgestaltung und Selbstverantwortung
- für andere Lernorte und andere Lernpartner
- für die Zusammenarbeit mit anderen Schulen
- für eine Schule, die offen ist in ihren Strukturen und für eine Weiterentwicklung.

Eine solche Schule schafft die individuelle Förderung dann insbesondere *auch* für besonders begabte Kinder und Jugendliche, ohne sie zu unterfordern oder zu überfordern.

Nämlich – und ich zitiere Hanna Renate Laurin:

> „Wir brauchen keine Nobelpreisbrutanstalten, wohl aber ein Klima geistiger, intellektueller Anforderung, in dem Könner ihre Fähigkeiten nicht verbergen müssen.“ (Süddeutsche Zeitung, 26. 02. 2001)

Anhang 1

Übersicht über das Schulprogramm des Elsa-Brändström-Gymnasiums

Anhang 2

Stundenplan für Kevin und Lisa am Mittwoch

	Kevin (Kl. 9a)		Lisa (Kl. 10b)	
Std	**Fach**	**Lernort**	**Fach**	**Lernort**
1	Projektarbeit	Bürgerfunkstudio	Projektarbeit	Gedenkhalle
2				
3	Mathematik	Klassenraum	Deutsch	Aula
4	Biologie	Dachgarten und Fachraum		
5			Physik	Fachraum
6	WP II: Internation. Zeitung	Lernwelt II	Französisch	Klassenraum
7			Musik	Fachräume
8	Gruppe „Demokratie-Kultur“	Seminarraum	Ideen-Werkstatt	Lernwelt II und Bibliothek u. a.
9				

Konzept der Begabtenförderung am Elsa-Brändström-Gymnasium Oberhausen

www.gym-elsa-ob.de

<table>
<tr><td>Jg. 13</td><td>Schnupper-Uni</td><td>Besondere Lernleistung</td><td rowspan="3">Sprachenzertifikate:

APIEL + DELF</td><td rowspan="2">Belegung von Kursen an anderen Institutionen</td><td rowspan="9">Ideen-Werkstatt

Arbeitsgemeinschaften

Einbindung in die Mitwirkung und Mitgestaltung der Schule / Übernahme von Verantwortung im Schulleben

Mitarbeit in Schul-Netzwerken (z. B. LIBRO*)

Teilnahme an Wettbewerben

Selbstevaluation: Lerntagebücher, Portfolios, Logbücher</td></tr>
<tr><td>Jg. 12</td><td>Facharbeit / Betriebspraktikum</td><td>Einsatz bei den Jüngeren in der Projektwoche</td></tr>
<tr><td>Jg. 11</td><td>Unterricht im Ausland</td><td>Betriebspraktikum im Land einer Partnerschule</td><td rowspan="4">Besuch eines Studienkreises</td></tr>
<tr><td>Jg. 10</td><td rowspan="3">Projektunterricht, u. a. arbeiten an anderen Lernorten und mit außerschulischen Partnern</td><td rowspan="2">Spezialprojekte: Ökologie, Soziales, Kultur</td><td rowspan="3">Individuelle Projekte anstelle von Fachunterricht (mit Individualbetreuung)</td></tr>
<tr><td>Jg. 9</td></tr>
<tr><td>Jg. 8</td><td>Spezialprojekt: Ökologie</td></tr>
<tr><td>Jg. 7</td><td></td><td rowspan="3">Offener Unterricht: Freiarbeit (mit besonderem Materialangebot)</td><td rowspan="3">Fachunterricht teilw. in höheren Klassen</td><td rowspan="3">Kinder-Uni (Fachbereich Mathematik der Universität Essen)</td></tr>
<tr><td>Jg. 6</td><td>Früherer Beginn der 2. Fremdsprache</td></tr>
<tr><td>Jg. 5</td><td>Einrichtung einer eigenen Lerngruppe (integriert)</td></tr>
</table>

Stand: April 2002

* Lernnetzwerk zur integrierten Begabtenförderung im Rahmen Offenen Unterrichts (Bertelsmann Stiftung)

Christa Hartmann

Die Förderung begabter Kinder in Kindergarten und Grundschule

1. Alltag

Nimmt man die Aussagen hoch begabter Menschen ernst, die in etwa wie folgt lauten: *Die Andersartigkeit ihrer Persönlichkeit sei ihnen in dem Moment bewusst geworden, als sie zum ersten Mal in den sozialen Vergleich zu anderen Menschen gekommen seien, nämlich im Kindergarten*, dann ist die logische Konsequenz, sich den Bedingungen in Kindertagesstätten zuzuwenden.

Ziel gerade der frühen institutionellen Erziehung muss es sein, jedem Kind die Chance zur Erhaltung seiner Persönlichkeit zu geben, es mit all seinen Gaben und Fähigkeiten zu akzeptieren und an einer Gemeinschaft teilnehmen zu lassen, in der jeder einzelne respektiert wird.

2. Besonderheiten

Begabte Kinder, hier geht es schwerpunktmäßig um intellektuell hoch begabte Kinder, können an einigen Besonderheiten erkannt werden. Die nachfolgend hier aufgezeigten Merkmale sollen dabei aber keineswegs als grundsätzlich und immer gegebene Kennzeichen oder abhakbare Bestandteile von Hochbegabung gesehen werden. Es handelt sich lediglich um Merkmalsanhäufungen, die in der pädagogischen Praxis immer wieder beobachtet werden können. Diese beobachtbaren Besonderheiten bei hoch begabten Kindern wirken sich natürlich auch entscheidend im Umgang mit ihnen und für den pädagogischen Alltag aus. Folgende Verhaltensweisen und Besonderheiten werden von Eltern im Erstgespräch am häufigsten genannt:

- Wissbegierde
- Lebhaftigkeit
- Sprachentwicklung
- Fantasie
- Lernbereitschaft

Die von Erzieherinnen am häufigsten beobachteten Verhaltensweisen bei Probekindern

- Zurückhaltung
- Merkfähigkeit
- Geräuschempfindlichkeit
- Trennungsängste
- Kreativität
- Humor
- Gerechtigkeitsempfinden
- Redegewandtheit
- Erwachsenenorientierung

3. Pädagogische Praxis

Hoch begabte Kinder brauchen ein normales Umfeld, das das ganz normale Leben abbildet. D. h., im Rahmen unserer Kindergartenbetreuung treffen die Kinder sowohl auf behinderte wie auf normal begabte und hoch begabte Kinder. Im CJD Jugenddorf Hannover fördern wir in sozial integrativer Weise Kinder des gesamten Begabungsspektrum. Dabei wird auf die Bedürfnisse jedes einzelnen Kindes eingegangen.

3.1 Gruppenarbeit in den Stammgruppen

Die Gruppen von 13 – 17 Kindern erleben in den ersten Wochen ihrer Kindergartenzeit Geborgenheit, Ruhe und Klarheit in einer ihnen immer vertrauter werdenden heterogenen Kindergruppe. Innerhalb dieser Stammgruppe erhalten die Kinder Betreuung und Anleitung, um sich mit eigenen oder noch neuen Ideen und Themen in Form von Projekten zu beschäftigen.

3.2 Kursangebote

Im Anschluss an diese gruppenorientierten Projekte öffnen wir die Kindergruppen und bieten ein sogenanntes Kurssystem an, in das sich die Kinder je nach Neigung und in Absprache mit den Mitarbeiterinnen einwählen können. Zum Halbjahr werden die Angebote dann jeweils neu zusammen gestellt.

Kursangebot in der Kindertagesstätte / 2. Halbjahr 2001

Experimente

Englisch

Werken

„Mit allen Sinnen“

Computer

Schach

Deutsch

Chor

Religion

Psychomotorik

Musik

Für die Kinder ist ein Kursangebot ausgesprochen attraktiv. Sie freuen sich auf die von ihnen ausgewählten Angebote. Dadurch lernen sie auf andere Kinder einzugehen und mit neuen Mitarbeiterinnen in Beziehung zu stehen. Für Kinder sind diese Kurse kleine Herausforderungen, sich Neuem zu stellen. Insbesondere kommen sie aber ihren Bedürfnissen nach Herausforderungen an ihre intellektuellen Fähigkeiten sowie ihrer hohen Lernmotivation entgegen.

3.3 Projektarbeit

Im Rahmen von Projektarbeit greifen wir attraktive Themen der Kinder auf, in die sie sich nach Interesse und Stimmung und entsprechend ihren Fähigkeiten einbringen können. Dauer und Umfang wird von den Kindern, deren Wissbegierde und Freude am Projekt bestimmt.

Neben den spannenden Angeboten, die für die Kinder gemacht werden, ist es in der Arbeit ebenso wichtig, den Entwicklungsdefiziten entgegenzuwirken, so dass verstärkt darauf zu achten sein wird, dass alle Kinder im sprachlichen, fein- und grobmotorischen Bereich, im sozialen und kreativen Bereich keine Defizite entwickeln. Gerade hier hat es sich als sehr sinnvoll ergeben, dass wir eine nahezu spielzeugfreie Einrichtung sind, in der alle Kinder durch Bau- und Beschäftigungsmaterialien ihre eigenen Spielvarianten entwickeln können. Die Abwesenheit von funktionsgebundenen oder vorgefertigten Spielzeugen führt dazu, dass die Kinder eigenständig kreativ und handwerklich ihre Spielideen umsetzen und mit diesen selbsterschaffenen Spielen dann auch ausgesprochen sorgfältig umgehen.

Kinder zu erziehen, erfordert verantwortliches Handeln von den Mitarbeiterinnen. Hoch begabte Kinder zu erziehen, erfordert, sich noch bewusster der eigenen Verhaltensweisen gegenüber Kindern zu werden. Die Kinder beurteilen und beobachten das Verhalten der Mitarbeiterinnen im Hinblick auf ihr erzieherisches Handeln sehr genau. Es muss daher eine bewusste Kontrolle des gerechten pädagogischen Umgangs mit allen Kindern erfolgen. Im Umgang mit hoch begabten Kindern braucht die Mitarbeiterin in gesteigertem Maße Eindeutigkeit, Klarheit, Gelassenheit, Ruhe, Humor und jederzeit die Einsicht, dass Kinder häufig Recht mit ihren Anmerkungen und Kommentaren haben, denn sie sind unter Umständen die besseren Beobachter und Analysten.

In unserer Arbeit sind wir darauf bedacht, den Kindern einen Sinn für ihr Tun aufzuzeigen. Verbunden mit den Aufgaben, Projekten oder Kursen, an denen die Kinder teilnehmen, gibt es auch immer so etwas wie eine Ergebnissicherung. D. h., es finden kleine Aufführungen, Ausstellungen, Wettbewerbe oder Präventionen statt, anhand derer die Kinder sehen, womit sie sich über einen gewissen Zeitraum beschäftigt haben. Mit diesen Ergebnissen ist vor allem dann auch konkret-praktisch, häufig auch handwerklich umgesetzt worden, was bei einem Kind an Ideen vor dem geistigen Auge schwebte. Die praktische Umsetzung von Fantasien in konkret-praktische und zu bestaunende Ergebnisse vermittelt dem Kind eine Vorstellung wie man vom Idealen zum Realen kommt.

4. Schule

Die Schulübergangsentscheidung findet in Absprache zwischen Eltern, Schule und Kindertagesstätte statt.

Alle Kinder werden rechtzeitig eingeschult. Das bedeutet, dass die Einschulung zu einem früheren bzw. aber auch späteren Zeitpunkt stattfinden können muss.

Die Zusammenarbeit von Schule und Kita ist von Kontinuität geprägt.

Nach ihrer Kindergartenzeit werden alle Kinder dann, wenn sie schulreif sind, in einen Schulversuch eingeschult. Die Schulreife wird durch die Beobachtung der Erzieherinnen aber auch durch Testdiagnostik festgelegt. Der Übergang zur Schule wird intensiv durch die Erzieherinnen und Lehrerinnen der ersten Klasse begleitet. Das Schulprogramm ist differenziert und bietet eine weitere individuelle Förderung der Kinder an.

Die Erfahrungen der letzten Jahre zeigen, dass alle Kindergartenkinder von der speziellen Förderung deutlich profitieren. Für die Schulkinder gibt es eine wissenschaftliche Begleituntersuchung, die in den nächsten Jahren nachweisen wird, in welcher Form sich die Sonderprogramme, an denen die Kinder teilgenommen haben, auf die Persönlichkeitsentwicklung der Kinder auswirkt.

Nachdem wir davon ausgehen können, dass insbesondere die sogenannten normal begabten Kinder erheblich von den Förderangeboten profitieren, kann man parallel dazu Aussagen für die Elternarbeit treffen. Auch hier ist deutlich zu sehen, dass die Eltern der normal begabten Kinder sich deutlich zunehmend in der Erziehung ihrer Kinder engagieren und in positiver Konkurrenz zu den Eltern der hoch begabten Kinder stehen.

5. Zusatzangebote

Neben den 90 Kindergartenkindern, die täglich zu uns kommen, betreuen wir noch ca. 140 Kinder im Grundschulalter, die nachmittags an Arbeitsgemeinschaften teilnehmen. Ziel dieser Arbeitsgemeinschaften ist es, den Kindern Freude am Lernen zu vermitteln, ihnen Selbstbewusstsein in ihre Fähigkeiten zu geben, um letztlich sich auch einmal unter Seelenverwandten zu erleben. Diese überwiegend hoch begabten Kinder haben in ihrer bisherigen Schulerfahrung häufig schon negative Erlebnisse mit Ausgrenzung, Hänseleien und Frustrationen gehabt, so dass die Eltern sich im Rahmen von Beratung hilfesuchend an uns gewandt haben. Eltern und Kinder haben dann entschieden, das eine oder andere nachmittags bei uns wahrzunehmen oder einen thematischen Ferienkurs zu besuchen. Dort wird Kindern wieder positive und auf den Alltag übertragbare Lernerfahrung aber auch Lebensfreude vermittelt.

6. Schulergänzende Programme

Schulergänzende Programmangebote sollen die Persönlichkeitsentwicklung stärken.

Schulersatzprogramme dienen der Entlastung der Familien und Schulen, sind

- motivationsfördernd
- sozialintegrativ
- selbstsicherheitsstärkend
- wissensvermittelnd

Im Arbeitsgemeinschaftsbereich für diese Kinder haben wir zum einen auch persönlichkeitsbildende, ausgleichende Angebote im musisch-kreativen, d. h. künstlerischen Bereich. Von den Kindern liegt deutlich auch eine starke Nachfrage im naturwissenschaftlichen, sprachlichen und Informatikbereich vor. Die Kinder suchen förmlich nach Herausforderungen für ihre intellektuell brachliegenden Fähigkeiten. Ähnlich wie im Kindergartenbereich, achten wir auch hier darauf, dass konkrete Ergebnisse den Abschluss einer Arbeitsgemeinschaft bilden, die wir im Rahmen eines Präsentationstages der Öffentlichkeit vorstellen.

Häufig führt der Besuch der Arbeitsgemeinschaften, wie bei uns, auch zu Kontakten zu den Lehrkräften der Kinder, so dass hier die Möglichkeit besteht, beratend und anregend für die Lehrer und Lehrerinnen tätig zu werden. Durch Aufklärung, Beratung und Öffentlichkeitsarbeit hoffen wir, ein normales aufgeschlossenes Klima für die Bedürfnisse hoch begabter Kinder zu schaffen, so dass letztlich im öffentlichen Schulsystem und im angestammten Umfeld jedes begabte Kind angemessen gefördert werden kann.

Kursangebot im Kindertreff „Fantasticus"/ 2. Halbjahr 2001

Astronomie

Schach

Spanisch

Computer - Neulinge

Computer - BASIS

Musical Vokal

Englisch für Fortgeschrittene

Computer – kreativ

Computer - kreativ PLUS

Theater

Fotografie

Bio/Chemie

Technisches Basteln

Französisch

Es gibt viele positive Rückmeldungen. Kinder, die bereits unter Motivations- und Schulunlust litten, haben wieder Sinn im Lernen, im Üben und sich Anstrengen gefunden und können diese positive Erfahrungen tatsächlich wieder in ihrem häufig langweiligen Schulalltag, zumindest insoweit umsetzen, dass sie ihn ohne Schaden zu nehmen aushalten können.

Die Grundsätze in der Arbeit mit allen Kindern sind für uns in der

- Werteerziehung
- Orientierung am Kind
- Freude am Lernen
- Dokumentation und Präsentation

zu sehen.

Die Kooperation zwischen Eltern und Erzieherinnen ist von Wertschätzung geprägt.

Der Beruf der Erzieherin muss im Bewusstsein der Öffentlichkeit ein anderes Ansehen genießen. Ständige Fort- und Weiterbildung gehören ebenso wie Qualitätsmanagement zu unserer Arbeit.

Die Grundsätze der Reggio-Pädagogik fließen kontinuierlich in unsere Arbeit mit ein als elementar-pädagogischer Ansatz, der Diagnostik, Förderung und prozessbegleitende Evaluation integriert.

Werner Esser

Über die Fürstenschule St. Afra in Meißen – Kreativität: etwas Verbotenes?[1]

Kreativität, so dekretiert eine ausgesprochen imponierende, erkenntnisreiche und umfassende, weil detailtreue Studie der jüngsten Zeit, sei einer der vagesten Entwürfe, der „doppeldeutigsten und verwirrendsten Begriffe der heutigen Psychologie und Pädagogik"[2]; Kreativitätsforschung mithin habe „nur zu einem großen Wortschwall geführt". Wesentlich vorsichtiger formuliert der jüngst verstorbene Nestor das Problem der Theoriebildung im Zusammenhang zwischen Kreativität und der Beschreibung von Begabungsgrößen, Franz E. Weinert. Er meint, dass bislang jedenfalls in der Theoriebildung der Kreativitätsforschung keineswegs der Stand erreicht sei, „der zuverlässige, gültige und nützliche Schlussfolgerungen für sehr unterschiedliche und praktische Probleme erlauben würde"

Man wird fürs erste auf jene Ansätze verweisen, die gewissermaßen die Gedankenfiguren von Kreativität in ihrer noch nicht erwachsenen Form darstellen. Denn noch ist nicht ausgemacht, dass, selbst wenn die Theorie nicht „sauber", nämlich nach den als ‚naturwissenschaftlich' approbierten Kriterien verfertigt werden kann, in der Praxis, also in der alltäglichen Begegnung mit hoch oder besonders Begabten, nicht doch dieser Begriff einiges an Evidenz hervorzurufen im Stande ist. Schon hier deutet sich ein Dilemma an, das man die ‚Morgensternfalle' nennen könnte. Das was an Innovativem, konstruktiv Verquerem, noch nicht Gesehenem und trotzdem auf den ersten Blick plausibel Erscheinendem uns im pädagogischen Alltag begegnet, darf wegen seiner Nichtwiederholbarkeit nicht existieren? Es kann mit anderen Worten nicht existieren, weil es nach einem bestimmten Regelkanon nicht existieren darf ... ?!

Im Sinne der Methodologie der Hochbegabtentheorie muss gefragt werden, inwiefern kann man sinnvoll über ein Potential sprechen, welches sich doch erst äußern muss, also performativ werden muss, damit man darüber sprechen kann. Bekanntlich bedarf jedes Potential der Realisierung; ein unmittelbarer Zugang zum Potential ist nicht herstellbar. Wir haben also nie die Kompetenz vor Augen, sondern – wie auch immer repräsentiert – nur die Performanz. Es hat mithin den Anschein, als würde auf methodologischer Ebene ein Stück notwendiger Spekulation erfolgen, die zwar sinnvoll sein mag, nicht aber mit der szientifischen Grundhaltung konform geht. Man müsste über das Verhältnis zwischen

---

[1] Leicht geänderter Abdruck der Fassung des Erstdruckes „Über die Fürstenschule St. Afra in Meißen – Kreativität: Etwas Verbotenes?". In: Pädagogische Führung. Zeitschrift für Schulleitung und Schulberatung, Heft 2 (2002). S. 63-65.

[2] Detlef H. Rost (Hrsg.): Hochbegabte und hochleistende Jugendliche. Neue Ergebnisse aus dem Marburger Hochbegabtenprojekt. Münster, New York, München, Berlin: Waxmann, S. 29

Kompetenz und Performanz noch einmal nachdenken, eher im Sinne von Ursache und Wirkung.

Was bestimmt nun die ‚Anwendung' von exzellenten Kenntnissen? Gemäß der oben zitierten Studie von D. Rost, als Vertreter der Psychologie, liegt das Problem wie folgt: Die Vorstellung, dass der unmittelbare Zugang zur Kompetenz durch Testverfahren möglich sei, sprengt entweder den Kompetenzbegriff oder sitzt einer Unmittelbarkeitsvorstellung auf, die – wenn sie denn überhaupt haltbar sein sollte – selber wieder erläutert werden müsste: Auch das in noch so sprachfernen und bildungsunabhängigen Tests niedergelegte Wissen bleibt sprachgebunden, bleibt einzig als Phänomen der Performanz identifizierbar, denn das Potential ist dynamisch und zugleich nur mittelbar zugänglich wie jedes Lernpotential.

Das Dilemma der Theoriebildung, nämlich zwischen deduzierten Sicherheiten und induktiv orientierter Beobachtung dessen, was der Fall zu sein scheint, zu schwanken, ist nicht gerade neu, spiegelt sich aber immer wieder in den Hierarchisierungsversuchen von hie theoretischer Normierung und dort unterstellter praktischer Willkür. Dabei sollte solche Selbstimmunisierung zugunsten des wechselseitigen Diskurses längst verschwunden sein. Fürs erste mag das Wort des amerikanischen Begabtenforschers Renzulli diesen Widerspruch hier schlichten:

> „Although the information reported here draws heavily on the theoretical and research literature, it is clearly written from the point of view of an educational practitioner who respects both theory and research, but who also has devoted a major amount of his efforts to translating these types of information into what he believes to be defensible identification and programming practices."[3]

Wenn man sich also der Praxis zuwendet, so braucht man vielleicht keine fertige Theorie, vielleicht nur ein Modell, dessen theoretische Beständigkeit immer wieder überprüft werden muss. Solch ein Modell scheint jener Begabungsbegriff zu sein, auf den sich methodologisch auch die Arbeit des Landesgymnasiums Sankt Afra stützt. Der bereits oben erwähnte Joseph S. Renzulli, Direktor des nationalen Forschungszentrums für Begabte und Talentierte, „Gifted and Talented", an der Universität von Connecticut in Storrs, sieht im Begriff Hochbegabung drei Faktoren zusammenwirken, den von Aufgabenzugewandtheit, ‚task commitment', von überdurchschnittlichen Fähigkeiten, ‚above average abilities', und eben Kreativität, ‚creativity'. Diese drei komplexen Größen müssen zusammenwirken, in einem einzigen Vorgang ‚aufgehoben' sein, um so etwas wie Hochbegabung auszumachen.

---

[3] Aus: Baum, S. M., Reis, S. M., und Maxfield, L. R. (Eds.): Nurturing the gifts and talents of primary grade students. – Mansfield Center, CT: Creative Learning Press, 1998, (ohne Paginierung) aus dem im übrigen alle hier aufgeführten Renzulli-Zitate stammen.

Wie könnte man nun die Frage beantworten, die sich vor jedem der obligatorischen Auswahlverfahren jedem der Juroren stellt: „Wie hochbegabt ist denn der Betreffende, welche Art von Kreativität steht ihm zu Gebote, wie hoch sind seine intellektuellen Fähigkeiten, wie groß ist seine allgemeine Motivation und wie sehr kann er sich auf ad hoc gestellte Aufgaben konzentrieren, wie weiß er Probleme innerhalb eines komplexen Kontextes zu identifizieren und innerhalb dieses Kontextes deren Lösungen zu entwerfen?"

Auswahlverfahren: Um sich in einer durch vielfache Verschränkungen unterschiedlicher Charakteristika und deren mehr oder minder deutlich sichtbar ausgeprägten Momente gekennzeichneten Landschaft orientieren zu lernen, bedarf es eines Auswahlverfahrens: Es muss ein multipler Prozess sein, an dessen Ende eine Empfehlung, keinesfalls das Menetekel steht: „Gewägt ... und für zu leicht befunden...!" Der pädagogische Begriff besonderer Begabungen versteht sich kontextbezogen und versucht, innerhalb dieses Kontextes, also relational, seine Kriterien konstant und transparent zu gestalten, ohne dass Geltungsansprüche über ihn hinaus erhoben werden (könnten). Dem gemäß setzt sich das Auswahlverfahren aus einer umfangreichen, weil möglichst detaillierten Bewerbung, den als einen ‚Aufgaben- und Testparcours' gestalteten Aufnahmetagen und schließlich – nach erfolgter Aufnahme – einer Probezeit zusammen, die etwa das erste Trimester umfasst.

Lebensform ‚Internat': Da das Internat des Landesgymnasiums St. Afra kein angehängter Bestandteil für die unterrichtsfreie Zeit darstellt, sondern integriert ist, um die Lebens- und Lernprozesse in dichter Folge zu ermöglichen, ist vor allem das Probetrimester von nicht zu unterschätzender Bedeutung. Es soll den ‚Reuseneffekt' vermeiden helfen: Die als erstes spürbare, weil einschneidende und unmittelbar sich auswirkende Veränderung dürfte die Lebensform des Internats sein. Sie kann je nach Persönlichkeit als ungemeine Bereicherung, allerdings auch als eine unbekannte Veranlassung zur Selbstdisziplinierung empfunden werden. Um letzterem zu begegnen kann innerhalb dieser Probezeit ohne eine Angabe von Gründen der Platz geräumt werden. Denn es ist heute keine unerhebliche Belastung, wenn beispielsweise plötzlich Gleichaltrige sich in solcher Intensität mit Gleichaltrigen auseinandersetzen müssen, wie dies früher nur in einer mehrköpfigen Familie geschah.

Eigenständigkeit: Dies verlangt eine unaggressive und freundliche Selbstständigkeit, welche allzu oft erst einmal erlernt werden muss. Auch das Internat erfordert also eine Kreativität, deren Kern Eigenständigkeit ist, aus der heraus immer wieder neue Lösungen für unbekannte Konflikte zusammen mit anderen entworfen werden müssen. Ein wesentlicher Bestandteil des Konzeptes ist eine früh eingeforderte Eigenständigkeit auch im alltäglichen Bereich. Weiter könnte deutlich geworden sein, dass Selbstständigkeit innerhalb dieses Konzeptes in jeder Hinsicht den zentralen Fluchtpunkt aller Entwürfe und das Ziel aller Bemühungen darstellt. Dies wird besonders augenfällig auch im ‚akademischen' Bereich: Falls die Divergenz innerhalb einer Klasse nicht mehr überbrückt werden kann, können zwischen Lehrer und Schüler ‚Lernverträge' abgeschlossen werden, die ein eigenständiges Arbeiten an Stationen der Rückmeldung und regelmäßigen Beratungen entlang einschließen. Während dieser Zeit braucht der reguläre Unterricht nicht besucht zu werden; allerdings sind die notwendigen Leistungsnachweise zu erbringen. Denn die Bewerbungen können nicht die relationale Leistungsfähigkeit des einzelnen Schülers dokumentieren: unter ein und derselben guten oder gar sehr guten Note verbergen sich Voraussetzungen, die ohne eine besondere Beachtung (‚Brückenkurse' zum Aufholen und ‚Lernverträge' zum selbstständigen Weiterentwickeln) nur noch Enttäuschungen provozieren würden. Enttäuschungen wegen der Überforderung, Enttäuschungen wegen Unterforderung; allerdings bergen solche Enttäuschungen ja auch eine Reihe von Lernprozessen und Erfahrungen in Bezug auf das eigene Potential ...!

Fachspezifische Methodik: Wie ein mehrfach gedrehter roter Faden werden die Auseinandersetzungen zum Thema Kreativität von besonderen, mehrfach oder hoch Begabten durchzogen von der Trias ‚acceleration', ‚enrichment' und einer Amalgamierung beider, einer Art des ‚totaliter aliter'-Lernens, eines ganz anderen Lernens. Dies dürfte der systematische Platz sein, an dem dann von Kreativität die Rede sein wird. Hier sollte aber dem konzeptionellen Umstand Rechnung getragen werden, dass die Eigenständigkeit, die allzu oft als ‚Eigenwilligkeit' daherkommt, nicht oder nicht nur – der pädagogische ‚Übermensch' ist noch nicht geschaffen! – als Störung begriffen wird. Vielmehr verbergen sich hierunter Energien, die eigene Wege gehen wollen, eine Neugier, die mal grundsätzlich, mal ausgerichtet voran will und immer wieder die als Erfahrung des eigenen Selbst, als Grenzerfahrung angelegte Anstrengung, Anstrengung für beide Partner in dem Prozess, Kind wie Eltern, Schüler wie Lehrer. Um diese Motivation zu orientieren – weshalb Renzulli ja nicht von ‚*motivation*', sondern von ‚*task commitment*' spricht – bedarf es eines möglichst frühzeitigen Umgangs mit Instrumentarien, mit Lern- und Arbeitstechniken also, aber auch mit fachspezifischen Methoden. Denn eigentlich können nur sie den Boden für die Anerkennung einer Leistung bereiten. An ihnen unterscheidet sich deutlich der bloß willkürliche Ansatz von einem sich dem Diskurs aussetzenden Versuch, der sich der Regeln bedient hat. Fachspezifische Methoden sind freilich nicht pädagogische Organisationsformen, sondern all jene Wege, auf denen die verschiedenen Wissenschaften zur Konstituierung ihrer Gegenstände gelangen. Es ist vielleicht nicht so wichtig, ob eine Klasse im Referat instruiert oder in Arbeitsgruppen zergliedert wird, wohl aber, ob ein physikalisches Modell ähnlich einem sozialen Modell entsteht – und was beide über ihren Gegenstand als Möglichkeit vorwegnehmen, ob die experimentelle Methode in der Chemie sich nicht grundsätzlich von der hermeneutischen bei der Betrachtung von Literatur unterscheidet – und ob nicht zuletzt nicht auch die Geschichte der Physik und Biologie nicht ungemein aussagefähig für die heutigen Versuchsanordnungen in diesen Fächern ist. Solches methodisches Wissen muss der generierenden Eigenständigkeit wegen früh zum Thema werden – nicht allein um ein gewisses, wenn auch noch so ‚ungeschlachtes' Instrumentarium zum selbstständigen Arbeiten an die Hand zu geben, sondern um ein Stück zum ‚Weltverständnis' beizutragen.

Grundlagen und Vertiefungen: Anhand zweier Einrichtungen soll vor einer zusammenfassenden Betrachtung des diesem Konzept zugrunde gelegten Kreativitätsbegriffs noch auf die materialen Zurüstungen der Gegenstände eingegangen werden. Zwar verdankt sich die Unterscheidung von Grundlagen- und Vertiefungswissen ansatzweise der oben genannten zwischen ‚*acceleration*' und ‚*enrichment*', insofern die Grundlagen schneller adaptiert und die Vertiefungen den eigenen wie den curricularen Orientierungen Chancen eröffnen, doch trifft dies nicht den dritten Teil, den des ‚anderen Lernens'. Das Grundlagenwissen ist auf die Fachspezifik konzentriert, weist konzentrierte, weil ‚eingedampfte' Inhalte des üblichen Curriculums aus, betont die Spezifik der Methoden und ist im fachübergreifenden und fächervernetzenden Sinne zugleich über seine Grenzen hinaus orientiert. Dem trägt das Vertiefungswissen Rechnung, in dem es einerseits die Möglichkeit zur weiteren Ausdifferenzierung eröffnet, zugleich aber auch den Weg zur Auflösung der ‚Fakultäten' weist. Vernetzungen meint hier sowohl die im jeweiligen Fach ausgeführte und sich wo möglich ergänzende Vielgestaltigkeit von Gegenständen oder auch die verschiedenen Gegenstände, die einem Thema angehören und in jeweiliger Fachspezifik zu erarbeiten sind. Auch wenn Renzulli mit seinem ‚*revolvering door system*' eher eine Durchlässigkeit von Klassen als Lerneinheiten gemeint haben mag, so scheint uns diese Konzeption des Vertiefungswissens – *additum* – eine materiale Übertragung dieses Gedankens zu bedeuten, die gleichzeitig, an anderen Unterrichtsgegenständen vorgenommene Konzentration – *fundamentum* – durchaus im Sinne des Begriffs ‚*compacting*' bei Renzulli interpretierbar zu sein.

Kreativität – und hier handelt es sich nur um eine Skizze – ist im Konzept des Landesgymnasiums sowohl Förderungsziel (weil gerade auf sie orientiert werden soll) und auch Voraussetzung (weil ohne sie niemals Begabung in Leistung übersetzt, besser: transformiert werden kann). Sie ist Motor und Bedingung; ist das ‚missing link' zwischen Erfahrungen und begrifflichem Denken.

Kreativität ist in einem noch zu erläuternden Sinne auf Kontexte angelegt. Aus diesem Grund sind Gymnasium und Internat unter das eine Dach dieser Schule genommen. Das Spannungsverhältnis von Leben und Lernen, Privatheit und Zusammentreffen ist gewollt von der Wohnform im Alltag bis zur Arbeitsform bei den unterschiedlichsten Projekten, bis zur Zusammenarbeit mit sozialen Einrichtungen von Stadt, Kreis und privaten Einrichtungen.

Während in Deutschland der Intellektuelle immer noch in die Nähe des Schimpfwortes gerät, die ‚Intelligenzbestie' dies vollends ausspricht, hat der Kreative ein nachgerade verspieltes Dasein, ein Tänzeln, ein unverbindliches ‚Denkeln', das ihn für soziale Belange unzugänglich werden lässt. Er träumt. Bekannt ist aber auch, dass genau diese Traumphase ausgesprochen kreativ ist, dass deshalb eben dies eingefordert werden muss: die soziale Integration dessen, was geträumt worden ist!

Anne Rössel

Förderung für Begabte aller Schulformen – der Studientag in Rostock

Die Situation im Bundesland Mecklenburg-Vorpommern

Das nördlichste der neuen Bundesländer ist ein dünn besiedeltes Flächenland mit ca. 1,8 Mio. Einwohnern. Mitte der 90er Jahre war das Thema Hochbegabung bei Eltern und in Schulen weitgehend unbekannt, allenfalls erinnerte man sich noch an die zu DDR-Zeiten bestehenden Spezialschulen, in denen begabte und motivierte Kinder mit guten Schulleistungen Förderung erfuhren.

Abgesehen von den Mathematikolympiaden waren kaum Fördermöglichkeiten bekannt, viele davon auch erst Kindern der weiterführenden Schulen zugänglich. Die Umstrukturierung des Schulsystems (von der POS zur Dreigliedrigkeit) führte vielfach zu der Annahme, dass allein der Schulbesuch am Gymnasium schon Förderung genug sei. Die Jugenddorf-Christophorus-Schule in Rostock hatte zwar einen Förderzweig für Hochbegabte, aber erst ab der 9. Klasse, und für viele Familien stellte das Schulgeld eine unüberwindbare Hürde dar.

Unterforderung führt zu Problemen

Die Elterngruppe der DGhK in Rostock, die 1996 ihre Arbeit aufgenommen hatte, lernte in kurzer Zeit ein ganzes Spektrum von Problemen kennen, mit denen sich Familien mit hoch begabten Kindern auseinandersetzen mussten. Da gab es:

- eine Grundschülerin, Kl. 3, sie konnte bereits mit Schuleintritt fließend lesen, war hochmotiviert, aber in der Klasse sozial ausgegrenzt
- einen Jungen, Kl. 6, ohne Motivation und Arbeitstechniken, der die Schule verweigerte, im ersten Schuljahr fiel auf, dass er bereits Bruchrechnung beherrschte
- einen Jungen, Kl. 5, mit guten Leistungen, gut integriert, der sich aber oft im Unterricht langweilte
- einen Jungen, Kl. 5, mit Interesse an vielen Wissensgebieten, z. T. mit großen Spezialkenntnissen, seine Lese-Rechtschreib-Schwäche behinderte ihn im Unterricht sehr

- ein Mädchen, Kl. 4, mit hoher Sozialkompetenz und guten Leistungen in der Schule, das zu Hause oft unerträglich war
- einen Jungen, Kl. 4, in der Klasse als „Besserwisser“ unbeliebt, da er gern lernte, mit vielen Freizeitaktivitäten wie Karate-Training und Geigenunterricht

So vielgestaltig und bunt wie das Leben selbst wurden in den Elterngesprächskreisen die Kinder geschildert. Zum Teil berichteten die Eltern über gravierende Probleme:

- psychosomatische Beschwerden
- Langeweile und Unlust, die sich auch auf Angebote zu Hause erstreckt
- Schulangst, Verweigerung
- fehlende Lerntechniken
- Aggressivität in Schule und/oder Familie
- Selbstmordgedanken
- Wenig Freunde, z. T. soziale Isolation oder Mobbing durch Mitschüler und/ oder Lehrer
- Wenig Durchhaltevermögen, Geduld, Anstrengungsbereitschaft, vor allem bei Routineaufgaben
- Überforderung der Eltern
- Unverständnis oder Hilflosigkeit seitens der Lehrer (Dissynchronien, Verhalten, Probleme mit individueller Förderung wegen äußerer Rahmenbedingungen)

Wie kann man diese Kinder fördern und den Eltern und Lehrern helfen?

Überdurchschnittlich begabten Kindern gerecht zu werden, ist für die Schule allein häufig ebenso schwierig wie für die Eltern. Trotz der genannten Probleme suchen sich Eltern häufig erst recht spät Hilfe bei kompetenten Partnern. „Denn ein Wunderkind ist mein Kind nicht“, so die vor dem Wort „hoch begabt“ zurückschreckenden Eltern. Dass der Begriff „Hochbegabung“ häufig medienwirksame Bilder wie das der 4-jährigen Geigenvirtuosin oder des 11-jährigen altklugen Dozenten weckt, hat zur Folge, dass in der öffentlichen Wahrnehmung kaum eine der Realität angemessene Sicht auf überdurchschnittlich begabte Kinder anzutreffen ist. Denn es gibt auch die „normalen“ Hochbegabten, die aufgrund überdurchschnittlicher Intelligenz, Kreativität und Motivation ebenso wie durch überragende Gedächtnis- und Konzentrationsleistungen ein im Vergleich zu ihren Altersgenossen enormes Lerntempo vorlegen.

Eine hohe Begabung führt nicht notwendig zu Problemen. Hoch begabte Kinder brauchen aber ausreichende intellektuelle Förderung und – wie alle anderen auch – ein ausreichendes Maß an positiver Spiegelung. Erschwerend wirkt hier der Umstand, dass nur 2 bis 5 % der Kinder jeder Altersstufe hoch begabt sind. Diese Kinder werden daher in Gruppen Gleichaltriger viel zu selten spontan verstanden und angenommen. Die DGhK ermöglicht ihnen das, was bei vielen Minderheiten zu Selbstverständnis und Integration beiträgt: sich zu treffen und in verstehendem Klima ihre besonderen Eigenschaften und Fähigkeiten zu entfalten. Die Angebote des Vereins gehen weit über den Ausgleich geistiger Unterforderung in der Schule hinaus: Es geht um die Schaffung von Möglichkeiten einer ganzheitlichen Entwicklung der Kinder, ihres gesunden Selbstkonzepts.

Hoch begabte Kinder zu fördern sollte nicht heißen, kleine Genies aus ihnen zu züchten. Denn trotz ihrer überdurchschnittlichen intellektuellen Fortschritte gegenüber Gleichaltrigen verläuft die Entwicklung ihrer emotional-sozialen sowie ihrer motorischen Fähigkeiten doch meist völlig „normal“. Gerade diese Dissynchronität einzelner Entwicklungsbereiche macht den Kindern das Leben häufig recht schwer. Zu hohe Erwartungen der Kinder an sich selbst sowie der Umwelt an ihre Leistungsfähigkeit in jeder Hinsicht führen häufig zu Frustration und Entmutigung und zu dem oben beschriebenen Problembild. Hinzu kommt, dass unterforderte Kinder bereits in den ersten Schuljahren Strategien entwickeln, um mit der Langeweile fertig zu werden. Diese Verhaltensweisen sind den äußeren Anzeichen von Überforderung sehr ähnlich, was ein Erkennen der Problemlage erschwert.

Wer sich um die Förderung besonderer Begabungen bemüht, sollte daher die Entwicklung der gesamten Persönlichkeit des Kindes im Auge haben. Das bedeutet in der Praxis eine den individuellen Bedürfnissen angemessene Förderung von „Kopf, Herz und Händen“ gleichermaßen. Dass dies eine in der Schulpraxis organisatorisch kaum realisierbare Forderung ist, kann nicht bestritten werden.

Dennoch: Laut Schulgesetz soll jedes Kind in unseren Schulen seinen Fähigkeiten entsprechend gefördert werden. Das heißt, es ist Pflicht der Schule, auch für die hoch begabten Kinder etwas zu tun. Die Möglichkeiten, diesem Auftrag gerecht zu werden, sind jedoch begrenzt durch fehlende Geldmittel und steigende Klassenfrequenzen. Der Verein hat sich deshalb Partner gesucht, die bereit sind, etwas für die Förderung Hochbegabter zu tun. Dies sind Lehrkräfte und Studenten der Universität Rostock, Mitarbeiter von Vereinen (wie der Kunstschule, der astronomischen Station), Mitglieder der Philharmonie, Rentner und viele andere: Menschen, die etwas Interessantes wissen oder können und die bereit sind, dieses Wissen und Können an unsere Kinder weiterzugeben. Sie wollen mit interessanten Kursangeboten den Kindern die Freude am Lernen und Entdecken wiedergeben und ihren Fähigkeiten gerecht werden. Den Kindern sollen die

Kurse im Kreise Gleichgesinnter das Erlebnis geben, nicht allein zu sein, sich angenommen zu fühlen. Außerdem werden spannende Inhalte vermittelt und Lern- und Arbeitstechniken trainiert. Damit wird eine Aufgabe übernommen, die eigentlich die Schule leisten müsste. Wir sind deshalb der Auffassung, dass die Förderung hoch begabter Kinder nicht ausschließlich im Freizeitbereich stattfinden sollte, sondern auch während der Unterrichtszeit.

Unilust statt Schulfrust

Ein erster Versuch mit Freizeitkursen verlief nicht sehr erfolgreich: Die meisten Kinder hatten oft ohnehin viele Freizeitaktivitäten (Sport, Musikschule, Arbeitsgemeinschaften) bzw. waren nach der Schule zu erschöpft, um sich auf die hohen Anforderungen der Kurse einzulassen. Damals hatte der Verein auch noch nicht Kontakt zu so vielen Familien, es gab einfach nicht genügend Teilnehmer.

So wurde die Idee geboren: Warum nicht Kurse *statt* Schule?

Die Vorteile: der Leerlauf in der Schule wird reduziert, man findet leichter Termine, die allen passen, die Kinder sind vormittags aufnahmefähig und konzentriert und haben eher Erfolgserlebnisse

Die Nachteile: Reaktionen der Schulen sind unklar, Nacharbeiten des Ausfalls erfordert hohes Maß an Motivation und Selbstorganisation und gute Zusammenarbeit mit den Eltern, evtl. negative Reaktionen bei Mitschülern

Um die Vorteile zu nutzen und möglichst alle Nachteile auszuschalten, ging der erste Weg der Organisatoren ins Kultusministerium, dann gab es Gespräche in den staatlichen Schulämtern. Nachdem von diesen Stellen grünes Licht für das Konzept „Unilust statt Schulfrust" gegeben war, konnte die Arbeit beginnen.

Seit August 1996 besteht für geeignete Schülerinnen und Schüler der Klassenstufen 1 bis 8 die Möglichkeit, an Halbjahreskursen teilzunehmen und hierfür alle zwei Wochen (jeweils freitags) seitens der Schule beurlaubt zu werden. Die Freistellung der Kinder erfolgt zentral durch den Regionalverband der DGhK über die zuständigen Schulräte, die die Informationen an die Schulleiter weitergeben. Den Eltern obliegt es, die Freistellung beim Schulleiter zu beantragen und Formen des Nacharbeitens des versäumten Schulstoffs mit dem Kind und den Lehrern zu vereinbaren. Bei Problemen mit der Schule hilft es, Vertreter des Vereins zur Vermittlung und für Rundtischgespräche einzuschalten. Die Kosten für den Studientag (für Honorar-, Miet- und Materialkosten) liegen bei etwa 60 Euro pro Kind und Semester und müssen von den Eltern der teilnehmenden Kinder selbst getragen werden.

Die „Zulassung" der Kinder zum Studientag obliegt dem Verein, der ein verantwortliches Mitentscheiden der Eltern im Interesse ihrer Kinder voraussetzen muss. In der Regel geht dem ein ausführliches Beratungsgespräch voraus. Diese Besonderheit macht es möglich, dass in dem Förderprogramm auch Kinder erreicht werden, die den Lehrern nicht durch ihre überragenden Leistungen auffallen, dass auch Kinder aus Real- und Hauptschulen teilnehmen können, an denen über Begabtenförderung kaum nachgedacht wird. In einigen Fällen konnte durch eine enge Zusammenarbeit zwischen dem Verein, der Schule und der Familie eine drohende Nichtversetzung abgewendet, ein Schulwechsel auf die Hauptschule verhindert oder ein beginnendes Absinken der Schulleistungen durch Vermeidungsverhalten des Kindes abgemildert werden. Zur Motivationsförderung ist hierbei besonders wichtig das Anknüpfen an die vorhandenen Interessen und Stärken der Kinder, und zwar ohne Bedingungen wie: erst sollen die Leistungen stimmen, erst müssen alle Pflichtaufgaben fertig sein.

Zielrichtung der Kurse im Studientag ist die Erschließung des intellektuellen und kreativen Potentials jedes einzelnen Kindes und die Entwicklung eines selbstwertstabilisierenden Gruppengefühls in gleichem Maße. Dazu gehört die Förderung von

- Kreativität und Leistung (neue Wege beschreiten, weiterlernen dürfen ohne Beschränkung durch Rahmenpläne)
- Arbeitstechniken (die „Mühen der Ebene" auf sich nehmen, Lern- und Arbeitsstrategien entdecken und anwenden)
- Persönlichkeit und Selbstwertgefühl (Akzeptanz und Toleranz leben: gegenüber anderen und sich selbst)
- Gruppendynamik und Freundschaften (soziale Isolierung durchbrechen, Konfliktlösungsstrategien entwickeln)

Die Kursinhalte sind so ausgerichtet, dass sie möglichst wenig auf Schulwissen aufbauen bzw. solches vorwegnehmen. Die Kinder befassen sich beispielsweise mit folgenden Fragestellungen:

Wer oder was lebt auf Buhnen und Hafenanlagen, was ist marines Fouling?

Warum stürzen Türme und Brücken ein, was heißt „Widerstand an und dynamischer Auftrieb von umströmten Körpern"?

Wie rechnet ein PC, wie und warum funktioniert ein Rechenschieber?

Wer oder was ist ANTON, was verbirgt sich hinter problemorientiertem Programmieren und algorithmischer Notation?

Was weiß man über die Hanse und ihre Seekriege und wie erfährt man etwas darüber?

Was heißt „dreikonsonantige Wortwurzel" im Hebräischen?

Wie erstelle ich eine mixolydische Komposition, was passiert auf dem Weg vom Improvisieren bis zur fertigen Partitur?

Bakterienkolonien auszählen – wie soll das gehen?

Lässt sich Koffein chromatographisch nachweisen?

Mathematik – in gotischen Fenstern?

Das bisherige Kursangebot erstreckt sich über nahezu alle denkbaren Gebiete:

- Sprachlich-geisteswissenschaftliche Kurse wie Philosophie, Sprachspiele, Hebräisch, Schach, Griechisch
- Technisch-mathematisch ausgerichtete Kurse wie Experimentelle Physik, Strömungsmechanik, Astronomie, Informatik, Mathematik, Naturphänomene im Alltag
- Naturwissenschaftlich-ökologisch orientierte Kurse wie Erde/ Kleinlebewesen, Mikrobiologie, Biochemie, Meeresbiologie/ Ökologie, Artenvielfalt
- Künstlerisch-kreative Kurse wie Komposition, Geschichte selbst erlebt, Lyrik, Kreativer Kunstkurs

Den Studientag in Rostock nutzen pro Semester derzeit rund 40 Kinder, die sich in zwei bis maximal vier Kursgruppen einschreiben können. Die Kurse sind zahlenmäßig auf kleine Arbeitsgruppen von 4 bis max. 10 Kindern begrenzt, um dem Kursleiter sowie allen Mitgliedern der Gruppe ein effektives inhaltliches und methodisches Arbeiten miteinander zu ermöglichen.

Teilnehmerzahlen:

Jahr	**Gesamt**	Jungen	Mädchen	Kurse
1996/SS	**9**	5	4	2
1997/SS	**23**	13	10	3
1997/WS	**36**	16	10	5
1998/SS	**24**	16	8	5
1998/WS	**21**	16	5	6
1999/SS	**16**	10	6	5
2000/SS	**19**	15	4	6
2000/WS	**22**	20	2	8
2001/SS	**34**	28	6	12
2001/WS	**44**	31	13	14
Gesamt	**238**	170	68	66

Mädchen in naturwissenschaftlichen Kursen:

97/SS	97/WS	00/SS	01/WS
7	7	5	14

Herkunftsorte der Teilnehmer 2001

Gesamt	Rostock	Nachbarkreis	weiter (bis 2h)
44	25	12	7

Schulen der Teilnehmer 2001:

Grundschulen	20
Realschulen	3
Gymnasien	7
Schulen in freier Trägerschaft (Primarbereich)	3
Schulen in freier Trägerschaft (Sekundarbereich)	11

Die meisten Kinder belegen zwei Kurse, die älteren ab Klasse 5 auch oft drei oder vier.

Über die Hälfte der Teilnehmer nimmt länger als ein Semester am Studientag teil, ein Drittel der Kinder mehrere Jahre.

Eine Bilanz nach fünf Jahren

Der anfänglichen Skepsis seitens einiger Eltern und Lehrer können nach über fünfjähriger Arbeit positive Erfahrungen entgegengesetzt werden. Diese erfreuliche Bilanz lässt sich nicht zuletzt aufgrund der kritischen Begleitung und Überarbeitung des Studientagskonzeptes durch Kursleiter, Eltern und Organisatoren ziehen. Im einzelnen kann man hinsichtlich der genannten Zielrichtungen folgendes einschätzen:

1. Kreativität und Leistung

werden durch die Kursinhalte herausgefordert. Es hat sich gezeigt, dass eine lebendige, handlungsorientierte Aneignung der Gegenstände die Kinder besonders motiviert und zu erstaunlichen fachlichen Leistungen befähigt. Sowohl Eltern als auch Kursleiter zeigten sich angenehm überrascht, was für anspruchsvolle Themen die Kinder in verhältnismäßig kurzer Zeit bearbeiten konnten (z. B. in Physik oder Komposition). Auf Drängen der Kinder gab es eine Fortsetzung vieler Kurse (z. B. Physik, Informatik, Hebräisch und Komposition).

2. Das soziale Miteinander der Kinder

entwickelte sich in den Kursen positiv. Nach außen wirkt dieses Gruppengefühl nicht im Sinne von Abgrenzung gegenüber anderen Kindern, sondern als sichere Basis, von der aus Kontakte aufgenommen und gepflegt werden können. Freundschaften sind entstanden, die den Kindern viel bedeuten, die auch über den Studientag hinaus gepflegt werden und Kontakte zwischen ganzen Familien herstellten.

3. Arbeits- und Lerntechniken

werden von den Kindern eingesetzt, wenn sie dies als wichtig und notwendig erachten. In der Schule erworbene Verhaltensmuster im Arbeits- und Lernverhalten der Kinder („Hingucken – Begreifen – Abhaken“) werden auch hier erprobt. Damit die Kinder diese durchbrechen, bedarf es der Motivation durch den Kursleiter und fordernder Inhalte, aber auch klarer „Spielregeln“ für den Kursablauf. Dann zeigten die Kinder allerdings Freude an wissenschaftlichen Arbeitsmethoden sowie die Fähigkeit und den Willen zu konzentrierter Arbeit auch über lange Zeiträume hinweg

4. Leistungen und Verhalten in der Schule

sind, seit die Kinder am Studientag teilnehmen, nicht signifikant besser oder schlechter geworden. Einige Kinder erfahren durch den Vergleich mit anderen hoch begabten Kindern die Motivation, ebenfalls gute schulische Leistungen zu erbringen. Der durch die Teilnahme an den Kursen weggefallene Unterricht hat sich nicht negativ auf das Leistungsbild der Kinder ausgewirkt, sofern nicht von vornherein Schwierigkeiten in dem entsprechenden Fach bestanden. Nach wie vor gilt, dass die wohlwollende Begleitung der Kinder durch Elternhaus und Schule notwendig ist, um Probleme im Unterricht zu vermeiden und die motivierenden Aspekte des Studientages zum Tragen zu bringen.

Zusätzlich dazu gibt es inzwischen auch positive Rückkopplungseffekte in den Schulen des Bundeslandes. Verstärkt machen Lehrer, die schon einmal ein Studientagskind in ihren Klassen hatten, andere Eltern auf mögliche hohe Begabungen ihrer Kinder und die bestehenden Fördermaßnahmen aufmerksam. Die anfängliche Verwunderung und Skepsis einiger Lehrkräfte ist aufgrund der guten Erfahrungen der Bereitschaft zu eigener Fortbildung und zu individueller Förderung hoch begabter Kinder auch im Unterricht gewichen. Mittlerweile hat das Konzept Studientag Einzug in vielen anderen Städten der Bundesrepublik gehalten. Genannt werden sollen hier Neubrandenburg, Köln und Darmstadt. Weitere ähnliche Projekte werden in den nächsten Jahren folgen.

In Rostock ist die Präsentation der Arbeitsergebnisse durch die Kinder auf einem Abschlussfest mittlerweile eine schöne Tradition. Dort erhalten die Kinder Urkunden, die die Teilnahme und die erarbeiteten Inhalte dokumentieren. Seit diesem Jahr werden auch die Lehrer der Kinder eingeladen werden, um ihnen einen besseren Einblick in die Ergebnisse und Chancen dieser Fördermöglichkeit zu geben. Denn beim Zuhören und -schauen wird regelmäßig allen Anwesenden deutlich, was individuelle und den Fähigkeiten des einzelnen Kindes angemessene Förderung bewirken kann: miteinander wachsen, gemeinsames freudvolles Tätigsein und individuelle Leistung, die von der Gruppe anerkannt wird. Und vor allem: glückliche Kinder.

Literatur

Butler-Por, N. (1987), *Underachievers in School: Issues and Intervention*, New York: John Wiley

Hany, E. A; Nickel, H., (Hrsg.) (1992), *Begabung und Hochbegabung: Theoretische Konzepte, empirische Befunde, praktische Konsequenzen*, Bern: Huber

Meister, M. und Rössel, A. (1988) *Unilust statt Schulfrust*, in: Pädagogisches Handeln, Heft 3, 2. Jg. 1998

Wittmann, A., Holling, H. (2001) *Hochbegabtenberatung in der Praxis*, Göttingen: Hogrefe

III. Das Fördern fördern.
Unterstützung und Hilfe für die pädagogische Praxis

Helmut Quitmann

Dialogische Diagnostik und Beratung in der Beratungsstelle besondere Begabungen – *BbB* – in Hamburg

Eine systemische Herangehensweise gilt vielen in pädagogischen Diagnostik- und Beratungsprozessen als der Königsweg einer Beratung im Sinne von „Hilfe zur Selbsthilfe" schlechthin[1]. Unausgesprochen wird damit die Hoffnung verbunden, die Entstehung von „hilflosen Helfern"[2] zu verhindern und damit den Abnehmern von Beratung optimale Unterstützung zukommen zu lassen. Ich möchte dies hinterfragen und auf ein Dilemma hinweisen, in dem sich engagierte Beraterinnen und Beratern häufig wiederfinden: je besser, ernsthafter und engagierter ein Berater/ eine Beraterin einen systemischen Ansatz in der pädagogischen Diagnostik und Beratung verfolgt, desto schneller gerät er bzw. sie in eine Überforderung und läuft Gefahr, zentrale Figur im Beratungsgeschehen zu werden und – zwangsläufige Folge – ein „hilfloser Helfer" zu werden.

Ich möchte daher die „dialogische Diagnostik und Beratung" als eine ergänzende Variante von „Hilfe zur Selbsthilfe" für pädagogische Diagnostik und Beratung vorstellen. Es geht um ein Konzept, das seit fünf Jahren Grundlage der Beratung und Diagnostik in der *Beratungsstelle besondere Begabungen – BbB* -[3] ist. Die „dialogische Diagnostik und Beratung" berücksichtigt die Leitgedanken einer systemischen Beratung, ist aber so angelegt, dass die Entfaltung eines hilflosen Helfertums konzeptionell dadurch begrenzt wird, dass der *Struktur* des Beratungsprozesses eine führende Bedeutung gegenüber den pädagogischen-psychologischen Interventionen zugesprochen wird.

---

1 Systemische Beratung geht davon aus, dass eine Problemlösung in dem Maße erfolgreich ist, in dem es gelingt, die Interessen und Motive der Beteiligten eines Problemlösungsprozesses miteinander zu vernetzen und einer gemeinsamen Lösung zuzuführen.

2 Der Begriff „Hilflose Helfer" geht auf das gleichnamige Buch von W. Schmidbauer (Reinbek 1992) zurück und kennzeichnet folgenden Sachverhalt: in der Selbstwahrnehmung des/ der professionellen Beraters/in wird das Engagement innerhalb der Beratung von dem Motiv getragen, den Ratsuchenden bei der Lösungsfindung zu unterstützen. Wenn ein/e professionelle/r Berater/in jedoch nicht wahrnimmt, ob und ggf. zu welchem Zeitpunkt sich das Motiv dahingehend verändert, dass das Engagement sich mit einer Art Machtanspruch verbindet und damit überwiegend der eigenen Zufriedenheit (nämlich der des/der Berater/in selbst) dient, wird der/die professionelle Berater/in zum „hilflosen Helfer".

3 Staatliche Beratungsstelle der Schulbehörde Hamburg mit 5 Mitarbeiter/innen; nähere Informationen unter http://lbs.hh.schule.de/bbb

Annahmen

Folgende Annahmen liegen dem Konzept einer „dialogischen Diagnostik und Beratung“ zugrunde:

1. *Das Menschenbild der Humanistischen Psychologie* [4], d. h.
   - die an einer Problemsituation *Beteiligten werden als Experten*[5] zur Lösung dieses Problems definiert
   - Menschen verhalten sich innerhalb eines solchen Problemlösungsprozesses *progressiv und konservativ zugleich*, d. h. sie möchten einerseits den jeweiligen Status Quo schützen und bewahren (konservativ) und die Übernahme von Verantwortung vermeiden, haben andererseits aber auch das Bedürfnis, über sich hinauszuwachsen, Neues zu wagen, Risiken einzugehen (progressiv) und aktiv Verantwortung zu übernehmen
   - Menschen haben das Bedürfnis, ihre Einzigartigkeit zu verwirklichen, hervorzutreten und sich von anderen zu unterscheiden und möchten zugleich nicht auffallen, in der Masse verschwinden und sich in der Zugehörigkeit zu einer Bezugsgruppe geborgen fühlen.
2. *Problemlösung vor Ort* hat erste Priorität, d. h. die unmittelbar Beteiligten (im pädagogischen Kontext sind dies in der Regel Eltern, Lehrkräfte und die Kinder/Jugendlichen selbst) haben die primäre Verantwortung und bleiben – auch bei Hinzuziehung externer Berater/innen – in der primären Verantwortung.
3. *Konsensuales Handeln* ist das zentrale qualitätsstiftende Moment in der Diagnostik und Beratung. Ein „Konsens über den Dissens“ wird als minimale und hinreichende Grundlage für kooperatives Handeln[6] verstanden.
4. *Struktur führt:* Die strukturellen Aspekte (Ablauforganisation, Kontrakt- und Konfliktmanagement, Prozesssteuerung) haben eine mindestens gleichgewichtige Bedeutung für einen erfolgreichen Verlauf eines Beratungsprozesses wie die inhaltlichen Aspekte (pädagogisch-psychologische Anamnese, Handlungskonzept und Intervention). Die qualitative Entfaltung pädagogisch-psychologischer Diagnostik und Interventionen steht und fällt mit einer verlässlichen Ablaufstruktur des Beratungs- und Förderprozesses.

---

4 Quitmann, H.: Humanistische Psychologie. Philosophie-Psychologie-Organisationsentwicklung; Hogrefe, 3.Aufl., Göttingen 1996

5 „Expertentum“ wird in diesem Aufsatz in dreierlei Hinsicht verortet: zum einen das Expertentum von Eltern, das aus Lebenserfahrung erwächst, zum anderen das Expertentum von Lehrkräften, das aus ihrer Ausbildung und ihrer Berufspraxis resultiert, und schließlich das Expertentum von professionellen Fach- und Prozessberaterinnen und -beratern

6 Es gilt, dem weit verbreiteten Irrtum entgegenzutreten, man könne nur dann kooperieren, wenn man einer Meinung ist

Dialogische Diagnostik und Beratung am Beispiel der *Beratungsstelle besondere Begabungen – BbB –* in Hamburg

Die Berater/innen der *BbB* definieren Eltern und Lehrkräfte als Experten[7] für Diagnostik und Beratung, da sie täglich mit den Kindern leben und arbeiten. Die Eltern kennen ihre Kinder von Geburt an, sie haben ihr Kind viele Jahre lang beobachtet, sie haben es in Tausenden von alltäglichen Situationen bewusst oder unbewusst mit anderen Kindern verglichen; sie haben sich an der Besonderheit ihres Kindes erfreut oder gelitten, kurz: sie wissen, wovon sie reden, wenn sie sich mit einer Frage oder einem Problem an die Schule oder an eine Beratungsstelle wenden und um Unterstützung bitten. Ähnlich verhält es sich bei den Lehrkräften: Sie kennen das Kind, sie arbeiten mit dem Kind mindestens seit einigen Monaten, wenn nicht sogar schon seit mehreren Jahren. Sie wissen um die besonderen Stärken und Schwächen der Kinder nicht nur im kognitiven, sondern auch im sozialen, künstlerischen, handwerklichen oder sportlichen Bereich. Sie freuen sich über das außergewöhnliche Wissen, die große Neugier oder die auffällige Kreativität einzelner Kinder und sie leiden gleichzeitig darunter, dass diese Kinder sie mit Fragen „löchern", ihre Aufgaben schneller erledigen als andere und oft auf Kosten anderer Kinder zu viel Aufmerksamkeit einfordern, weil sie ihre Schulbücher und Materialien nicht in Ordnung halten, keine Hausaufgaben machen und den Unterricht stören, kurz: auch die Lehrkräfte sind Experten für ihre Schülerinnen und Schüler und wissen, worüber sie reden, wenn sie sich bei einem Kind oder Jugendlichen vor die Frage einer besonderen Begabung gestellt sehen.

Die Herausforderung bei der Lösung einer Problemsituation besteht darin, die vorhandenen Kompetenzen (Elternhaus, Schule und ggf. weitere (Fach-) Experten) zu aktivieren und in einer dialogischen Kooperation zusammenzuführen. Wie die Abbildung zeigt, geht die „dialogische Diagnostik und Beratung" anders vor als traditionelle systemische Konzepte:

[7] siehe Fußnote Nr. 5

Modell A: Berater/in als zentrale Figur in einem systemischen Beratungsprozess

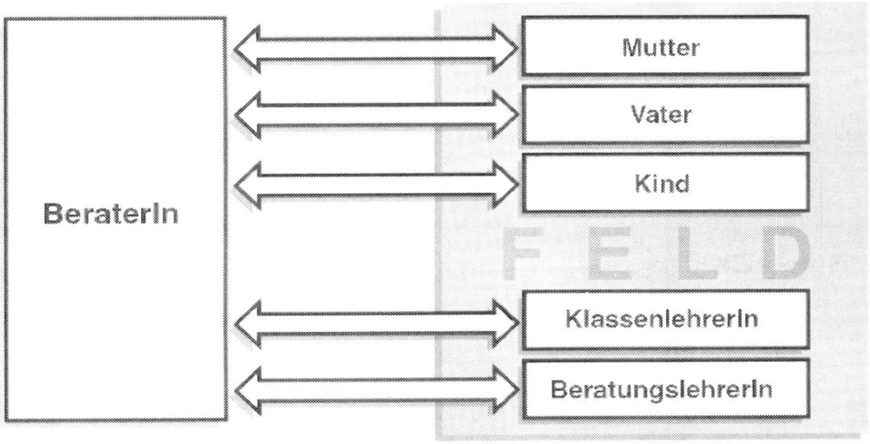

Modell A zeigt ein weit verbreitetes systemisches Modell: Die Beraterin/der Berater baut zu *jeder einzelnen Person* des Feldes einen Kontakt auf, holt Informationen ein, macht sich aufgrund der gesammelten Informationen ein Bild und entwirft einen Handlungsvorschlag im Sinne einer „Hilfe zur Selbsthilfe" (häufig in Form eines Gutachtens, eines Förderplans und/oder einer Intervention). Eine Überforderung tritt dann ein, wenn die Beraterin bzw. der Berater die Ergebnisse an die Beteiligten im Feld weitergeben und ein vernetztes Handeln initiieren möchte. Dies wird deshalb so komplex, weil alle Fäden letztlich in der Person des Beraters/der Beraterin zusammenlaufen und Beraterinnen/Berater dazu verleitet, eine Art von Interpretationsmonopol zu realisieren, was aber eine auf Handlung orientierte Vernetzung enorm schwierig, manchmal sogar unmöglich macht. Eine häufig beobachtete Folge ist, dass qualitativ hochwertige Handlungspläne im Sande verlaufen mit dem Ergebnis, dass alle Beteiligten (Eltern, Lehrkräfte, Berater und letztlich das Kind selbst) zu „Verlierern" werden.

Modell BbB: Dialogische Diagnostik und Beratung. Die Struktur führt: Berater/in als Dialog-Partner und mit dem Schwerpunkt auf Prozesssteuerung

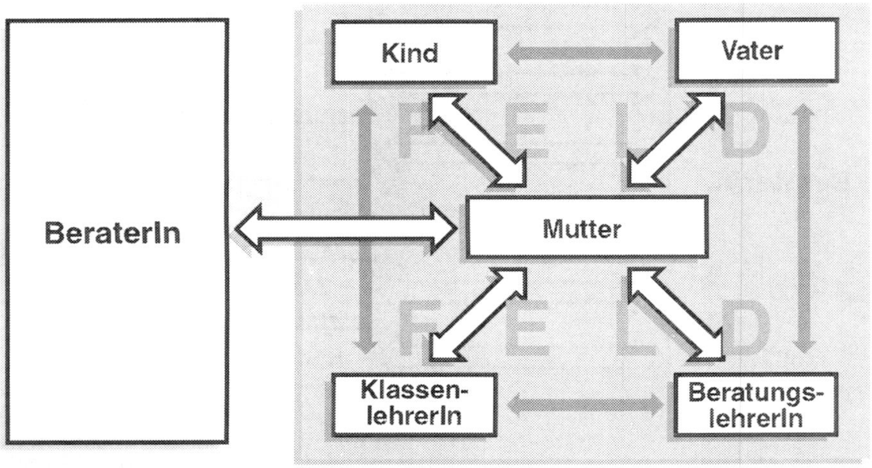

Im *Modell BbB* hat die Beraterin/der Berater zunächst nur Kontakt zu *einer* Person im Feld (in der *BbB* sind es häufig die Mütter, aber auch die Klassenlehrer bzw. Klassenlehrerinnen, in selteneren Fällen die Kinder/Jugendlichen selbst); diese Person übernimmt die Funktion einer „Projektmanagerin" und koordiniert – immer in Absprache mit dem Berater/der Beraterin der *BbB* die Kontakte zu den Beteiligten des Feldes. Die Projektmanagerin agiert in eigener Verantwortung, informiert die Beraterin/den Berater bzw. holt sich Unterstützung, wenn sie allein nicht weiterkommt. Im Idealfall gelingt es, auf diesem Wege, ein gemeinsames Handlungskonzept zum Wohle des Kindes/des Jugendlichen zu erarbeiten und umzusetzen, *ohne dass professionelle Beraterinnen/Berater (Psycholog/innen, Beratungsstellen usw.) vor Ort tätig werden müssen.* Gelingt dies nicht, werden die Berater/die Beraterinnen der *BbB* hinzugezogen und moderieren ggf. einen „Runden Tisch" in der Beratungsstelle, um mit allen Beteiligten über die nächsten Schritte zu entscheiden.

Fazit:

„Dialogische Diagnostik und Beratung" definiert optimale Problemlösung als dialogisches Zusammenwirken aller an diesem Problem Beteiligten und weist der „Struktur" dieses Prozesses eine führende Bedeutung zu, d. h. der Prozess von Diagnostik und Beratung wird primär verantwortet von den unmittelbar beteiligten Eltern, Lehrkräfte bzw. den Kindern/Jugendlichen selbst im Sinne eines „owning the problem“[8]. Einen Führungsanspruch realisieren die *BbB*-Beraterinnen und -berater allerdings hinsichtlich der *Strukturierung* des Beratungsprozesses, d. h.

- Sie „überwachen“ und „sichern“ den Prozess: Kooperieren die Partner verlässlich? Halten sie Termine und Vereinbarungen über Handlungsschritte ein? Droht die Kooperation im Sande zu verlaufen? Wird das Kind/der Jugendliche angemessen beteiligt usw.?
- Sie sind jederzeit ansprechbar, wenn die „Projektmanagerin“ im Feld Unterstützung braucht, sei es auf der Ebene von Fachwissen als auch auf der Ebene des Prozessmanagements (einschließlich Konfliktmanagement).
- Sie stehen zur Verfügung für einen „Runden Tisch“, wo sie in der Rolle des Moderators, Fachexperten, Vermittlers oder Konfliktmanagers die Feldbeteiligten darin unterstützen, den Dialog und die Kooperation zu beginnen bzw. fortzusetzen. Die Erfahrungen zeigen, dass die Qualität eines solchen Prozesses sich solange positiv entwickelt , wie die getroffenen Vereinbarungen als konsensual erlebt und verbindlich eingehalten werden; kurz: solange der Dialog lebendig ist. Die unterstützende Funktion der Berater/der Beraterinnen der *BbB* liegt darin, dass sie ihr Fachwissen zwar zur Verfügung stellen, aber nicht das Interpretationsmonopol hinsichtlich des zu lösenden Problems beanspruchen, sondern Sorge tragen, dass die Sichtweisen der Feldbeteiligten (Eltern, Lehrkräfte, Kinder/Jugendliche) ihren Wert behalten bzw. gewinnen.

Darin eingebunden – so die Erfahrungen der *BbB* – kann das Expertenwissen professioneller Beraterinnen/Berater im Interesse der Kinder und Jugendlichen vor Ort verknüpft werden mit dem konzeptionell antizipierten Expertenwissen der im Feld Beteiligten (Eltern, Lehrkräfte sowie die Kinder/die Jugendlichen selbst) und von Anfang an, d. h. bereits in der Phase der Diagnostik, eine *pädagogische* – und nicht eine psychologische! – Handlungsperspektive im Vordergrund steht, die gemeinsam und dialogisch von Eltern, Lehrkräften, Beraterinnen/Beratern und ggf. auch den Kinder/Jugendlichen gemeinsam erarbeitet, umgesetzt und verantwortet wird.

---

[8] siehe Weisbrod, M.: Future Search - die Zukunftskonferenz, Stuttgart 2001

Hilary Lowe

The National Strategy on Gifted Education: Teacher Training within the "Excellence in Cities" Initiative

Introduction

The history of provision for able and talented children in this country is paradoxical, reflecting the ambivalence shown towards 'giftedness' or high ability by educationalists and by the public at large. Whilst there has been a reluctance in some quarters to single out the 'gifted and talented' as a group needing specific and statutory educational provision (as is the case for children with special educational needs), many parents, LEAs, schools and individual teachers have had high expectations for able children. The 70s and 80s saw an increased focus on the needs of able pupils by officially commissioned reports (such as the HMI survey of gifted children in maintained schools in the 70s), by individual researchers and, at the local level, by a number of LEAs (1/3 of all LEAs in 1992 had an adviser with responsibility for able pupils) and individual schools.

During the 1990s there was certainly an increasing recognition that the needs of all able pupils, those in state schools and in particular those who had 'barriers to learning', were not being adequately served and where they were, not always in a consistent and coherent manner. At the same time debate was fuelled further by the perception that the principles underlying comprehensive education needed to be reformed. The maintenance of public confidence in the state education system, especially in some of the most socially and educationally disadvantaged areas of the country, was seen to be linked to the ability to demonstrate that the system could provide for its most able and talented youngsters. Thus began a more explicit interest in policy circles in the education of able pupils in state schools, viz:

- 'Excellence in Schools', the first government White Paper to mention the highly able
- the Ofsted international research survey
- the establishment of a national Advisory Group into the education of able children
- the Select Committee enquiry into the education of the highly able

The Select Committee enquiry shaped the agenda (although modified in the process) of current policy for 'Gifted and Talented' and for the gifted and talented strand of the government's 'Excellence in Cities' school improvement initiative.

A number of current developments reflect policy makers' intention to integrate (or 'mainstream') provision for able pupils in all educational and school improvement initiatives, such as:

- the revised National Curriculum's 'access' and 'inclusion' statements (making it a statutory responsibility to 'provide for all pupils according to their abilities')
- the Qualification and Curriculum Authority's (QCA) exemplar schemes of work with reference to learning outcomes for the most able
- numeracy and literacy strategy guidance on the teaching of able pupils
- World Class tests available for all pupils with exceptional academic abilities from September 2001
- Advanced Extension Awards for able sixth-formers to supplement advanced level provision
- QCA non-statutory guidance on teaching gifted and talented pupils
- The Ofsted inspection framework's focus on 'inclusion'
- The White Paper's (2001) clear policy statement on meeting the needs of gifted and talented pupils
- The inclusion of the 'gifted and talented' perspective' in the KS3 Strategy
- The rationale behind the current 14-19 proposals, which include meeting the individual aspirations and needs of all pupils
- The establishment of an 'Academy for Talented Youth'

Internationally, through the government's Excellence in Cities initiative, England is taking a leading role in state funded provision for able and talented students: gifted and talented education in this country has come a long way in a relatively short time and is now firmly on the statute books. However, the perceived tensions (ideological as well as financial) which have existed in publicly funded education in this country – and it is not alone – between notions of 'equity' and 'excellence' (tensions which have as their basis both ideological disquiet as well as funding dilemmas) are still debated. The Excellence in Cities agenda – indeed current government policy – is embedded in the notion of equality for all, with an emphasis on educational opportunities adapted to meet the needs of students with different interests and abilities. Equity is perceived to be achieved by ensuring that students who vary by gender, ethnicity and socio-economic background have equal opportunities to develop their talents.

Changing views of ability and giftedness

Changes in views about the concept of giftedness – and of ability itself – could also be seen as a further reason to put aside the equity versus excellence debate in favour of a debate about what constitutes high quality learning for all pupils. In the late 1990s Renzulli and Purcell (1996) described what they defined as a paradigm shift in gifted education at the policy and local level in the United States. The paradigm, adapted to the UK context, can be identified in current developments, with modifications in some aspects for the specific agenda of Excellence in Cities and is informed by the need for:

- An expanded view of abilities and talents
- Multiple, flexible criteria for identification
- Students' individual levels and needs to be acknowledged
- Groupings to reflect interests, tasks, styles as well as achievement and the belief that:
- High achievement emerges, for some, in some areas and at certain times
- High-level learning opportunities can exist on a continuum within the normal curriculum
- Enrichment and extension can be inclusive
- Opportunities and the possibility to engage in them will reveal and confirm ability and talent

In the broader context beyond the school walls there is an increasing need to reappraise the function of schools in the 21st century and to redefine what knowledge, skills and understanding the educated young person needs in this 3rd millennium, nationally and internationally. In our own country a debate is ensuing on the theme of 'competences for the 21st century'. England is not alone in seeking to define a curriculum for the 21st century. Very recently, France, after widespread consultation, has seen a move to major reforms in its school curriculum, reforms which are trying to match the vision of the learner as individual as well as the emerging needs of a society which is very different from the one for which its Napoleonic education system was established.

At the same time, as we gain increased understanding of how we learn, of what may be barriers to learning and what we mean by 'intelligence' and 'ability,' a greater synergy is being created between an understanding of effective teaching and learning and that of provision for the gifted and talented. Thus school improvement agendas in their broadest sense and gifted and talented agendas find increasingly common ground.

Current government educational policy sets out a manifesto for change- for 'inclusion' – which aspires to achieving the dual notions of equity and excellence for all pupils, including the most able and talented. Inevitably, there will be tensions in this inclusive model, just as there are tensions in a more inclusive gifted paradigm. Identifying, for example, 5-10% of pupils as gifted and talented in all Excellence in Cities schools brings with it inherent difficulties for schools, whatever their overall all ability profile. However, although the decision to specify 5-10% is seen by some to dilute the notion of exceptional provision for exceptional abilities, it can be construed as a powerful force for change and as catalyst for challenging underachievement. It should be seen as a starting point for the wider excellence for all/raising of achievement agenda. The broader policy context for GundT draws on a number of models, some of them in tension with one another, as well as developing a distinctively 'inclusive' agenda tied to national educational frameworks and curricula.

Excellence in Cities

Excellence in Cities (which has now expanded to a whole 'Excellence family') is a major school improvement initiative which comprises a number of raising achievement strands:

- Gifted and Talented
- City Learning Centres
- Learning Support Units
- Education Action Zones
- Specialist Schools
- Beacon schools
- Learning Mentors
- Excellence Challenge (post-16 provision)

The programme constitutes targeted intervention in urban schools, many of which operate in challenging circumstances and have attainment levels below national averages. The funds, training and support which schools receive bring with them high expectations in the form of pupil progress targets, 'value added' measures and a range of other 'indicators' of impact.

The stated aim of the 'Gifted and Talented Strand' is 'To help improve the attainment and motivation of the most able 5-10% of children in each EiC school – particularly those from disadvantaged back grounds – by ensuring that they benefit from a coherent and co-ordinated programme combining the right mix of challenge and support'. The strand requires schools to appoint a Gifted and Talented Co-ordinator; to identify 5-10% of their pupils as the 'gifted and talented' cohort (as representative as possible of the school population) and to demonstrate the provision of a 'distinct teaching and learning' programme, to include enrichment and extension opportunities which meet the needs of gifted and talented pupils. The DfES guidance to schools also suggests that they should ensure that adequate support is in place for all pupils, particularly those at risk of underachievement. The use of ICT is highlighted as a means of support as well as of accessing extra curricular opportunities. Importance is placed within Excellence in Cities on schools working with a range of partners, to include the 'cluster' or 'network' of schools specific to the Gifted and Talented strand, as well as higher education institutions and independent schools.

The Excellence in Cities requirements therefore reflect the notion, well documented in gifted research, that in order for able pupils to achieve the following factors need to be in place:

ability + opportunity + support + motivation + success + encouragement + recognition

The implications of these 'conditions for achievement' are that schools should therefore develop:

- Informed understandings of the nature of high ability and its characteristics
- Effective identification systems
- Appropriate pedagogy and provision for able and talented pupils
- Organisational structures to support teaching and learning programmes
- Support structures for students
- Staff expertise
- Cultures which promote and reward success
- Effective management of gifted and talented provision

The model developing is also one of schools and communities providing a 'pyramid' or hierarchy of opportunities for pupils according to their learning needs and the opportunities already available to them. There are clear implications here for schools' readiness to implement change for their able pupils and, in many cases, to effect changes in culture and ethos.

Meeting the challenge

There are many success stories in urban education in this country. From Butler-Por (1987), to 'Success against the Odds' (1996) and 'Improving City Schools' (2000) the achievements of effective urban schools have been documented and celebrated. Building on the work on school effectiveness, studies of successful urban schools indicate that :

- the focus for improvement is core to the school
- there is an emphasis on classroom practice
- there is leadership within the team or group co-ordinating the initiative
- other staff beyond the team have become involved early on in the process
- the headteacher is committed and empathetic to the initiative

(Barber und Dann,1996)

Brighouse T und Woods D (1999) have also demonstrated that the characteristics of successful inner-city schools include:

- strong leadership and management in the school by the headteacher and heads of departments
- teacher involvement in decision making
- climate of respect, including respect for other cultures, languages, religions
- positive feedback to and treatment of pupils

Many Excellence in Cities schools and Partnerships are showing what can be achieved through closely targeted developments and the espousing the equality of opportunity agenda for all pupils and have seen the potential of the gifted and talented strand, handled sensitively and as a whole-school approach, for raising the achievement of all pupils. Unsurprisingly, those schools who were already embracing the school effectiveness and improvement agenda have had a head start; and some of those had already begun to address the needs of their most able students.

We know from the literature on effective provision for able pupils and the literature on effective educational change (Fullan 1997, 2000) that policy and intention are not enough to effect real change long-term. The gauntlet thrown to Excellence in Cities schools by Michael Barber was no empty rhetoric:

> 'The key is recognition at all levels in each school that an effective gifted and talented policy will require significant changes in the organisation, curriculum and perhaps culture of the school. As a rule of thumb, if the gifted and talented policy is not having this degree of impact, it is probably not working.' (DfEE, 1999).

It follows then that schools wishing to make effective provision for gifted pupils must interrogate existing current practice in the areas highlighted, to ensure that they are promoting the achievement of able students and ensuring sustainable provision.

Whilst all Excellence in Cities schools are required to demonstrate how they are developing provision for their most able and talented students within the guidance provided, they have taken different and varied approaches according to their particular context, as the following two examples demonstrate:

School A: a community comprehensive school in Liverpool

As a result of the introduction of the 'Gifted and Talented' strand, the school has made or is making the following developments:

- Change from 20 period week to 25 to allow for broader curriculum provision for GundT and all students
- Setting in ICT at KS4; students working towards early entry graphics in year 9; separate sciences for able scientists
- Rigorous use of Cognitive Ability Tests and National Curriculum data for grouping and target-setting
- Extension and enrichment activities written into schemes of work
- Extensive study support programme through enrichment and extension beyond the National Curriculum, eg
- DNA technology workshop; Languages Festival with local university; design of a meditation
- Garden; revision lessons; Avid Readers Club
- Partnership activities with feeder schools eg
- Science: machine of the future; orchestra masterclasses
- Activities with other schools ('cluster'): thinking skills; maths challenge
- Gifted and talented link staff in all departments
- Gifted and talented provision integrated in to School Development Plan

The school has identified priorities and decided on strategies through consultation between the Gifted and Talented Co-ordinator, the link departmental representatives and key members of the pastoral team along with close involvement by the Senior Management Team.

School B: 11-16 comprehensive in East London

Developments include:

All schemes of work with extension activities for classroom and homework

Weekly after school class for SATS extension work

Additional classes for students predicted A/A*

Cognitive Acceleration in Science scheme used

Year 10 'thinking skills' as part of PSHE/residential week-end

All students identified as 'gifted and talented' meet regularly with a Learning Mentor for target setting, study skills, time management

Year 9 meet with mentors from the Design Council

'Individual Action Planning' day for all students, with most able/talented set appropriately challenging targets and individual education plans

Expanding study support/enrichment programme eg

Weekly after school classes to develop Bengali through drama; residential visit for PE students to leisure facility; students develop digital photography skills in the localcommunity

Priorities and strategies have been decided by the Gifted and Talented Co-ordinator in consultation with Heads of Department, Senior Management Team and other strands of the EiC programme. The co-ordinator began by identifying specific curriculum areas for development, including leading by example in his own.

The most recent HMI report (2001) has commended the quality of work which is being undertaken in out of hours and enrichment activities in Excellence in Cities schools and the developing good practice in the classroom in a number of schools. It recognised however that the challenge now is to ensure that all schools should now prioritise the quality of everyday teaching and learning for the most able and talented. The same report highlights the following areas as deserving of greater attention and prioritisation:

- identification
- curriculum organisation
- departmental/subject specific approaches
- evaluation and monitoring

From the experience and initial evaluation of schools developing effective provision for gifted and talented students within Excellence and Cities (and prior to this), important success factors emerging are:

- Whole-school and Senior Management Team commitment
- An ongoing self-review/self-evaluation process for provision for teaching and learning
- High status and access to decision making for the Gifted und Talented Co-ordinator
- An effective, shared whole-school policy, evidenced in practice
- High expectations for all pupils and an intolerance of underachievement
- An emphasis on staff development
- Good quality, stable staffing
- Support and resources for change beyond the school gate eg community and school collaboration, Partnership and LEA support

The National Training Programme

The implementation of the Gifted and Talented Strand is underpinned by a national training programme, designed and delivered by the Research Centre for Able Pupils at the Westminster Institute of Education, Oxford Brookes University. The course is for Gifted and Talented Co-ordinators in Excellence in Cities secondary schools and in designated Primary schools. The programme aims to provide co-ordinators with a 'tool-kit' of skills, knowledge and understanding to effect change and to bring about effective provision for gifted and talented pupils. There is an expectation that all co-ordinators will follow the training, on the basis of a rolling programme of 3 years for traditional Excellence in Cities areas and in the same year of appointment for 'Excellence Clusters' (smaller groups of schools in areas which share some features, if not all, with Excellence in Cities areas). So far, almost 1100 co-ordinators have participated in the training and by the end of 2004 it is expected that around 1800 co-ordinators will have completed the programme (in more than a third of all state schools). The training has as its context a national strategy for the continuing professional development of teachers, which takes the view that any sustained professional development should be pitched at post-graduate level and should be predicated on the need for 'reflective practice' and the view that teachers taking on specific responsibilities should receive training and meet nationally designated professional standards. For this reason too the training programme is taught within a university accredited framework, which rates the course as 2 Masters degree level modules. Within a newly created framework for the accreditation of a range of teachers' professional development courses, each module now carries formal certification in the form of a Certificate in Advanced Professional Practice (Teaching and Learning for Able and Gifted Pupils and Managing Provision for Able and Gifted Pupils).

Underlying principles and course design

One of the key principles underpinning the national training programme is that it should focus not just on the 'what' but also on the 'how'. Co-ordinators as 'resident experts' and curriculum leaders will need a body of substantive knowledge but will also need to understand how to manage change for school improvement. They will also need to consider how change can be effected within their own school's context and it can be integrated within a range of other school improvement strategies.

The course is organised around 3 key aspects of developing effective provision for the education of able pupils:

- Who are the gifted and talented? – Definitions of ability, individual needs, identification, teachers' beliefs
- Teaching and learning -Teaching models, the cognitive curriculum, brain research, developing talent, enrichment and study support)
- Managing provision – Curriculum provision and organisation, pupil grouping, assessment, individual support, school policies, monitoring and evaluation, the role of the co-ordinator

The course emphasises aspects of the urban context which impinge on provision, such as school culture; teachers' expectations; the implications of social factors, gender, ethnicity as well as changing definitions of ability and the strengths and weaknesses of different identification tools.

The course was designed to be multi-media by nature and comprises the following elements:

- Face to face: 1 regional training day, 3 intensive residential days at Oxford Brookes University; 1 optional conference day
- Web-based course materials and on-line discussions (each student has an allotted 'e-tutor' for individual support); additional on-line resources and readings
- 2 CD ROMs (One focusing on managing organisational issues and one on classroom provision)

Course design took into account the need to match the medium to the teaching and learning purpose and in particular:

- the pedagogical potential of different media
- the role of each medium in relation to course objectives
- the importance of clarity about learning purpose/outcomes

- task and activity design in relation to the medium and the learning purpose

The link between the course and the school co-ordinator's role is strengthened by the teacher's use of a 'Professional Development Plan' which documents a school improvement/gifted and talented action plan and forms the basis of the formally assessed part of the course.

Course development and impact

Since its inception the course has been continually monitored and evaluated (internally and externally, given its high profile) and on-going changes have been made to ensure that, as far as possible, the programme meets the current needs of schools and co-ordinators and that it takes account of developing contexts.

Teachers' evaluations of the course have consistently highlighted their appreciation of being able to access high quality professional development materials online, the linking of theoretical, research and practitioner perspectives, the opportunity to meet with and discuss issues with colleagues working in similar contexts. It is clear that linking course assessment to school improvement is very successful and that the Professional Development Plan has been a strong planning and evaluation too and has supported change by enabling co-ordinators to focus on developing a clear rationale for what the school needs to do and to assess the impact on achievement and attitudes.

Conclusion

The national training programme must continue to evolve to reflect the different and diverse needs of co-ordinators in the Excellence Family schools, considering too that a number of those being trained will have been in post for some time and that some will already have expertise and experience in the education of able pupils. The course this year has taken into account the formal and informal evaluations of progress in the gifted and talented strategy (as described earlier) as well as the views of tutors on the training needs of co-ordinators. At a national level, the challenge is to ensure that we gain an understanding of the impact of the Excellence in Cities strategies on achievement and attainment of pupils, evaluate what is working and why and disseminate that as broadly as possible. In research and professional development terms there is still much to be done.

At the school and EiC Partnership level real, long-term change will partly depend on the ability of co-ordinators to influence practice in their schools through, an ability which will also depend on their status, their stability and their on-going professional development.

References

BARBER, M und DANN, R (EDS) (1996) *Raising Educational Standards in the Inner Cities* Cassell: School Development Series
BRIGHOUSE, T und WOODS, D (1999) *How to Improve your school* London: Routledge
BUTLER-POR, N (1987) *Underachievers in School: Issues and Intervention* Chichester: Wiley
DfEE, (1997) *Excellence in Schools* DfEE publications
DfEE (1999) *Excellence in Cities: Guidance to GundT Co-ordinators* SEU web-site
DfEE (2001) *Excellence in Cities: Report March 1999- September 2000* DfEE publications
DfEE/QCA (2000) *The Revised National Curriculum for 2000* The Stationery Office
DfEE (2001) *Schools achieving success* London: the stationery office
FREEMAN, J (1999) *Educating the Very Able: International Handbook of Research* The Stationery Office
FULLAN, M (1997) *The New Meaning of Educational Change* London: Cassell
HOUSE OF COMMONS EDUCATION und EMPLOYMENT COMMITTEE: *'The Work of the Committee'* (2001) HMSO
MONTGOMERY, D (2001) *Able Underachievers* London: Whurr
NATIONAL COMMISSION ON EDUCATION, (1996) *Success against the Odds* London: Routledge
OFSTED (2000) *Improving City Schools* Ofsted publications
OFSTED (1993) *Access and Achievement in Urban Education* Ofsted publications
OFSTED (2001) *Standards and Quality in Education 1999-2000: The Annual Report of HMCI Schools* The Stationery Office
OFSTED (2001) *Providing for Gifted and Talented Pupils: An Evaluation of Excellence in Cities* Ofsted publications
OFSTED 1999 *Educational Inclusion and School Inspection* Ofsted publications
OFSTED 2000 *Framework for School Inspection* Ofsted publications
RENZULLI J S und PURCELL, J H (1996) Gifted Education: A Look Around and A Look Ahead February/March Roeper Review/ 173

Websites:

DfEE@www.dfee.gov.uk

SEU@www.dfee.standards.gov.uk

Words that need a little explanation or at least what the letters stand for

11-16 comprehensive	comprehensive school for 11-16 year olds

	(for all abilities)
14-19 proposals	proposals to introduce changes and greater flexibility in the curriculum for 14-19 year olds
DfEE	Department for Education (now called DfES)
DfES	Department for Education and Skills
EiC	Excellence in Cities; programme to raise achievement in inner city schools
HMI	Her Majesty's Inspectors; school inspectors who regularly look at schools under certain aspects and write reports for the government
ICT	information and communication technology
KS3	key stage 3 (11-14 year old stage of schooling)
KS4	key stage 4 (14-16 year olds)
LEA	Local Education Authority
National Curriculum	the curriculum which all state schools use
Ofsted	Office for Standards in Education
PE	physical education
PSHE	personal social and health education
SATS	standardised assessment tests
Select Committee	a committee of the house of commons which includes external representation and which enquires into specific issues and makes recommendations
White Paper	a government document which sets out policy and has legal status

Margret Stobbe

Hochbegabtenförderung in Kooperationsverbünden allgemeinbildender Schulen in Niedersachsen

Hochbegabtenförderung ist individuelle Entwicklungsförderung. Sie entscheidet mit darüber, ob Menschen sich nach ihren Fähigkeiten und Interessen entwickeln können. Eine neue Lehr- und Lernkultur muss die Individualisierung und die soziale Einbindung des Lernens ermöglichen. Schulen sollten noch stärker in die Lage versetzt werden, individuelle Begabungen, insbesondere Hochbegabungen, zu erkennen und zu fördern.

Hochbegabtenförderung als Aufgabe der Schulen

Die Herstellung der Chancengleichheit für alle Schülerinnen und Schüler sowie die Förderung ihrer Leistungsfähigkeit und die Entwicklung ihrer Persönlichkeit sind wesentliche bildungspolitische Anliegen der Niedersächsischen Landesregierung. Dabei geht es um die gesamte Breite und Vielfalt der individuellen Begabungen.

Die allgemein bildenden Schulen sind auf der Grundlage des Niedersächsischen Schulgesetzes und der Grundsatzerlasse für die unterschiedlichen Schulformen verpflichtet, Schülerinnen und Schüler entsprechend ihrer individuellen Leistungsfähigkeit und Neigungen durch den angemessenen Einsatz vielfältiger Unterrichtsverfahren und -formen zu fördern. Insofern ist auch die Förderung von besonderen Begabungen im Rahmen des Unterrichtsauftrages Aufgabe jeder Lehrerin und jedes Lehrers.

Hoch begabte Schülerinnen und Schüler[1] brauchen günstige Entwicklungsbedingungen, um ihr Begabungspotenzial entfalten zu können. Dabei ist darauf zu achten, dass der Blick nicht allein auf den kognitiven Bereich begrenzt wird. Die Förderung von Schülerinnen und Schülern mit besonderer musikalisch-künstlerischer, sportlicher, kreativer, sprachlicher, handwerklich-technischer, psychomotorischer und nicht zuletzt auch sozialer Begabung ist ebenfalls notwendig.

Begabungsförderung kann und soll im Rahmen der allgemeinen schulischen Bildung und Erziehung wahr genommen werden; besonderer Schulen, die nur hoch begabten Schülerinnen und Schülern vorbehalten sind, bedarf es deshalb nicht. Gegenwärtig ist jedoch festzustellen, dass sich wegen der noch fehlenden

---

1 Die Begriffe „besonders Begabte" und „hoch Begabte" werden synonym verwendet.

Voraussetzungen nicht alle Schulen im erforderlichen oder wünschenswerten Umfang dieser Aufgabe stellen. Deshalb werden als sinnvoller Zwischenschritt landesweit Schwerpunkte für schulische Begabtenförderung eingerichtet.

Bei der Förderung hoch begabter Schülerinnen und Schüler wird von integrativen und differenzierten Formen ausgegangen. Integrationskonzepte betonen das Miteinander ganz unterschiedlicher Schülerinnen und Schüler in einer Gruppe. Die Ungleichheit wird dabei nicht als Hemmnis, sondern eher als Chance für Förderung und Entwicklung von Persönlichkeit und Begabung gesehen.

Begabtenförderung soll so integrativ wie möglich und so differenziert wie nötig erfolgen:

- Im Primarbereich hat die integrative Form der Förderung Priorität. Dies erfordert eine Veränderung des Unterrichts durch verstärkte Binnendifferenzierung.
- In der Orientierungsstufe werden die integrativen Fördermaßnahmen der Grundschule aufgenommen und altersgemäß fortgesetzt sowie durch leistungsdifferenzierende Lernangebote ergänzt.
- In den weiterführenden Schulformen werden die integrativen Fördermaßnahmen sowie die Maßnahmen der Leistungsdifferenzierung aus der Orientierungsstufe aufgenommen und fortgesetzt.

Diese Maßnahmen erfordern die Fähigkeit der Lehrkräfte, die individuellen Lernausgangslagen von Schülerinnen und Schülern mit einer besonderen Begabung zu erfassen und sensibel mit ihrer Situation umzugehen. Voraussetzung dafür ist eine entsprechende fachliche, methodische und pädagogisch-psychologische Aus- und Fortbildung.

Merkmale von besonderer Begabung

> „Hoch begabt im intellektuellen Sinne ist, wer in der Lage ist oder in die Lage versetzt werden kann, sich für ein Informationsangebot hohen Niveaus zu interessieren, ihm zu folgen, es zu verarbeiten und zu nutzen. Dabei spielen die hohe Geschwindigkeit, die große Breite, das hohe Niveau, die tiefe Verarbeitung und die effektive Anwendung der Informationen, Daten und Erfahrungen eine wesentliche Rolle. Informationen werden also nicht nur hoch effektiv, reproduktiv, sondern auch produktiv kreativ (v)erarbeitet“.[2]

Hochbegabung wird nicht nur durch die Höhe der Intelligenz bestimmt, sondern vor allem auch durch das Zusammenwirken verschiedener Bedingungen, die

[2] Zitat nach GEUSS und URBAN

wesentlich dazu beitragen, ob sich Begabungspotenziale entwickeln und entfalten können. Dieses sind personale Voraussetzungen wie intellektuelle Denkfähigkeit, Fähigkeit der Stressbewältigung, Leistungsmotivation, kreatives Denken und Neugierde, Anstrengungsbereitschaft, effiziente Lernstrategien, Fähigkeit zur Selbstkontrolle und Selbstregulation einerseits und Einflüsse des Umfeldes wie Familiensituation, Freundeskreis, Situation in Kindergarten und Schule.

Daneben lassen sich weitere Begabungen oder Teilbegabungen feststellen, wie sprachliche, mathematische, naturwissenschaftliche, geisteswissenschaftliche, technische, handwerkliche, musikalisch-künstlerische, sportliche sowie gesellschaftswissenschaftliche und soziale Begabungen.

Hoch begabte Kinder und Jugendliche können durch Leistungsversagen und verweigerung auffällig werden. Dieses kann auf emotionale Blockaden, auf soziale Schwierigkeiten oder auf die Erfahrung kritischer Lebensereignisse zurückgeführt werden.

Identifizieren und Beraten besonderer Begabungen

Um dem Potenzial und den Bedürfnissen besonders begabter Kinder gerecht zu werden und spätere Verhaltens- und Leistungsprobleme zu vermeiden, ist ein vielfältiges Förderangebot bereits im Elementarbereich erforderlich. Beobachtungen der Betreuungspersonen des Elementarbereichs werden mit den Lehrkräften des Primarbereichs abgestimmt. Insbesondere die Schuleingangsphase sollte für die Einleitung gezielter und kontinuierlicher Förderung genutzt werden.

Die Einschätzung und Bewertung der individuellen Leistungen als Ausdruck von Hochbegabung setzt voraus, dass eine Schülerin oder ein Schüler herausragende kognitive Fähigkeiten kontinuierlich und in unterschiedlichen Zusammenhängen erbringt. Unterrichtliche Inhalte, Aufgaben und Verfahren müssen dem qualitativ durch Vielfalt und Variation entsprechen.

Die Feststellung, ob eine kognitive Hochbegabung bei einer Schülerin oder einem Schüler vorliegt, erfolgt auf der Grundlage eines lernbegleitenden diagnostischen Prozesses. Die Lehrkräfte, die den Schüler oder die Schülerin unterrichten, erhalten durch die fortlaufende Beobachtung und Beschreibung des Lern- und Leistungsverhaltens Hinweise auf die individuellen Fähigkeiten und Kompetenzen. Wenn vermutet wird, dass eine Hochbegabung besteht, erfolgen gezielte systematische Beobachtungen und Untersuchungen in Lernsituationen und auch mit informellen Tests. Qualitative Verfahren werden durch quantitative Verfahren ergänzt. In der Begabungsdiagnose sind neben der kognitiven Leistungsbestimmung motivationale und emotionale Persönlichkeitsvoraussetzungen sowie wesentliche Sozialisationsfaktoren zu erfassen.

Die Feststellung einer intellektuellen Hochbegabung orientiert sich als Richtwert an einem Intelligenzquotienten (IQ) von 130 bzw. einem Prozentrang von 98 in wenigstens einem Testverfahren. Durchführung, Auswertung und Interpretation psychologischer Tests sollten durch Schulpsychologinnen und Schulpsychologen erfolgen, da nur sie über die erforderlichen psychodiagnostischen Kenntnisse und Erfahrungen verfügen.

Die pädagogisch-psychologische Beratung zielt darauf ab, Hochbegabten eine kontinuierliche Auseinandersetzung mit den eigenen Interessen zu ermöglichen, ihnen Anregungen zur Erhaltung der Lernmotivation zu geben und ihre Selbsteinschätzung bezüglich der eigenen Stärken und Schwächen zu verbessern. Ziel ist es, das richtige Maß an kognitiver Anforderung zu finden, den Einsatz von Lern- und Arbeitstechniken zu optimieren und die altersentsprechenden Bedürfnisse des Kindes zu berücksichtigen.

Für die pädagogisch-psychologische Beratung stehen Lehrkräfte, Beratungslehrerinnen und -lehrer der Schule, Schulpsychologinnen und -psychologen, Beraterinnen und Berater sowie schulfachliche Dezernentinnen und Dezernenten der Schulbehörde u. a. zur Verfügung.

Wird eine Diskrepanz zwischen Intelligenzleistung und Schulleistung festgestellt, hat das eine umfassende Aufklärung möglicher Gründe zur Folge. Eine ausführliche Persönlichkeitsdiagnostik und differenzierte Beobachtungen unter Einbeziehung der Beteiligten werden erforderlich.

Fördermaßnahmen: Erweiterte Lernangebote und Verkürzung der Schulzeit

Erweiterte Lernangebote (Enrichment)

Das Konzept des Enrichment geht davon aus, dass hoch begabte Kinder und Jugendliche unterschiedliche Denkmodelle entwickelt haben. Sie verarbeiten Informationen anders als andere Menschen und benötigen daher in der Schule unterschiedliche didaktische Zugänge und ein breiteres Angebot des Lernstoffs. Selbst gestellte und individuell vereinbarte Lernvorhaben beziehen sich auf unterrichtliche, außerunterrichtliche und außerschulische Zusatz- und Ergänzungsangebote.

Die folgende Maßnahmen werden empfohlen:

- Anregung von Sonderleistungen im Unterricht, auch Jahres-, Projekt- und Facharbeiten;
- Förderung der Teilnahme an schulischen Zusatzangeboten, die besondere Anforderungen stellen;

- Unterstützung individueller Lernwege, z. B. Förderung des sozialen Engagements, der Teilnahme an Betriebs- und Sozialpraktika, in Zusammenarbeit mit außerschulischen Trägern;
- Teilnahme an Exkursionen, Sommerschulen, besonderen Auslandsaufenthalten;
- Teilnahme an qualifizierten Wettbewerben für Schülerinnen und Schüler.

Die Teilnahme an Fördermaßnahmen sollte für alle interessierten Schülerinnen und Schülern offen sein.

Verkürzung der Schulzeit (Akzeleration)

Das Prinzip der Akzeleration geht von der Annahme aus, dass hoch begabte Schülerinnen und Schüler den vergleichbaren Lernstoff schneller bewältigen können als Gleichaltrige. Das höhere Lerntempo dieser Schülerinnen und Schüler wird durch erweiterte Stundentafeln und gesonderte schulische Curricula zur Reduzierung von Schulzeit genutzt. Die folgenden Maßnahmen werden empfohlen:

- früh- und rechtzeitiges Einschulen vor allem von Kindern, die über hohe intellektuelle Begabung verfügen und keine Entwicklungsdefizite aufweisen;
- flexible Einschulung im laufenden Schuljahr im begründeten Einzellfall;
- Überspringen von Klassen;
- Teilnahme am Unterricht höherer Schuljahrgänge in einzelnen Fächern bzw. für begrenzte Phasen;
- Angebote des frühzeitigen Erwerbs (und Anrechnung) von Teilqualifikationen;
- vorzeitiger Wechsel in die gymnasiale Oberstufe, um Schülerinnen und Schüler zu befähigen, die allgemeine Hochschulreife ein Jahr früher zu erwerben;
- Maßnahmen zum frühzeitigen Erwerb eines angestrebten Schulabschlusses, vorzeitige Zulassung zu Abschlussprüfungen.

Die Klassenkonferenz erörtert die Möglichkeit des Springens und weist Erziehungsberechtigte und die Schülerin oder den Schüler auf Vorzüge und Risiken hin. Die Vereinbarung einer „Probezeit“, in der die Schülerin bzw. der Schüler zunächst am Unterricht der höheren Klasse teilnimmt, kann die Entscheidungsfindung ebenso erleichtern wie das Angebot von Vorbereitungsgruppen.

Schulische Förderplanung

Besonders begabte Schülerinnen und Schüler benötigen Anregungen im Unterricht, die ihren Lernstrategien, ihren Denkmustern und ihren Motivationslagen Rechnung tragen. Stellen Lehrkräfte bei der Ermittlung der Lernausgangslage eine besondere Leistungsfähigkeit fest, beraten sie die Beobachtungen und Ergebnisse altersangemessen mit den Betroffenen, deren Erziehungsberechtigten und im Kollegium und ziehen ggf. qualifizierte Beraterinnen und Berater hinzu.

Ein individueller Lern- und Entwicklungsplan (Portfolio[3]) sollte für diese Schülerinnen und Schüler möglichst unter ihrer Mitwirkung erarbeitet und vereinbart werden. Dieser beinhaltet

- die Lernausgangslage (besondere Potenziale und Lernstrategien, Lernstärken und -schwächen);
- die Lern- und Entwicklungsziele;
- die individuellen Fördermaßnahmen und Leistungsbereiche;
- die erwarteten Ergebnisse und Wirkungen.

Die Verantwortung für das Erstellen und Fortschreiben des Lern- und Entwicklungsplans wird bei der Klassenlehrerin oder dem Klassenlehrer liegen und die besondere Zusammenarbeit mit den die Schülerin oder den Schüler unterrichtenden Lehrkräften erfordern; die regelmäßige Beratung mit den Erziehungsberechtigten ist wichtig.

Die einzelne Schule erstellt im Rahmen ihres Förderkonzeptes, in dem Ziele, Inhalte und Organisation aller schulischen Fördermaßnahmen beschrieben sind, ein besonderes Förderangebot für leistungsstarke Schülerinnen und Schüler, das Formen der (Binnen-) Differenzierung, Zusatz- und Ergänzungsangebote sowie erweiterte Stundentafeln und differenzielle schulische Curricula hinsichtlich möglicher Schulzeitverkürzung ausweist. Die Maßnahmen orientieren sich auch an schulischen Bindungen und Kooperationen. Grundlage der Planung sind die festgestellten Fördermöglichkeiten und -bedarfe, sie werden ziel- und ergebnisorientiert mit zeitlicher Befristung geplant, durchgeführt und ausgewertet.

Zusammenarbeit der Schulen im Kooperationsverbund Hochbegabtenförderung

Mit der Einrichtung von Kooperationsverbünden zur Hochbegabtenförderung wird stufenweise in ganz Niedersachsen ein differenziertes, auf besonders be-

---

[3] Methode zur Steigerung des Nutzens, die für individuelle Lern- und Entscheidungsprozesse Aussagekraft hat.

gabte Schülerinnen und Schüler konzipiertes Schulangebot aufgebaut. Zum Schuljahresbeginn 2002 sind an 16 Standorten in Niedersachsen solche Kooperationsverbünde eingerichtet worden. Die beteiligten 49 Grundschulen, 20 Orientierungsstufen, 15 Gymnasien und eine Gesamtschule stellen durch verbindlich vereinbarte Kooperation sicher, dass hoch begabte Schülerinnen und Schüler besonders gefördert und begleitet werden. Die Zusammenarbeit mit Einrichtungen des Elementarbereichs ist erwünscht, die Förderung im Sekundarbereich II ist Aufgabe der jeweiligen gymnasialen Oberstufe. Bis 2006 sollen insgesamt an 47 Standorten entsprechende Kooperationsverbünde entstehen, also pro Landkreis und kreisfreier Stadt in der Regel ein Verbund.

Die Kooperationsvereinbarung, in die außerschulische Einrichtungen einbezogen werden können, bezieht sich auf

- Leistungsziele, Zielbereiche, Kooperationsfelder und Vorhaben;
- Ergebnisse bzw. Wirkungen (die Beurteilung und Messung der Leistungsziele).

Grundlage für die Arbeit des Kooperationsverbundes ist die Konzeption von Schulentwicklungsvorhaben zur Förderung von hoch begabten Schülerinnen und Schülern als Teil des Schulprogramms der jeweiligen Schule. Diese werden zu einem Gesamtkonzept zusammengeführt und abgestimmt.

Die inhaltliche und organisatorische Abstimmung der Zusammenarbeit zwischen den Schulen des Kooperationsverbundes kann sich auf folgende Arbeitsfelder beziehen:

- Erarbeitung und Fortschreibung eines Gesamtkonzepts auf der Grundlage der schuleigenen Förderkonzepte, insbesondere zu Differenzierungs- und Fördermodellen und maßnahmen;
- Erarbeitung von Kriterien und Merkmalen für die Schullaufbahnentwicklung;
- Abstimmung von Kriterien für die Aufnahme hoch begabter Schülerinnen und Schüler;
- Erarbeitung eines Vorschlages zur Verteilung der Lehrerstunden auf der Grundlage des abgestimmten Gesamtkonzeptes.

Die Schulen des Kooperationsverbundes informieren sich gegenseitig zum Zwecke des wirkungsvollen Fortgangs der laufenden Vorhaben insbesondere über die erzielten Ergebnisse und den Einsatz der Ressourcen.

An Koordinierungsbesprechungen sollten beteiligt werden:

- die Schulleiterin oder der Schulleiter der zugehörigen Schulen;
- Vertreterinnen und Vertreter der Lehrkräfte oder Beratungslehrkräfte der Schulen;
- Vertreterinnen und Vertreter des/der Schulträger(s);

- Vertreterinnen und Vertreter der Schulbehörde (schulfachliche und schulpsychologische);
- eine Vertreterin oder ein Vertreter der Elternschaft
- außerschulische Träger von Fördermaßnahmen.

Der Besuch einer Schule des Kooperationsverbundes „Hochbegabtenförderung" kann über Schulbezirksgrenzen hinaus gestattet werden, wenn dieses aus pädagogischen Gründen geboten erscheint.

Lehrerstunden für schulische Fördermaßnahmen und Unterstützungsleistungen

Die Umsetzung des Förderkonzepts der Kooperationsverbünde wird durch zusätzliche Lehrerstunden für die jeweiligen Standorte unterstützt. Diese sind für Fördermaßnahmen vorgesehen. Die Lehrerstunden werden von der Schulbehörde unter Berücksichtigung des Konzepts, der Anzahl beteiligter Schulen und der zu fördernden Schülerinnen und Schüler dem Kooperationsverbund Hochbegabtenförderung zugewiesen; sie sollen unter den Schulen des Verbundes nach jeweils unterschiedlicher Schwerpunktsetzung aufgeteilt werden.

Der Aufbau und die Entwicklung von Kooperationsverbünden der Schulen im Sinne einer Vernetzung wird durch das Beratungs- und Fortbildungsangebot der Bezirksregierungen und des Niedersächsischen Landesinstituts für Schulentwicklung und Bildung (NLI) unterstützt. Dabei sollen die schulinternen, kollegialen Beratungs- und Unterstützungskräfte gestärkt und Beratungs- und Fortbildungsangebote für Schulen so konzipiert und bereit gestellt werden, dass sie flexibel abrufbar und verfügbar sind. Durch die Einbeziehung außerschulischer Anbieter sowie die Zusammenarbeit mit Elterninitiativen und Verbänden sollen Vielfalt und Professionalität sichergestellt werden.

Um schulische und unterrichtliche Praxis überprüfen und verbessern zu können, sollen sowohl Unterrichtsprozesse als auch Fortbildungs-, Beratungsprozesse wissenschaftlich begleitet und evaluiert werden.

Literatur

Begabtenförderung – ein Beitrag zur Förderung von Chanchengleichheit in Schulen – Orientierungsrahmen – . Heft 91, Materialien zur Bildungsplanung und zur Forschungsförderung. Bund-Länder-Kommission für Bildungsplanung und Forschungsförderung, Bonn 2001

Geuss, H., Urban, K. K.: Hochbegabung. In: Wieczerkowski, W., zur Oeveset, H. (Hrsg.): Lehrbuch der Entwicklungspsychologie, Bd. 3. Schwann, Düsseldorf 1982

Podiumsdiskussion„Hochbegabte in der Schule – Identifikation und Förderung“[1]

Prof. Dr. Claudia Solzbacher, Universität Osnabrück (Moderation)

Dr. Mark Beermann, Gymnasium Oesede

Marianne Demmer, GEW-Bundesvorstand

Sonja Gartemann, Landkreis Osnabrück

Dr. Annette Heinbokel, Orientierungsstufe Belm

Hartmut Ranke, Ratsgymnasium Osnabrück

Roland Nessler, Vorsitzender des Vorstands des Philologenverband Niedersachsen

Frau Solzbacher:
(Grußworte und Vorstellung der Gäste)

Herr Beermann und Herr Ranke, Sie beide waren die Lehrer, die an uns mit der Frage nach einer Zusammenarbeit mit der Universität in Hinblick auf Hochbegabte herangetreten sind. Daraufhin sitzen wir nun gemeinsam in der „Arbeitsgemeinschaft Hochbegabung“ in der Universität. Mit welchen Problemen werden Sie in der Schule in Bezug auf das Thema Hochbegabung konfrontiert?

Herr Beermann:
Wir haben Schüler, die wir nicht genug fördern können. Wir suchen Möglichkeiten, sie über den regulären Unterricht hinaus zu fördern. Eine Möglichkeit ist sich extern umzuschauen. Die andere Möglichkeit besteht intern durch besondere Projekte und Einzelaufgaben für Schüler. Meine tägliche Aufgabe ist es, mich nach Schülern in meinen Fächern umzuschauen, welche besondere Aufgaben benötigen, und denen diese Aufgaben zu geben.

Frau Solzbacher:
Welche Erfahrung machen Sie dabei in der Praxis der Schülerakademien?

Herr Beermann:
Das sind zwei paar Schuhe. Am Gymnasium hat man mit Schülern zu tun, die entweder die Schwierigkeiten, die normalerweise bei Hochbegabung zum Tra-

---

[1] Die Podiumsdiskussion fand statt am 23. 02. 2002 im Rahmen der Tagung „Hochbegabte in der Schule – Identifikation und Förderung.“ Der Text wurde transkribiert und redaktionell bearbeitet

gen kommen, schon hinter sich gelassen haben oder nie gehabt haben. Das sind ganz normale leistungsstarke und leistungsorientierte Schüler mit einem großen Auffassungsvermögen. Problematisch ist dabei nur, Themen und Aufgaben für diese Schüler zu finden. In der Mittelstufe oder Orientierungsstufe reicht die Bandbreite viel weiter: Von sehr starken bis sehr schwachen Schülern. Da werden ganz andere Anforderungen gestellt. Das sind die Bandbreiten, in denen wir so arbeiten.

Die Deutsche Schülerakademie gibt ein ganz anderes Bild von der Schule. Befrage ich meine Teilnehmer ganz unverbindlich dazu, was sie von Schule halten und was sie für Erfahrungen haben, erkennt man durchaus Ambivalentes. Einerseits gibt es einen Großteil, der berichtet, dass sie ungern in der Schule sind hinsichtlich ihrer Akzeptanz durch die anderen Schüler. Sie wissen, dass sie etwas anderes sind, werden auch so behandelt, wollen das aber nicht. Anders sieht es aus bei der Frage nach Anregungen durch die Schule aus. Die bekommen sie durchaus, sie beziehen sich aber meistens auf den außerschulischen Bereich – den freizeitorientierten Bereich. Um das Bild abzurunden eine Geschichte aus der letzten Akademie: An dem Tag, an dem auch Herr Wagner bei uns zu Besuch war, hatten wir auch Journalisten dort. Von einer Journalistin wurde im Vorfeld eine Bitte an mich als Akademieleiter herangetragen. Die Bitte bezog sich auf einen 14-jährigen Schüler, von dem sie gehört hatte, dass der so wahnsinnig begabt war. Den wollte sie so gerne interviewen. Den Schüler haben wir an dem Tag nicht finden können (!), denn das ist das, was uns jedes Mal durch die Presse präsentiert wird: Der Einstein, der mit sechs Jahren schon die Weltformel findet, wird gesucht. Das ist aber nicht der Regelfall, und so sehen sich die Schüler auch selbst nicht.

Mein Wunsch wäre – und das ganz allgemein, nicht nur hier, sondern weitertragend – dass wir ein bisschen mehr auf dem Teppich bleiben und den Schülern dadurch gerecht werden, dass wir sie dort fordern und fördern, wo wir können.

Herr Ranke:

Ich habe mich auch gefragt, warum sitze ich hier eigentlich, was qualifiziert mich dazu. Ich bin der Leiter einer Schule, der dies Thema fast irgendwie zugewachsen ist. Auf der einen Seite dadurch, dass vom Kultusministerium die Versetzungsordnungen geändert worden sind und man sich bei einem Schnitt von 2,0 überlegen muss, ob man den Schüler springen lassen soll oder nicht. Da dies ziemlich schnell zu Problemen führte, waren wir nicht der Meinung, dass man nach dem 1. Halbjahr Klasse 7 mit 2,0 Durchschnitt ins 2. Halbjahr Klasse 8 springen müsse, aber das Verwaltungsgericht hat uns mitgeteilt, das müsse sein. Die zweite Erfahrung machten wir bei dem Versuch, Kontakt mit der Uni aufzunehmen aufgrund eines sehr begabten Mathematikers, einem der Migranten auf unserer Schule. Diesem Schüler konnten wir nichts mehr beibringen. Mit der Abnehmerinstitution ins Gespräch zu kommen, war aber gar nicht so einfach. Weiter hatten wir eine ganze Reihe von sehr „merkwürdigen" Schülern vor uns, von denen man nicht unbedingt den Eindruck hatte, dass sie Genies seien, sondern von denen man den Eindruck hatte, dumm sind sie nicht, aber erfolgreich sind sie auch nicht. Diese Punkte haben uns also wieder auf den Gedanken gebracht: Individualisierung von Unterricht. Das Stichwort kennen Sie alle. Damit ringen wir alle. Für uns gab es dann ganz konkret zwei Elemente mit denen wir uns auseinandergesetzt haben. Zum einen die Springerklasse. Man kann nach Klasse 9 eine 10. Klasse einrichten, die dann in einem Schuljahr zwei Schuljahre durchnehmen. Und nach diesem einen Schuljahr dann in die 12. Klasse eintreten. Dieses machen wir jetzt im 2. Jahr. Zum anderen hat mein Kollege Herr Helms, unser Beratungslehrer, damit angefangen, die Eltern der Schüler der 7. Klasse, die den Lehrern als besonders quick und lernfähig oder als irgendwie besonders auffällig von den Klassenlehrern gemeldet wurden, zu fragen, ob sie bereit sind, die Schüler einen Intelligenztest machen zu lassen. Das haben wir jetzt im 4. Jahrgang zusammen mit der Schulpsychologie gemacht und wissen jetzt, welche Schüler einen IQ von 130 haben. Zusammen mit dem Lehrerurteil ist das dann schon ein relativ handfestes Diagnoseinstrumentarium. Womit wir noch nicht ganz zufrieden sind, aber es ist ganz pragmatisch.

Was dabei so erstaunlich war, sind zwei Dinge. Kaum hatten wir das angefangen, hatten wir eine Sprungklasse, kamen von nah und fern Anrufe, was man denn mit seinem hoch begabten Kind wohl machen solle. Könnten wir auch dieses Kind nehmen, da wir uns ja damit beschäftigten. Daraus habe ich dann gelernt, dass es Eltern gibt, für die Hochbegabung ein ganz reales Problem darstellt und diese Eltern mit ihren Kindern interessieren mich sehr. Auch der Leidensdruck, der da manchmal zu verspüren ist, der Blick auf die Kinder seitens der Eltern, mein Blick auf diese Kinder. In den letzten Wochen waren es alleine drei, die da zur Debatte standen. Eine solche Situation kann ich mal beschreiben. Ein Junge saß vor mir und seine Mutter war voller Zweifel, ob man ihn denn so einfach von der Waldorfschule nehmen könnte, und der Junge saß da und „vibrierte“. Er wollte da raus. Er sagte, dass er genau das lernen musste, was seine zwei Jahre jüngere Schwester gerade lernt. Hätte ich dem „befohlen“ am Unterricht teilzunehmen, dann wäre der im Laufschritt weg gewesen. All diese Dinge versuchen wir damit aufzufangen, dass wir zusätzliche Angebote machen, eine ganze Vielfalt von Möglichkeiten eröffnen, die für uns selber relativ neu sind. Wir bieten Physik- und Chemie-AGs an, es gibt das Physik-Problem des Monats, an dem sich jeder, der will, beteiligen kann. Es gibt schulinterne und schulexterne Wettbewerbe. Wir versuchen aber auch – und das läuft jetzt langsam an – Schülern und Schülerinnen zu erlauben, aus dem Unterricht fern zu bleiben, um sich dann alternativ mit Dingen zu beschäftigen, die sie dann mehr interessieren. Ein Beispiel: Eine Schülerin wurde angemeldet, deren Vater sagte, dass sie schon Französisch kann. Ich sagte, sie solle dann doch Latein lernen. Der Vater sagte: „Das wollen wir nicht, sie soll Spanisch lernen.“ Als ich dann davon überzeugt war, dass sie wirklich Französisch beherrscht, haben wir ihr mit der finanziellen Unterstützung des Vaters eine eigene Spanischlehrerin „besorgt“, da wir keine haben. Sie lernt während der 4. Stunde Französisch und Spanisch. So ähnlich stelle ich mir das vor, wie wir dann Schülern mit besonderen Begabungen umgehen können. Zwei Anmerkungen noch:

Diagnostik von Hochbegabung. Erstens: in unserer Springerklasse befindet sich genau eine Hochbegabte. Im Jahrgang müssten aber statistisch zehn sein. Das heißt, die anderen neun haben wir damit erst mal nicht erwischt. Aber der Springerklasse geht es trotzdem gut. Ganz schlimm finde ich, dass sich auf diesem Markt so viele private Institute tummeln, von denen die Eltern dann kommen und sagen, dass ihr Kind hoch begabt sei. Hier muss was passieren. Wenn, dann brauchen wir zertifizierte Institute, die müssen kontrolliert werden.

Das Zweite betrifft die Lehrerfortbildung. Das ist auch nichts Neues, aber auch das will eingerichtet und bezahlt werden. Und die Lehrer müssen verpflichtet werden sich daran zu beteiligen.

Frau Solzbacher:

Vielen Dank. Wir haben mit Herrn Nessler und Frau Demmer hier zwei Lobbyisten im weitesten Sinne. Verbandsvertreter, die sich zwar für die Lehrer zuständig fühlen, immer auch mit dem Blick aufs Kind. Meine Frage ist nun, ob ihre Verbände dezidierte Positionen zu diesem Thema haben?

Herr Nessler:

Ich verstehe mich heute nicht als Lobbyist in ihrer Definition, sondern als Anwalt von Kindern, die begabt und hoch begabt sind. Mein Hintergrund ist nicht meine Verbandsfunktion alleine, sondern auch die des Schulleiters mit einem Musikzweig, der ständig mit der Musikhochschule in Hannover zusammenarbeitet. In Bezug auf meine Verbandsfunktion habe ich mir zur Vorbereitung meine Unterlagen angesehen. Dabei stieß ich auf einen Aufsatz aus dem Jahre 1984 zur Förderung von Hochbegabten und besonders Begabten im Gymnasium. Darin vertraten wir damals die Meinung, dass wir allen Begabungen eine angemessene Bedeutung zumessen müssen. Der Philologenverband steht auf dem Standpunkt, wir müssen unsere Kinder bestmöglichst entsprechend ihren Begabungen und Anlagen fördern. Das setzt voraus, dass wir uns allen Guten gleichermaßen zuwenden. Und wir haben damals damit ein Tabu berührt, denn Sie wissen vielleicht, dass Hochbegabtenförderung lange Zeit in der Schulpolitik tabuisiert wurde. Es galt als nicht erforderlich, nach dem Motto, Hochbegabte finden ihren Weg schon selbst. Wenn man aber Hochbegabte und besonders Begabte in ihrem persönlichen Schicksal erlebt, dann stellt man sehr schnell fest, dass es eine Aufgabe von Bildungs- und Schulpolitik sein muss, sich dieser Gruppe zuzuwenden. Denn sonst wird man dem Anspruch, den das Grundgesetz erwartet, jeden Menschen bestmöglich zu fördern, nicht gerecht.

Das waren Überlegungen des Philologenverbandes in einer Zeit als das noch nicht „en vogue“ war. Aktuell führen wir die Diskussion mit Akzenten, die wir durchaus unterstreichen und die wir für richtig halten. Hier wurden einige Möglichkeiten genannt, die wir seit Jahren betont haben. Wir waren der Meinung, dass man Kinder zunächst einmal in der Schule möglichst breit fördern soll. Ich will das mal am Beispiel des von mir bisher geleiteten Gymnasiums darstellen.

Wir haben einen Musikzweig in einer Stadt am Standrand von Hannover. Das Gymnasium ist fünfzügig. Wir haben immer so viel Nachfragen, dass wir im Jahr immer ein oder zwei Musikzweig-Klassen aufmachen. Wir haben festgestellt, dass durch diese Förderung von Schülern, welche musikalisch interessiert bis besonders begabt sind, sich das Leistungsniveau aller Schüler verbessert hat. Die These, wenn man einzelne Schüler sehr fördert, ist der Nutzen für alle eindeutig und sichtbar, könnte man hier direkt aufzeigen anhand des Leistungsbildes dieser Schüler insgesamt. Wir geben diesen Schülern durch die Förderung in Zusammenarbeit mit der Musikhochschule eine Antwort auf ihr „So Sein". Das gilt natürlich für andere Fächer auch. Wir haben schon verschiedene Beispiele gehört. Dahinter stand auch ein Erlebnis an unserer Schule in einer Zeit, als auch schulrechtliche Probleme sich einstellten, wenn man Schüler beurlauben wollte. Ich hatte eine Schülerin, die Ihnen vielleicht vom Namen auch bekannt ist: Maria Schrader, die Schauspielerin. Sie trat mit 16 Jahren an uns heran und wollte, um in Hannover im Ballhof Theater spielen zu können, für die Probe beurlaubt werden. Wir sagten: „Wir machen das, wenn wir nicht groß darüber reden." Wir haben sie damals fernab aller schulrechtlichen Vorschriften beurlaubt. Nach der Schule ist sie auf die Schauspielschule nach Wien gegangen und hat Karriere gemacht. Als ich noch einmal mit ihr gesprochen habe, hat sie betont, dass es damals für sie entscheidend war, dass sie nicht am Unterricht hat teilnehmen müssen, sonst hätte sie möglicherweise die Schule abbrechen müssen, um diesen Weg zu gehen. Da sind wir bei einer weiteren Frage, die auch Herr Ranke indirekt gestellt hat und die auch immer Verbandsforderungen waren. Wir müssen das Korsett schulrechtlicher Vorschriften verlassen, wenn es um diese Kinder geht. Darum beschäftigen wir uns als Verband zusammen mit dem Landesmusikrat auch mit der Frage, wie wir unter Erweiterung und Reformierung der Rechtsvorschriften diesen jungen Menschen einen Weg weisen können, wo sie einerseits die erforderlichen schulische Qualifikationen – wie Abitur – erreichen, ohne dass sie in einer Form anwesend sein müssen, die im Allgemeinen erwartet wird. Die Verbände haben die Aufgabe außerhalb der Schule Partner zu suchen. Wir müssen dafür werben, dass außerhalb von Schulen auch Institutionen da sind, die problemlos und unter großzügiger Auslegung von Rechtsvorschriften diesen jungen Menschen helfen. Ich habe einen Freitod erlebt von einer hoch begabten jungen Schülerin, die einfach nicht die Antworten bekam, die sie brauchte um sich zu verwirklichen, um so zu sein, wie sie war. Und diese Erlebnisse haben mich eben dazu gebracht, mich einzusetzen für eine differenzierte Form der Förderung von Hochbegabten und auch der besonders Begabten. Wir sollten das nicht unter einen Begriff fassen, denn ein Musikbegabter braucht z. B. keine Förderung wie ein generell Hochbegabter. Deshalb geht es uns darum durch die Förderung von allen Begabungen das schulische Niveau insgesamt weiter anzuheben und auszubauen. PISA gibt da einige interessante Aspekte und Hinweise, wie es geschehen könnte. Es geht darum, dem Einzelnen gerecht zu werden, aber möglichst auch das Land und die Gesellschaft zu verpflichten, Einrichtungen zu finden, die diesen Menschen ihre besondere Aufmerksamkeit widmen. Ich setze auch hinzu: Ich halte das auch gesellschaftspolitisch für eine wichtige Aufgabe, denn unsere Gesellschaft braucht diese Menschen um ihrer selbst willen, aber auch um der Gesellschaft willen. Und deswegen der Einsatz des Philologenverbandes seit 1984 (und noch davor) für diese Gruppe, die lange Zeit tabuisiert war.

Frau Solzbacher:

So viel Konsens ist mir schon unheimlich. Frau Demmer, schließen sie sich ihrem Vorredner an?

Frau Demmer:

Die Gewerkschaft Erziehung und Wissenschaft ist der Auffassung, dass es ein Zeichen von Professionalität der Mitglieder ist, die sie vertritt, in der Tat alle Kinder und Jugendliche fördern zu können und ihren Ansprüchen gerecht zu werden. Ich betone aber *allen* Kindern und Jugendlichen, das sind vielleicht auch merkwürdig Begabte, für die wir ja noch nicht den richtigen Blick haben. Wir betonen, wir sind die Anwälte *aller* Kinder und Jugendlichen, gleichgültig auf welcher Begabungsstufe oder mit welcher Begabungsdefinition wir uns ihnen nähern. D. h. aber auch, dass die GEW im Unterschied vielleicht noch zu Äußerungen vor 20 Jahren doch davon weggegangen ist zu sagen: Hochbegabte sind ja so begabt, die finden ihren Weg schon alleine, um die brauchen wir uns nicht zu kümmern. Das ist sicherlich eine Fehleinschätzung gewesen, die ich auch persönlich benennen möchte, die heute in unserer Organisation (zumindest offiziell) nicht mehr vertreten wird. Aber weshalb betone ich so sehr *alle* Kinder und Jugendliche? Als ich noch mal geguckt habe, wer sitzt hier mit mir auf dem Podium, ist mir schon aufgefallen, dass die Vertreter der Praxis alles Herren aus dem Gymnasium sind. Es gibt offensichtlich die Auffassung, das Hochbegabung sich nur am Gymnasium abspielt. Ich selbst bin Grund- und Hauptschullehrerin, habe meine Tätigkeit vor 30 Jahren in einer Sonderschule für Lernbehinderte begonnen und habe dort mindestens drei verkannte oder hohe Begabungen unter den Schülerinnen und Schülern gehabt. Und damals ist niemand auf die Idee gekommen, dass die Probleme, die diese jungen Schülerinnen und Schüler hatten, etwas damit zu tun haben könnten, dass wir alle nicht verstanden haben, was eigentlich mit ihnen los ist. Die waren an einer Sonderschule für Lernbehinderte. Zur Illustration: Ali war ein Türke mit einer Hasenscharte, der sich ausgesprochen schwer tat überhaupt reden zu wollen. Ali rechnete alles kurz und klein, was ihm in die Hände fiel. Ich habe ihm nur immer wieder Bücher angeschleppt von meinem Sohn und Ali machte das alles selbst. Und Ali ist eines Tages zu mir gekommen und hat sich regelrecht selbstständig gemacht. Er hat sich meiner Obhut entzogen, indem er mir erklärt hat, er ist der Auffassung, dass er an dieser Schule nicht mehr richtig ist, er möchte an eine Hauptschule gehen. In Fürsorglichkeit habe ich versucht ihn davon abzubringen. Ali hatte ja eine Hasenscharte usw. Er ist dann aber gegangen und hat sich dem Schulrat vorgestellt und gesagt, was er will. Der Schulrat war beeindruckt und hat gesagt, wenn der das kann, dann kann der auch zur Hauptschule gehen. Ich habe Ali dann aus den Augen verloren, das letzte, was ich von ihm weiß, war, dass er irgendwann Stadtmeister in einer fernöstlichen Kampfsportart war. Auf jeden Fall machte er deutlich seinen Weg. In der Hauptschule habe ich einen jungen Mann kennen gelernt, einen Verstoßenen aus einer Waldorfschule, der als so schwer erziehbar galt, dass selbst die Waldorfpädagogen ihn nicht mehr trugen. Und solche Kinder kommen ja dann ins Regelschulsystem in eine Klasse mit 30 Kindern – Hauptschulklasse, 6. Schuljahr. Als ich den Jungen sah, wusste ich, der ist nicht dumm, da ist irgendwas. Ich wusste aber auch keinen anderen Rat, als zu sagen: „Pass auf, wenn du dich hier daneben benimmst, – du bist jemand der für sich selbst verantwortlich sein kann – muss ich mich von dir trennen. Das kann nicht hinhauen, wenn du hier die Klasse auseinander nimmst.“ Andreas hat schwierige, wirklich schwierige Phasen durchlaufen, die er aber deshalb durchlaufen konnte, weil ich ihn immer nur an seine Selbstverantwortung verwiesen habe. Der hat selbst lernen müssen. Ich habe ihn praktisch innerhalb dieser großen Klasse gar nicht wirklich als normales Mitglied der Klassengemeinschaft führen können, sondern ich habe ihm diesen Sonderstatus geben müssen (nach meinem Verständnis) und Andreas hat dann irgendwann auf vielen Umwegen und Irrwegen Abitur gemacht und ist heute ein ziemlich guter Kameramann geworden. Und ein letzter Fall, den ich Ihnen jetzt erzählen möchte, der ist noch ganz jung. Ich war vor drei Wochen in Schweden und habe dort gemeinsam mit Journalisten eine Reihe schwedischer Schulen besucht, darunter auch eine Schule namens „Futurum“. Dort wurden wir von einem Schüler geführt. Der Junge ist 15 Jahre alt, ein eher ruhiger schmaler Schüler im typischen PISA -Alter, der uns in perfektem Englisch seine Schule erklärte. Und zwar ist diese Schule eine von mittlerweile ungefähr 15 % Schulen in Schweden, die ab dem 7. Jahrgang das Klassenprinzip aufgegeben haben und einzig und allein auf die Eigenaktivität, auf die Selbstverantwortung (responsibility) der Schüler, auf das selbstgesteuerte Lernen der jungen Leute setzt. Der Junge hat uns dann erklärt wie so was funktionieren kann. Sie wissen wahrscheinlich, dass Schweden bis zur 9. Klasse überhaupt keine Selektion hat, da geht also der unausgelesene Jahrgang in ein und dieselbe Schule. Morgens gibt es zwei Stunden eine Art gemeinsame Absprache zwischen Lehrern und Schülern, wo sie beratschlagen, wie's jetzt weitergehen könnte, wo der eine oder die andere jetzt die Schwerpunkte setzt. Die jungen Leute führen ein Logbuch, wie sie es nennen, eine Art Lerntagebuch, wo sowohl ihre Aufgaben für eine bestimmte Zeit drin festgehalten sind, wie auch jeweils ihre Ergebnisse, die sie erreicht haben. Unser Führer erzählte uns, seitdem sie das so machen – und das jetzt 4 Jahre – ist es wunderbar in dieser Schule. Die Schule sei völlig leise, was für deutsche Verhältnisse kaum vorstellbar ist. Die ziehen da nebenbei auch ihre Schuhe an der Eingangstür aus und laufen auf Socken oder Hausschuhen und Besucher müssen sich Schutzschuhe überziehen. Es ist eine sehr angenehme und freundliche Atmosphäre. Und man hält jetzt immer Ausschau, wo ist denn jetzt 'ne Klasse, wo gelernt wird. Man findet keine, sondern nur überall Gruppen, die etwas tun, die mit etwas beschäftigt sind. Sven sagte dann auf unsere Frage, wo er denn eigentlich die Probleme dieses Verfahrens sieht. Das einzige Problem, was für ihn und nicht nur für ihn drängend sei, das sei: es gäbe eine

Gruppe von ungefähr 10 % der Schülerinnen und Schüler, die mit Selbständigkeit nicht umgehen können. Ja und was tun? Und dann sagte dieser junge Mann mit seiner interessanten und ungewöhnlichen Ernsthaftigkeit: „Ja, das ist unser großes Problem, da müssen wir etwas tun." Und das „Wir" und das „Uns" – das war wirklich deutlich – das sind die Lehrer, die Schüler und Eltern, die als eine Gruppe, als eine Gemeinschaft angesehen wurde, die etwas tun müssen. Ich bin aus dieser Schule zurückgekommen und hab gesagt, ich will einfach, dass es bei uns auch so wird. Weil es so überzeugend war, dass das offenbar ein Verfahren ist, wovon wir alle – verbandsübergreifend – träumen, nämlich, das selbstgesteuerte, selbstverantwortende individualisierende Lernen zu verstärken, weil anders können wir Schülerinnen und Schülern – egal, ob sie Hochbegabte, besonders Begabte oder wie auch immer begabt sind – nicht gerecht werden, als über diesen Weg. Und ich sitze hier, weil ich im Grunde noch mal darauf hinweisen möchte, dass wir alle noch mal darüber nachdenken sollten, ob durch diesen Versuch des deutschen Schulsystems, homogenisierende Lerngruppen herzustellen, den Weg zur Leistungsfähigkeit nicht verbauen. Ich höre in Lehrerzimmern pausenlos: „Wir haben die falschen Schüler, deshalb kann man hier auch nichts machen." Dieses Problem glauben zu können, Schüler könnten falsch sein, falsch zugeordnet sein, falsch sortiert sein hindert uns daran, eine Pädagogik zu entwickeln, die sich wirklich auf das einzelne Kind, auf den einzelnen Jugendlichen einlässt. Die schwedischen Lehrerinnen und Lehrer können gar nicht anders, die wissen: Das sind sie, die haben wir, die kann ich weder sitzen lassen noch kann ich die in eine andere Schulform abstufen – ich muss sie nehmen wie sie sind. Aus diesem „Ich muss sie nehmen wie sie sind" entwickelt sich offenbar notgedrungen eine Pädagogik, die davon Abschied nimmt zu glauben, als Lehrerin oder Lehrer kann ich den gesamten Lernprozess bei 30 Kindern steuern. So entwickelt sich eine Pädagogik, die sagt: Wir haben doch auch die Kinder selbst, können denn die nicht auch sehr viel an ihren Lernprozessen auch selbst steuern?! Vielleicht müssen wir als Lehrerinnen und Lehrer gar nicht ständig unsere Finger dazwischen haben! Brauchen wir nicht vielmehr Vertrauen in die Bereitschaft der jungen Leute, für ihre Lernprozesse auch Verantwortung zu übernehmen? Dies ist eines der zentralen Themen für die Frage: Wie werde ich Kindern mit hohen oder besonderen Begabungen gerecht? Man müsste die Frage anders stellen: Wie werde ich Kindern mit ihren Begabungen jeweils gerecht? Und brauchten wir in der Tat in der Lehrerbildung einen völlig anderen Ansatz bei den diagnostischen Fähigkeiten der Lehrer und Lehrerinnen. Wir brauchten eine Bildung und Ausbildung im Umgang mit heterogenen Lerngruppen, denn unser Sortieren bringt ja nicht hervor, dass nun plötzlich im Gymnasium oder in der Realschule oder in der Hauptschule wirklich homogene Lerngruppen säßen. Wer sich die PISA-Grafik mal anschaut, sieht ja, dass es am Gymnasium genauso einen Teil mit Schülerinnen und Schülern auf einem unteren Leistungsniveau gibt, wie es umgekehrt an Hauptschule einen Teil gibt, die auf dem obersten Leistungsniveau sind. Wir haben an allen unseren Schulen heterogene Lerngruppen und damit müssen wir umzugehen lernen. Mein dringender Appell ist, dass gerade die, die sich jetzt so stark mit der Thematik

Hochbegabung beschäftigen, dieses in den Blick nehmen. Es ist wirklich ein Problem, den Begabungen aller Kinder gerecht zu werden. Ich glaube, wenn wir das hinbekommen, dann werden wir auch denen mit besonderen Begabungen gerecht. Das nebenbei ist auch mein Motiv zu sagen, ich möchte nach Möglichkeit nicht noch eine neue Sonderform. Nicht noch eine neue Schule für Hochbegabte oder noch 'ne neue Klasse für Hochbegabte. Ich glaube, das wäre einfach der deutsche Irrweg – wie ich es empfinde – nun noch mal perfektioniert. Und das bringt uns – glaube ich – nicht weiter. Vielen Dank

Frau Solzbacher:

Frau Heinbokel, wenn es denn so ist, dass wir Chancengerechtigkeit offensichtlich noch nicht erreicht haben, müsste dies doch bei den Hochbegabten auch deutlich werden. Sind Hochbegabte vornehmlich aus sozial bevorteilten Familien? Denn wenn die Lehrer nicht diagnostizieren können, und wenn tatsächlich der soziale Aspekt so eine wichtige Rolle in unserer Gesellschaft spielt, müsste sich das eigentlich ja auch bei unserem Thema bemerkbar machen.

Frau Heinbokel:

Also nach allem, was ich bisher weiß, ist es so, wenn sich die Schule nicht drum bemüht oder der Staat oder die Gesellschaft, sondern es den Eltern überlassen ist – und das war ja in den letzten Jahren und Jahrzehnten der Fall – dann sind es wirklich überwiegend Kinder aus sozial bevorzugten Familien, wo die Eltern beide Abitur haben und studiert haben. Die kümmern sich um ihre Kinder, die anderen können es nicht oder nicht in dem Maße, aber sie können es bei anderen Kindern mit anderen Behinderungen ja auch nicht, da ist der Staat ganz stark gefragt. Ich weiß dies z. B. aus der Untersuchung zum Überspringen von Klassen, die ich gemacht habe. Da hatte ich auch Elternfragebögen verteilt und hab auch nach der Ausbildung und den Berufen der Eltern gefragt und hab dann irgendwann eine Verbindung gezogen zwischen der Ausbildung der Eltern und der Empfehlung des „Springens“. Und wenn beide Eltern Abitur hatten, dann kam die Empfehlung zum Springen in ganz hohem Maße sowohl von den Eltern (um die 50 %), als auch von der Schule. Und wenn ein Elternteil Abitur hatte oder beide kein Abitur, dann kam die Empfehlung in ganz hohem Maße von der Schule. Wir können uns überlegen, wie viele übersehen worden sind und nicht gefördert wurden. Gerade bei den Sozialschwachen haben wir eine ganz, ganz hohe Verantwortung auf Seiten der Gesellschaft.

Frau Solzbacher:

Wir haben jetzt so viel gehört, was alles gefordert werden müsste an Lehrerfortbildung usw. Wir haben aber auch gehört, wie unsicher die wissenschaftliche Forschung noch ist. Viel hörte sich nach Experimentieren an: sie könnten das machen oder dies oder jenes, je nach Individualität. Die Frage ist jetzt, welche Möglichkeit der Fortbildung haben denn die hier sitzenden Lehrer überhaupt?

Ich weiß, Sie arbeiten viel in diesem Bereich, aber täuscht der Eindruck, dass dies zur Zeit noch einem Stochern im Nebel ähnelt?

Frau Heinbokel:

Ich bin jetzt seit Anfang Februar Beraterin für Hochbegabung – also nicht Fachberaterin, da gibt's ja Unterschiede, je nachdem aus welchem Topf die Gelder kommen – , aber ich mache im Grunde das Gleiche wie die Fachberater. Die Lehrer können sich an mich wenden wegen Fortbildung, sie können sich auch an die Lehrerfortbildung wenden. Meine Erfahrung ist, dass sich die Lehrer noch verhältnismäßig wenig dafür interessieren. Es wird wenig zu Fortbildungen gegangen.

Frau Solzbacher:

Die Fortbildungen gibt es aber, und sie sind auch gut?

Frau Heinbokel:

Das ist unterschiedlich. Wenn schon sehr viel gelaufen ist im Bereich Fortbildung, dann kommen auch die Lehrer, aber zu Anfang ist das ganz, ganz mühsam, die Leute dahin zu bringen, weil die Meinung vorherrscht, die Hochbegabten sind die mit den guten Noten und die kennen wir und um die brauchen wir uns auch nicht zu kümmern. Die, die keine guten Noten haben, die sind nicht hoch begabt, also brauchen wir uns da auch nicht um Hochbegabung zu kümmern. Das ist bei meinen Kollegen relativ stark verbreitet.

Es gibt sehr viele Lehrer, die was tun. Warum tun die was und wie sind sie darauf gekommen und was brauchen die an Fortbildung?

Meine Untersuchungen haben ergeben, dass diese Lehrer immer ein Kind als Auslöser hatten, bei dem das, was sie bisher getan hatten, nicht funktionierte. Dann suchten die Lehrer Ansprechpartner. Und die sind noch sehr dünn gesät. Hier in Niedersachsen sind wir ja gerade dabei Ansprechpartner zu etablieren.

Frau Solzbacher:

Frau Gartemann, haben Sie in punkto Lehrerfortbildung im Rahmen ihres „Lernlandes Osnabrück" hierzu Ideen entwickelt? Ist das Thema für den Landkreis relevant?

Frau Gartemann:

Ich bin froh, dass Sie mir so eine Frage stellen. Wir haben bereits vor einigen Jahren angefangen, uns mit dem Thema Bildung – und was bedeutet eigentlich die Bildung in unserer Region für die Situation der Bürgerinnen und Bürger – zu beschäftigen. Was bedeutet sie für die jungen Menschen, aber was bedeutet sie auch für die Erwachsenen, für die Arbeitnehmer, was bedeutet sie für die

Wirtschaft, die ja unsere Region letztlich auch trägt? Wie ist Bildung eigentlich in einer solchen Region verankert? Was wir auch festgestellt haben ist, dass es eigentlich ein Bewusstsein für die Bedeutung von Bildung so richtig nicht gegeben hat. Das Interesse ist relativ neu. Das kommt durch verschiedene Dinge: z. B. durch die TIMS-Studie und durch PISA. Ein Bewusstsein, was Bildung eigentlich bedeutet, ist nicht verwurzelt bei den Eltern und auch nicht bei den Kindern. Dieser alte Satz „Wir lernen nicht für die Schule, sondern für's Leben", der hat ja heute auch noch Geltung, aber er ist nicht in den Köpfen. Und er ist auch nicht in den Köpfen bei denjenigen, die Einfluss nehmen auf Bildungskarrieren. Deshalb haben wir uns schon vor einigen Jahren hier mit anderen Akteuren in der Region, mit Bildungsträgern, aber auch mit anderen gesellschaftlichen Gruppen – ich spreche da insbesondere die Wirtschaft an und die Vertreter der Wirtschaft – zum Ziel gesetzt, uns mit dieser Thematik stärker zu befassen, um einfach die Bildungssituation hier in der Region Osnabrück, im Osnabrücker Land, stärker zu verwurzeln und damit auch zu einer Verbesserung zu bringen. Diesen Überlegungen ist im Grunde das Strategiekonzept „Osnabrücker Lernland", das Frau Solzbacher angesprochen hat, auch entsprungen. Wir wollen damit nämlich erreichen, dass wir eine Bildungszusammenarbeit in der Region entwickeln mit all denjenigen, die irgendetwas zum Thema Bildung beizutragen haben. Das fängt bei der Erziehung an, geht dann weiter in den vorschulischen Bereich, also über die Kindergärten, in die Schulen zu den Weiterbildungsträgern bis hin zur betrieblichen Aus-, Fort- und Weiterbildung. Am Anfang hatten wir dabei schwerpunktmäßig den Personenkreis der „Benachteiligten" im Fokus. Wie kann man es erreichen, dass möglichst viele, möglichst alle Schülerinnen und Schüler überhaupt einen Schulabschluss bekommen? Wie kann man diesen Prozentsatz, der heute ohne Abschluss von der Schule kommt, soweit runterdrücken, wie es eben geht? Das sind insbesondere die Benachteiligten, das können aber auch besonders Begabte sein, die letztlich durch's Rost fallen. Und wir haben uns als Ziel gesetzt, den Übergang von der Schule in den Beruf zu verbessern und dafür zu sorgen, dass letztendlich diejenigen, die hier eine schulische Ausbildung durchlaufen, auch mit dieser schulischen Ausbildung ihre berufliche Lebenslaufbahn hier bestreiten können, dass sie letztendlich auch für die Region hinterher das Arbeitskräftepotential stellen können, das die Region braucht. An dieser Stelle kommt dann im Grunde das Thema Begabtenförderung zum Zielkatalog des „Osnabrücker Lernlandes" dazu. Denn es kann nicht nur darum gehen, das wir die „Benachteiligten" soweit unterstützen und fördern, dass sie nicht durch's Rost fallen, sondern es muss natürlich auch darum gehen, die besonders Begabten, die Talentierten zu fördern und zu unterstützen, denn diese braucht unsere Gesellschaft. Und die wollen wir natürlich auch hier in unserer Region halten. Also gilt es, so etwas wie Bindung zu erzeugen. Bindung dadurch, dass man so was wie Förderinstrumente entwickelt, dass diejenigen, die die schulische Laufbahn durchlaufen und besonders talentiert sind, sich möglicherweise auch bzgl. ihrer Ausbildung hier orientieren. An hiesigen Universitäten, vielleicht auch an anderen, zumindest aber mit der Chance, dass wir sie auch wieder zurückholen. Ich habe früher mal an der

Fachhochschule gearbeitet, und da hieß es immer: Wir müssen zusehen, das wir diejenigen, die hier ausgebildet werden, auch hier halten. Wenn die zwischendurch mal irgendwo anders zwei Semester machen, kommen die nie wieder nach Osnabrück zurück. So, das ist die Gefahr für die Region, das ist eine Gefahr für die Wirtschaft. Also wollen wir versuchen, an der Stelle eben nicht nur Benachteiligte zu unterstützen, sondern eben auch die Begabten. Wir sind dann sehr schnell dazu gekommen zu sagen, dass wir dafür auch die Universität brauchen. Und so kam es dann zu dem Arbeitskreis, an dem wir zwischenzeitlich beteiligt sind. Dort gilt es, diese Strukturen aufzubauen. Wir denken ebenfalls an die Etablierung eines Schulverbundes zur Begabtenförderung im Zusammenhang mit dem vom Land Niedersachsen ausgeschriebenen Förderprogramm. Wir wollen eine Struktur finden, wo man wirklich vom Grundschulbereich an bis zum Gymnasium eine verbundene Förderstruktur hat. Dass dazu auch Weiterbildung gehört, ist ganz deutlich, aber dass dazu auch gehört, überhaupt erst mal ein Bewusstsein zu schaffen und dieses Bewusstsein auch am Leben zu halten, das hat Frau Heinbokel ganz deutlich gemacht. Solange das nicht in den Köpfen ist, dass auch Begabtenförderung ein Thema ist, dem man sich widmen muss, solange werden wir auch an der Stelle nicht vorankommen. Deswegen machen wir mit der Universität und Frau Prof. Dr. Solzbacher und Frau Dr. Heinbokel eine Ringvorlesung zum Thema „Begabtenförderung“. Und ich denke, dass sich aus den anderen Instrumenten, die ich eben angesprochen habe, zwangsläufig ergeben wird, dass man Weiterbildungsangebote entwickeln muss – und zwar bedarfsgerecht. Und ich glaube, dass das Fehlen von Nachfrage oder die fehlende Bereitschaft, an Fortbildungsangeboten (die es ja gibt auf dem Markt) teilzunehmen, vielleicht auch damit zusammenhängt, dass man nicht mal zunächst nachfragt, wo ist denn nun tatsächlich der ganz konkrete Bedarf. Wir haben das in anderem Zusammenhang hier im Osnabrücker Lernland gerade ganz aktuell erlebt, indem wir nämlich nach Fortbildung im EDV-Bereich gefragt haben. Und dort gibt es 'ne Menge von Angeboten, und wir hatten immer das Gefühl, so richtig werden die nicht genutzt. Wir haben dann im gymnasialen Bereich, im berufsbildenden Bereich mal nachgefragt, habe 'ne Menge von Ideen bekommen von Lehrern, die gesagt haben, das und das und das würde uns fehlen und dazu gibt es kein Angebot. Sozusagen als Ergänzung zu den Angeboten der Lehrerfortbildung des Landes haben wir deshalb eigene Angebote entwickelt. Und ich denke, das ist das Wichtige bei der Fortbildung: individuell und zielgerichtet das zu tun, was für den Einzelnen wichtig ist und was individuell nachgefragt wird. Und dann hat man vielleicht auch 'ne Chance, dass es angenommen wird, und dass es sich besser verbreitet als bisher.

Frau Solzbacher:

Ich bedanke mich erst mal jetzt für die Statements und würde gerne die Fragen des Publikums noch zulassen.

Publikum:

Das schwedische Modell, von dem Sie vorhin sprachen –. Wie groß war denn die Schule, denn dass das so funktioniert, kann ich mir nicht vorstellen.

Frau Demmer:

Ich vermute fast, das war relativ vergleichbar hier mit Osnabrück, also es war eine Autostunde von Stockholm weg, eine Industrieregion. Die Schule hatte 1300 Schülerinnen und Schüler. Sie haben „the small school in the big school" etabliert, also – die haben vier Unterschulen gemacht. Das Prinzip ist, dass alle Schülerinnen und Schüler jeweils drei Freunde/Freundinnen nennen konnten, die sie gerne bei sich hätten und nach diesem System ist dann geguckt worden, wer passt wie zusammen. Also, sie haben es wirklich geschafft, aus dem an und für sich recht großen System eine Unterstruktur zu bilden, wo die Lehrer und die jungen Leute sich sehr heimisch gefühlt haben.

Publikum:

Ich möchte da was anschließen und mit einer Frage verbinden. Ich nehme an, die Schule, die sie meinen ist die, über die in der „Zeit" vom 7. Februar auch der Bericht stand.

Frau Demmer:

Von Reinhard Kahl, ja.

Publikum:

Ja, und da stand denn ja auch dabei, dass das Lehrer-Schüler-Verhältnis 1 Lehrer – 7 Schüler war. Ich geh' mal davon aus, dass das bei uns nicht zu erwarten ist, dass wir diese Bedingungen nicht haben und wir die finanziellen oder auch Lehrer-Schüler-Relation nicht bekommen werden. Dann hab ich eine Frage, ob denn in einem integrativen System solche Ergebnisse zu erwarten sind. Wir sind damit bei der Schulstruktur. Ist eine Binnendifferenzierung in unserem (!) System so leistungsfähig, dass wir darauf bauen können, dass wir international vergleichbar sind?

Frau Demmer:

Darf ich vielleicht eine Sache vorher korrigieren? Also, die schwedischen Schulen haben im Primarbereich eine sehr viel günstigere Lehrer-Schüler-Relation, als wir in Deutschland, und zwar ist die 1 : 13,3. Ich weiß es zufällig auswendig. Das geht bis zu Klasse 6 und ab dann nähert sich das aber stark unseren Verhältnissen an und in der gymnasialen Oberstufe ist sie schlechter als in Deutschland. Und man muss bedenken: Es sind Ganztagssysteme. Also diese Schule war von morgens 6 bis abends 18 Uhr geöffnet und ganz auf die Bedürfnisse der berufstätigen Eltern ausgerichtet. Also, sie haben da auch immer einen relativ großen Anteil von Personal mit in diesem Schlüssel. Ich sag mal, die Schulen, die noch normaler arbeiten, die also nicht diese weitgehende Individualisierung gemacht haben, die haben uns im Grunde alle erklärt, dass die durchschnittlichen Klassengrößen, also wenn sie noch in Jahrgangsgrößen unterrichten, alle so zwischen 23 und 28 liegen. Also, das unterscheidet sich eigentlich nicht. Aber sie haben in den Schulen sehr viel besseren flankierenden Personalbestand. Auch was solche diagnostischen Möglichkeiten angeht.

Herr Nessler:

Die Frage des Diskussionsteilnehmers zeigt ja, wie notwendig eine Relativierung ist alles dessen, was bisher schon hier gesagt wurde. Insofern find ich es auch sehr interessant, was die Vertreterin des Landkreises Osnabrück hier gesagt hat. Ich bringe das alles auf folgenden Nenner: Die Frage ist doch, wie müssen wir – ausgehend von der hiesigen Situation – die Förderung aller soweit voranbringen, dass wir dem beschriebenen Anspruch gerecht werden. Ich halte es für den falschen Zeitpunkt, eine indirekte Strukturdebatte zu führen, sich dabei auf PISA zu berufen oder auf Eindrücke, die man im Ausland sammelt. Wir müssen uns fragen, wie man unser System weiterentwickeln kann um den Ansprüchen gerecht zu werden und dem, was uns bisher gezeigt wurde, zu entsprechen. Da hab ich z. B. eine Frage: Was hat die Grundschule in den letzten Jahrzehnten getan, um diese fördernde Aufgabe, die Frau Heinbokel genannt hat, rauszuarbeiten? Wie gelingt es der Grundschule, die Antworten zu geben, die Schüler stellen, nämlich wie gehst du mit meiner Begabung um, gleich woher ich komme? Das ist für mich die zentrale Frage. Frau Demmer hat uns da ja gerade ein schönes Beispiel gebracht, dass ihr Sonderschüler ausgebüchst ist, um sich für die Hauptschule anzumelden. Das war ja ein hochinteressantes Beispiel. Die Frage ist doch: Müssen wir nicht durch gezielte Elternarbeit – schon im vorschulischen Bereich – mit einer weitreichenden Aufklärung beginnen, um die Eltern auf die Bedeutung von Schule hinzuweisen und sie einzustimmen auf die Aufgaben, die das Bildungssystem im Interesse ihrer Kinder hat? Auch das zeigt nämlich PISA, dass wir da ganz erhebliche Defizite haben. Und da ist für mich natürlich die Frage, da ich aus dem Gymnasium komme: Was leistet die Grundschule, um sich in dem Sinne – jetzt nicht im falsch verstandenen Sinne des Wortes – an der Schullaufbahnlenkung ihrer Schüler ohne Rücksicht auf die soziale Herkunft zu beteiligen? Es geht erst mal hier um das Thema „Wie fördere ich Hochbegabte?" und dass es notwendig ist, haben meiner Ansicht nach die Diskussionsbeiträge meiner Kollegen zur rechten und zur linken gezeigt. Deswegen halte ich die Aufgabenstellung für wichtig und unverzichtbar und wir sollten uns darauf konzentrieren im Rahmen des Systems weiterzuentwickeln und zunächst die Antworten zu geben, die die Kinder brauchen.

Aber meine Frage war – und da können Sie mir sicherlich eine Antwort geben – wie muss ich denn die Grundschule verändern, um das zu leisten, was wir eben kritisiert haben?

Frau Solzbacher:

Bevor wir das fragen, wollte Herr Ranke noch etwas hinzufügen?

Herr Ranke:

Ich wollte mein Unbehagen artikulieren an dem Verlauf unseres Podiums hier. Also ich selber habe jetzt das Gefühl, eigentlich brauchen wir gar nichts zu tun, wir haben so schlechte Schulen, man kann da eigentlich gar nichts machen. Es gibt so schöne Schulmodelle, die ganz phantastisch sind und wo man den pädagogischen Traum dann verwirklichen könnte. Ich habe meine Rolle hier so verstanden, dass ich sage, ja, die schlechten Randbedingungen kann ich nicht verändern. Jedenfalls nicht als Leiter eines Gymnasiums. Ich kann mit meiner Verbandstätigkeit dafür kämpfen, aber handeln tue ich aus der Situation heraus, in der ich bin. Und ich sehe es als meine Aufgabe an, meine Kollegen zu ermutigen, immer wieder die Wege zu suchen, die unter gegebenen Bedingungen möglich sind. Es wachsen uns ja ständig Aufgaben zu, es ist doch einfach so, dass wir vor Problemen stehen, die wir vor 10 Jahren noch gar nicht kannten. Die Randbedingungen von Schule verändern sich so schnell nicht – im Gegenteil. Wir alle erleben ja eigentlich nur, dass sie sich verschlechtern. Sie sind Lehrer hier, in diesem Landkreis wahrscheinlich, und ich würde dann schon an Sie appellieren: Achten Sie auf Ihre Kinder und versuchen Sie, das Unmögliche möglich zu machen! Also selbstverständlich kann man träumen, und auch darum kämpfen, dass Träume sich erfüllen. Nur hier habe ich das so verstanden – jedenfalls so fühle ich mich hier eingeladen –, dass wir hier überlegen, was mache ich aus den gegebenen Randbedingungen. Dazu hatte ich versucht ein paar Stichworte zu geben.

Frau Demmer:

Also ich fühl mich als Träumerin hier nur zur Hälfte verstanden. Aber dazu stehe ich natürlich auch, weil ich glaube, ohne Visionen kann überhaupt keine Gesellschaft weiterkommen. Wir brauchen Visionen. Und ich hab‘ Ihnen meine Vision geschildert. Ich hab‘ Ihnen aber, wenn Sie es richtig gehört haben, auch was gesagt, zu konkreten Veränderungen im bestehenden System. Da hab‘ ich nämlich gesagt, ich glaube, wir kommen sowohl mit den Hochbegabten, wie auch mit den besonders Begabten und den Normalbegabten und wem auch immer dann weiter, wenn wir in unseren Schulen, die wir jetzt so haben wie sie sind, die Schülerinnen und Schüler so nehmen wie sie sind. Und an sie nicht die Elle anlegen, ob sie vielleicht falsch sind in unseren Schulen. Also nicht als erstes gucken, kann ich sortieren, um mir 'ne bestimmte Situation zu schaffen, wie ich sie gerne hätte. Sondern ich muss gucken, was kann ich mit diesen Kindern und jungen Leuten, die ich hier habe, machen. Wie kann ich da nach Möglichkeit jedem gerecht werden? Und mein zweiter praktisch vorhandener Hinweis – also wirklich *sehr* praktisch verstanden – war der, dass ich gelernt habe u. a. in dieser schwedischen Schule, aber auch meinen eigenen Situationen, dass die Individualisierung der Lernprozesse, dass Kinder und Jugendliche selbst für ihre

Lernprozesse mit verantwortlich zu machen, ihnen zu trauen, dass sie sich selbst steuern können, das halte ich für einen der ganz zentralen Punkte. Die sind heute und jetzt möglich und notwendig. Und von daher fände ich es nicht so gut, wenn Sie diese – wie ich finde – durchaus wichtigen Anregungen, die ich gemacht habe, in das Reich der Träumerei verweisen würden. Da gehören sie nicht hin! Was müsste die Grundschule leisten, da kann ich genau an diesem Punkte ansetzen. Auch die Grundschule muss aufhören – also in Niedersachsen ist es ja die Orientierungsstufe die mit dieser Sortierfunktion beschäftigt ist. Ich glaube, viele machen sich nicht klar, was das für ein Lehrerbewusstsein heißt, wenn ich ständig im Kopf habe, ob jemand ein typischer Gymnasiast ist, ein typischer Hochbegabter, ein typischer Hauptschüler oder ein typischer „Irgendwas". Ich denke mal, wir sind in Deutschland als Lehrerinnen und Lehrer falsch „geprägt". Darüber hinaus muss in den Grundschulen ein sehr viel stärkeres Bewusstsein darüber entstehen, wie zentral notwendig es ist, dass wirklich alle Kinder literarisiert werden. Dass sie also wirklich alle die Fähigkeit des Lesens erwerben. Dass da keiner zurückgelassen wird, halte ich wirklich für einen der ganz zentralen Punkte! Und da haben wir je nachdem wie die Sonderschulklassen zusammengesetzt sind, außerordentlich komplizierte Situationen, was Kinder aus Migrantenhaushalten angeht usw. Ich glaube wirklich, das ist eine Aufgabe, wo die Grundschulen wirklich sehr viel zu tun haben und was sie mit der jetzigen Personalversorgung nur sehr schwer leisten können.

Frau Solzbacher:

Ich habe gelernt, dass ein Dissens immer fruchtbar ist, weil es hier auch immer deckungsgleiche Teile oder Anteile gibt, an denen man dann fruchtbar weiterarbeiten kann. Die habe ich hier auch rausgehört. Gibt es weitere Fragen aus dem Publikum?

Publikum:

Sie haben jetzt sehr viel von Schulen gesprochen, den ganzen Tag eigentlich. Mich würde jetzt mal interessieren wie die Meinungen sind über das Internet und elektronisches Lernen auch zur Begabtenförderung?

Herr Ranke :

Selbstverständlich bieten das Internet und überhaupt neue Technologien große Chancen zur Individualisierung von Unterricht. Fast alle Schulen haben sich auf den Weg gemacht. Auch hier gibt‘s wieder Probleme, es gibt sehr erfolgreiche Beispiele, wo man sagen kann, ja guck! – so könnte es vielleicht gehen. Es gibt aber auch hier das Problem, dass es kaum „Assistentenpersonal" gibt. Ich glaube, dass sich einer, der außerhalb von Schule ist, gar nicht vorstellen kann, unter welchen Umständen bei uns Rechner laufen sollen. Wo bleibt das Assistenzpersonal und Fortbildung? Die Lehrer müssen fortgebildet werden, weniger auf technischen Seite – das können die Schüler sowieso besser – als im didaktischen, methodischen Bereich. Wie kann ich Internet oder Programme einsetzen? Wir haben uns an unserer Schule vorgenommen, dass jede Fachgruppe sich überhaupt erst mal eine Unterrichtseinheit überlegt, die einen didaktischen Mehrwert bringt, wenn ich Internet oder Rechner einsetze.

Frau Heinbokel:

Es gibt eine Pressemitteilung von Nordrhein-Westfalen, die wollen wohl – zumindest erst mal für die Oberstufe – so einsteigen, dass die Schüler selbständig über's Internet lernen, was jetzt regelmäßig auch abgeprüft wird. So was ähnliches wie Fernschule/Fernstudium. Und ich denke, dass das dann so eine Art Einstieg in den Hausunterricht ist, den es ja in vielen Ländern gibt und der bei uns ja ganz streng verboten ist. Und da geht es nicht darum, wie mediengestütztes Lernen in den Schulen läuft, sondern was die zu Hause damit machen und wie die lernen. Und da gibt es auch schon 'ne ganze Menge Beispiele und Modelle, sicher auch aus den USA, aber wir kennen es ja auch schon von Australien und Neuseeland, dass die ganz viel über den Fernunterricht machen. Gerade für begabte Kinder, die auch sehr selbständig sind, finde ich das eine ganz tolle Möglichkeit.

Herr Nessler:

Wenn wir mal von der technischen Ausstattung und von der Belastung von Lehrkräften absehen, ergeben sich doch hier folgende Probleme aus meiner Sicht:

Wir haben ja Erfahrung mit Schulen, die seit Jahren mit PCs arbeiten und jeder Lehrer kann ihnen Schüler nennen, die geradezu bewundernswerte Kenntnisse und Fähigkeiten entwickeln. Wir beobachten aber auch an diesen Schülern eins: dass die Beschäftigung mit dem PC auch zu einer Art Vereinsamung führt. Die Frage ist doch, wie ordne ich das, was ein Schüler außerhalb des zu beobachtenden Raumes von Schule tut, das was er an Wissenszuwachs hier erfährt ein – in seinen Prozess insgesamt? Ich sehe auch die Gefahr der Vereinsamung von Schülern, indem sie fixiert sind auf diese eine Möglichkeit der Informationsbeschaffung. – Bis in pathologische Formen, ich sage das sehr deutlich. Ich habe einen Schüler gehabt – ich will jetzt mal ein Beispiel bringen – den haben wir ständig abmahnen müssen, dass er bei uns zum Unterricht pünktlich erscheint, der sagte: „ich sitze bis 2, halb 3 nachts vor meinem PC, ich arbeite dort." – der hat also nachweisbar viel gemacht. Der war nicht in der Lage, durch den veränderten Zeitrhythmus, den er sich damit schaffte, seinen schulischen Aufgaben gerecht zu werden. Er war, wenn Sie wollen, PC-süchtig. Und die Zahl derer ist nicht so gering wie man manchmal glaubt. Und jeder von Ihnen, der am PC arbeitet weiß, wenn Sie Probleme haben, da vergessen Sie alles. Ich wollte nur andeuten: wir müssen versuchen als Schule, dem Schüler einen geordneten Umgang mit diesen neuen Medien zu vermitteln. Das halte ich für ganz wichtig.

Und was ein hohes Maß an Selbstverantwortung für sein Tun verlangt, noch viel größer als, was wir in anderen Zusammenhängen hier diskutiert haben.

Frau Solzbacher:

Ich hatte Ihre Frage ein bisschen so verstanden, dass das Internet ein „neuer außerschulischer Lernstandort" werden könnte. Ich glaube auch, dass in Zukunft die Bedeutung der Regelschule zunehmend abnehmen wird, das sehen wir ja jetzt schon im Rahmen von Life-Long-Learning. Wenn sie aber zunehmend abnimmt, die Bedeutung der Regelschule, dann nimmt ja offensichtlich die Bedeutung außerschulischer Lernstandorte zu. Also werden wir uns vielleicht in 10 Jahren, wenn wir hier sitzen, über Lernarrangements unterhalten, die längst über die Schule hinausgehen. Jetzt, hier beziehen wir alles auf Schule und reden, als müssen wir das mit Schule alleine lösen. Ich glaube, dass diese regionalen Ansätze, durch die regionalen Vernetzungen auch für außerschulische Lernstandorte zu sorgen, in vielfältigster Hinsicht – Praktika usw., die Zukunft sein werden. Wenn es denn wirklich stimmt, dass wir uns sozusagen unser Enrichement – egal auf welcher Intelligenzstufe wir uns befinden – zunehmend von „außerschulischen Lernstandorten" holen. Und deshalb die Frage: Überschätzen wir das Thema Schule?

Publikum:

Aber wir müssen uns dann doch fragen, ob denn nicht dann die Aufgaben kommen, Lernen an außerschulischen Lernstandorten zu fördern? Denn ich empfinde auf der anderen Seite einen zunehmenden Trend für Niedersachsen, aber auch für ganz Deutschland, Schule zu verlängern. In der Grundschule die Anwesenheitspflicht der Schüler einerseits und Bestrebungen über die Grundschule hinaus sind auch im Gange. Und das würde doch bedeuten, außerschulische Lernstandorte müssen irgendwie mit der Schule in Verbindung gebracht werden.

Herr Beermann:

Ich wollte nur ganz kurz zu dem Thema Internet und Hochbegabung was sagen. Die Teilnehmer der Akademien kommunizieren per Internet, und was sie damit erreichen, ist aus meiner Sicht Förderung von Hochbegabten. Es heißt, da kommunizieren Leute, die auf gleichem Denkniveau, in der gleichen Geschwindigkeit denken, Probleme, die sie in dem Alter interessieren. Die Chance hätten sie sonst nicht. Und das ist aus meiner Sicht eine Form von Förderung, dass man ihnen einfach auch eine Chance gibt, in Gruppen auch persönlich – und das ist für mich wichtig – und da kommen wir nämlich weg von dieser Art des Lernens, der Individualisierung des Lernens – in Gruppen Probleme zu lösen. Aus meiner Sicht eigentlich das Lernen schlechthin. Und dazu brauche ich Gruppen, die möglichst homogen sind. Also ich habe da echte Probleme – für mich persönlich – mir vorzustellen, ich solle philosophische Diskussionen führen in einer Gruppe, die die volle Bandbreite des Intellekts liefert, die Schule liefert. Da habe ich Probleme, das tut mir leid. Und das ist für mich dann auch nicht Förderung von Hochbegabung, sondern – hmm, ja, hm – Schule.

Frau Demmer:

Also hier genau an dem Punkt wird's natürlich für mich jetzt spannend – das mal aufzudröseln, was da eigentlich für'n Bewusstsein dahintersteckt. Was haben Sie denn jetzt hier von uns für'n Gefühl? Kommunizieren wir jetzt auf demselben Niveau oder ist da auch zu viel Unterschied? Nein, ich will jetzt nicht rumfrotzeln. Ich glaube – also unter diesem Stichwort auch für's Leben lernen, ist es natürlich ungeheuer wichtig, nicht nur auf demselben intellektuellem Niveau zu kommunizieren. Dass das manchmal wunderschön ist, wenn man sich mit jemandem praktisch blind versteht ist ja völlig unbestritten. Also, von daher würde ich Ihnen eigentlich vorschlagen, sich das mal anzugucken, wie das ist, wenn Schülerinnen und Schüler an einem gemeinsamen Problem, aber durchaus auf unterschiedlichen Niveaus arbeiten. Das ist eine ganz spannende Sache, das ist wirklich eine ganz spannende Sache.

Frau Solzbacher:

Ich bedanke mich ganz herzlich bei ihnen allen für die interessante Diskussion.

Personenverzeichnis

Autorinnen und Autoren

Dr. Werner Esser
Schulleiter des sächsischen Landesgymnasiums St. Afra

Dr. Christian Fischer
Dipl. Psych., Wissenschaftlicher Assistent am Institut für Schulpädagogik und Allgemeine Didaktik der Westfälischen Wilhelms-Universität Münster

Dipl. Psych. Christa Hartmann
Leiterin des CJD Jugenddorfes Hannover

Dr. Annette Heinbokel
Zweite Orientierungsstufenleiterin der Haupt- und Realschule mit Orientierungsstufe Belm, Mitbegründerin der deutschen Gesellschaft für das hochbegabte Kind

Prof. Dr. Heinz Holling
Inhaber des Lehrstuhls für Evaluation, Forschungsmethoden und Organisationspsychologie, Psychologisches Institut IV der Westfälischen Wilhelms-Universität Münster

Hilary Lowe
Principal Lecturer in Education specialising in Modern Foreign Languages and the Education of Able Children, Oxford Brookes University

Dr. Franzis Preckel
Wissenschaftliche Mitarbeiterin, Westfälische Wilhelms-Universität Münster

Dr. Helmut Quitmann
Leiter der Beratungsstelle besondere Begabungen, Hamburg

Erika Risse
Schulleiterin Elsa-Brändström-Gymnasium, Oberhausen

Anne Rössel
Haupt- und Realschullehrerin, z. Z. Doktorandin an der Universität Rostock, Mitbegründerin der Freien Schule Rostock

Prof. Dr. Claudia Solzbacher
Lehrstuhl für Schulpädagogik an der Universität Osnabrück

Dr. Ulrike Stedtnitz
Psychologin FSP, Geschäftsführerin von *Stednitz.design your life*, Zürich

RDn Margret Stobbe
Niedersächsisches Kultusministerium, Referatsbereich: Besondere Angebote zur individuellen Lernentwicklung von Kindern und Jugendlichen.

Dipl. Psych. Miriam Vock
Wissenschaftliche Hilfskraft, Stipendiatin der Studienstiftung des Deutschen Volkes, Westfälische Wilhelms-Universität Münster

Teilnehmerinnen und Teilnehmer der Podiumsdiskussion

Dr. Mark Beermann
Hauptamtliche Lehrkraft, Gymnasium Oesede

Marianne Demmer
Vorstandsmitglied Gewerkschaft Erziehung und Wissenschaft, Organisationsbereich Schule

Sonja Gartemann
Kreisrätin, Landkreis Osnabrück

Dr. Annette Heinbokel
Zweite Orientierungsstufenleiterin der Haupt- und Realschule mit Orientierungsstufe Belm, Mitbegründerin der deutschen Gesellschaft für das hochbegabte Kind

Roland Nessler
Vorsitzender des Vorstands im Philologenverband Niedersachsen

OStD Hartmut Ranke
Schulleiter des Ratsgymnasiums Osnabrück

Prof. Dr. Claudia Solzbacher
Lehrstuhl für Schulpädagogik an der Universität Osnabrück

Deutsche Gesellschaft für das hochbegabte Kind e. V. (Hg.)

Im Labyrinth

Hochbegabte Kinder in Schule und Gesellschaft

"Von hochbegabten Kindern wird im allgemeinen erwartet, dass sie sich ihren Anlagen gemäß ohne besondere erziehliche Maßnahmen entfalten. Eine solche Erwartung ist indessen als Regel nicht gerechtfertigt: Gerade das hochbegabte Kind, dessen intellektuelle Lernfähigkeit vielfach nicht voll beansprucht wird, bedarf in besonderer Weise der Anregung und Förderung wie auch der Geduld, Toleranz und Ermutigung, wenn es zu sich und seinen Fähigkeiten Vertrauen finden soll.
Die Förderung von hochbegabten Kindern soll bewirken, diese unabhängig von ihrer Herkunft und ihren eigenen Zielen in ihrer Individualität zu stärken und sie als psychisch stabile Individuen in die Gesellschaft zu integrieren, um sich deren Aufgaben und Verantwortungen verpflichtet zu fühlen."
Präambel der Satzung der Deutschen Gesellschaft für das hochbegabte Kind e. V.
Die Beiträge dieses Buches sollen Betroffenen, Eltern, ErzieherInnen, LehrerInnen und allen Interessierten helfen, die verschiedenen Facetten der Hochbegabung wahrzunehmen und zu verstehen. Außerdem werden Möglichkeiten für eine erfolgreiche Förderung hochbegabter Kinder im normalen Schulalltag dargestellt.
2001, 192 S., 15,90 €, br., ISBN 3-8258-5205-9

Annette Heinbokel

Überspringen von Klassen

Hochbegabte Kinder fühlen sich vom normalen Schulstoff häufig unterfordert. Zu den Möglichkeiten, dieser Unterforderung zu begegnen, gehört das Überspringen von Klassen. Erwachsene haben allerdings große Sorge, die Schülerinnen und Schüler könnten sowohl durch das Aufholen des Stoffes als auch durch den Umgang mit Älteren überfordert werden.
Für diese Untersuchung wurden die Erfahrungen niedersächsischer Grundschulen und Gymnasien ausgewertet. Auch Eltern von Kindern, die eine Klasse übersprangen, wurden befragt, außerdem wurden Mädchen und Jungen, die in der Grundschule sprangen und im Gymnasium sind, interviewt. Im theoretischen Teil werden die wenigen deutschen Untersuchungen zum Überspringen von Klassen und die 60jährigen Erfahrungen in den USA mit verschiedenen Formen von Akzeleration vorgestellt.
Fazit: Wenn das richtige Kind im richtigen Moment springt und durch das Elternhaus und die Schule angemessen unterstützt wird, geht es ihm danach sowohl in bezug auf die intellektuellen Anforderungen als auch sein emotionales Befinden besser als vorher.
1996, 264 S., 19,90 €, br., ISBN 3-8258-3041-1

Annette Heinbokel

Hochbegabte

Erkennen, Probleme, Lösungswege

Hochbegabte Kinder hat es zu allen Zeiten und in allen Gesellschaften gegeben. In der Bundesrepublik bestand mehrere Jahrzehnte die Meinung, es sei nicht nötig, sich um sie zu kümmern.
Mehr und mehr hat sich die Erkenntnis durchgesetzt, daß hochbegabte Kinder aus allen Schichten der Bevölkerung stammen und auch in Familien leben, die sie nur wenig unterstützen können. Wenn auf ihre Bedürfnisse nach Wissen, nach dem Verstehen von Zusammenhängen, ihre schnelle Auffassungsgabe und ihre Ungeduld mit ständigen Wiederholungen zu Hause und im Schulalltag angemessen eingegangen wird, entwickeln hochbegabte Kinder nicht mehr Probleme als andere Kinder auch.
1997, 168 S., 15,90 €, br., ISBN 3-8258-3078-0

Reinhard Fischer; Michael Klein-Landeck; Harald Ludwig (Hg.)
Die "Kosmische Erziehung" Maria Montessoris
Erträge der Jahrestagung 1998 der Montessori-Vereinigung und weitere Beiträge
Zunehmend wird sich die Menschheit ihrer weltweiten Einheit bewußt, aber auch der globalen Gefahren durch rücksichtsloses Ausbeuten der Natur oder durch selbst geschaffene furchtbare Waffen. Sicherung des Friedens, Gewinnung eines neuen Verhältnisses des Menschen zur Natur, Förderung des interkulturellen und interreligiösen Dialogs, Bemühen um eine weltweite Moral der Solidarität, Eröffnung von Sinn- und Zukunftsperspektiven – dies sind zentrale Menschheitsaufgaben, zu denen die Pädagogik Maria Montessoris mit ihrem umfassenden Konzept einer "Kosmischen Erziehung" von der frühesten Kindheit bis zum Erwachsenenalter beizutragen versucht. Was zeichnet dieses Erziehungskonzept aus? Wie können die Überlegungen Maria Montessoris auf die gegenwärtige Lebenswelt der Kinder und Jugendlichen übertragen werden? Welche Konsequenzen ergeben sich daraus für die Erziehung in Familie, Kindergarten und Schule?
1999, 352 S., 20,90 €, br., ISBN 3-8258-4040-9

Reinhard Fischer; Peter Heitkämper; Harald Ludwig
(bearbeitet im Auftrag der Montessori-Vereinigung)
Erziehung zum Frieden für Eine Welt – Der Beitrag der Montessori-Pädagogik
Der vorliegende Band 3 der Reihe befasst sich mit dem Problemkreis von Frieden und Erziehung. Die Menschheit ist heute zwar auf dem Wege, zu einer globalen Einheit zusammenzuwachsen. Gleichwohl bleibt der Friede ein stets bedrohtes Gut. Was kann Erziehung dazu beitragen, Frieden sicherer zu machen? Ist sie dazu überhaupt in der Lage? Welche erzieherischen Wege kann man beschreiten? Solchen Fragen hat sich die italienische Ärztin und Pädagogin Maria Montessori (1870–1952), die nach dem Zweiten Weltkrieg mehrfach für den Friedensnobelpreis vorgeschlagen wurde, in ihrer Pädagogik intensiv gewidmet. Unermüdlich setzte sie sich vor allem in den 30er Jahren für den Frieden ein. Montessori fordert eine Strukturveränderung der Erziehung, einen Perspektivenwechsel des Erwachsenen in seinem Verhältnis zum Kind. In dieser Hinsicht verbindet sie vieles mit dem polnischen Reformpädagogen, Arzt und Schriftsteller Janusz Korczak, der 1972 posthum mit dem Friedenspreis des Deutschen Buchhandels ausgezeichnet wurde.
2000, 248 S., 20,90 €, br., ISBN 3-8258-4706-3

Harald Ludwig; Christian Fischer; Reinhard Fischer (Hg.)
Leistungserziehung und Montessori-Pädagogik
Chancen und Probleme der Leistungsförderung
in einer kinderorientierten Pädagogik
herausgegeben im Auftrag der Montessori-Vereinigung e. V. Der vorliegende Band 5 der Reihe befasst sich mit den gegenwärtig viel diskutierten Fragen von Leistungserziehung und Leistungsbeurteilung im Bildungswesen. Wird unser Erziehungs- und Bildungswesen den Erfordernissen einer leistungsorientierten Gesellschaft noch hinreichend gerecht? Welches Verständnis von Leistung und Leistungsbeurteilung haben Pädagoginnen und Pädagogen? Welche Möglichkeiten einer Erziehung zur Leistung gibt es? Kann und muss sie schon im Vorschulalter einsetzen? Können neue Formen der Leistungsbeurteilung in der Schule hilfreich sein?
Auf diese und andere Fragen versuchen die Autoren dieses Buches in Theorie und Praxis Antwort zu geben und dabei Anregungen der Pädagogik Maria Montessoris für unsere heutigen Aufgaben in Kindergarten und Schule fruchtbar zu machen.
2001, 272 S., 20,90 €, br., ISBN 3-8258-5233-4

Harald Ludwig; Christian Fischer; Reinhard Fischer (Hg.)
Montessori-Pädagogik in Deutschland
Rückblick – Aktualität – Zukunftsperspektiven:
40 Jahre Montessori-Vereinigung e. V.
Dieser Band ist entstanden im Anschluss an die Jubiläumstagung, die aus Anlass des 40jährigen Bestehens der 1961 gegründeten Montessori-Vereinigung e. V., Sitz Aachen, 2001 in der Thomas-Morus-Akademie in Bensberg stattgefunden hat. Die Leserinnen und Leser dieses Bandes erhalten aus den vielfältigen Beiträgen ein reichhaltiges und differenziertes Bild der Montessori-Pädagogik in Theorie und Praxis in Deutschland und darüber hinaus. Denn Montessori-Pädagogik vollzieht sich seit ihren Anfängen in einem internationalen Kontext. Es geht in diesem Band nicht nur um die in den vergangenen vier Jahrzehnten geleistete Arbeit, sondern auch um die Aktualität des pädagogischen Denkens Maria Montessoris, um kritische Weiterentwicklungen und mögliche Perspektiven für die Zukunft angesichts der Herausforderungen des 21. Jahrhunderts.
2002, 332 S., 20,90 €, br., ISBN 3-8258-5746-8

Helga Klier u. a. (Hrsg.)
In erster Linie bin ich Mensch
Gedanken, Texte und Bilder von muskelkranken Kindern, Jugendlichen und Erwachsenen. Herausgegeben von der Deutschen Gesellschaft für Muskelkranke e. V.
Die Texte und Bilder dieses Buches stammen von Menschen, die zum Teil seit ihrer Geburt an einer schweren Muskelerkrankung leiden.
Diese Krankeheit fesselt die Betroffenen häufig für die Zeit ihres Lebens an den Rollstuhl. Nicht selten ist die Beatmungsmaschine ein lebensnotwendiger Begleiter. So wird ein komplettes Umdenken in Bezug auf die Organisation des täglichen Lebens und der Pflege sozialer Kontakte nötig.
Trotz aller Einschränkungen bringen alle eines zum Ausdruck: "In erster Linie bin ich Mensch"
1998, 192 S., 17,90 €, br., ISBN 3-8258-3431-x

Frido Mann; Regina Meyer-Pachur; Christiane Schmand (Hg.)
Fliege nicht eher, als bis Dir Federn gewachsen sind ...
Gedanken, Texte und Bilder krebskranker Kinder
"Fliege nicht eher als bis Dir Federn gewachsen sind" ist ein ungewöhnliches Buch. Es stammt von Kindern, die plötzlich aus ihrer gewohnten Umgebung, aus ihrem gewohnten Leben herausgerissen wurden. Texte und Bilder vereinen direkte und verschlüsselte Botschaften von Kindern und Jugendlichen, deren Lebensperspektive unsicher geworden ist.
2. Aufl. 1994, 220 S., 17,90 €, br., ISBN 3-89473-560-0

Christiane Herzog (Hrsg.)
Kraft zum Atmen
Gedanken, Texte und Bilder Mukoviszidose betroffener Kinder, Jugendlicher und Erwachsener
Kraft zum Atmen brauchen die Menschen, die dieses Buch geschaffen haben. Sie leben mit Mukoviszidose, einer vererbbaren Stoffwechselkrankheit. Mukoviszidose erschwert das Atmen, gefährdet das Leben. Die Texte und Bilder ermöglichen dem Leser eine intensive Begegnung mit dem täglichen Bemühen der Betroffenen, Kraft zum Atmen, Kraft zum Leben zu schöpfen.
Mit Taten helfen ist das Motto der Herausgeberin dieses Buches, Frau Christiane Herzog. Die Texte und Bilder sind ein Ausdruck ihres langjährigen Engagements. Als Vorsitzende der Mukoviszidose-Hilfe e. V. setzt Frau Herzog sich täglich für die Belange der von Mukoviszidose Betroffenen und ihrer Familien ein.
2. Aufl. 1995, 200 S., 17,90 €, br., ISBN 3-8258-2243-5

LIT Verlag Münster – Hamburg – Berlin – London
Grevener Str./Fresnostr. 2 48159 Münster
Tel.: 0251 – 23 50 91 – Fax: 0251 – 23 19 72
e-Mail: vertrieb@lit-verlag.de – http://www.lit-verlag.de